사용자 경험 지도

사용자 경험 지도

사용자 입장에서 더 나은 제품을 만드는

피터 사보 지음 송유미 옮김

Pack⟩ i!i 에이콘

| 지은이 소개 |

피터 사보 Peter W. Szabo

세계적으로 저명한 사용자 경험 컨설턴트이자 파제니스 에이전시(http://farzenith.com/) 의 수석 매니저다. 종종 콘퍼런스 강연자, 워크샵 주최자, 사용자 중심성 에반젤리스트 로 활동한다. 세계에서 가장 큰 온라인 겜블링 회사인 아마야Amaya Inc.(포커스타PokerStars, 베트스타BetStars, 풀틸트FullTilt 등의 브랜드로 알려져 있음)의 UX 팀을 이끄는 선임 매니저였고, WhatUsersDo(유럽에서 가장 큰 원격 테스트 플랫폼)의 UX 디렉터로 활동하며 UX 업계에 서의 원격 리서치 확산에 기여하기도 했다.

그가 운영하는 UX 블로그(http://kaizen-ux.com/)는 UX 관리에 관한 글들과 사용자 경 험에 관한 참신한 접근으로 인기가 있다.

또한 마야와 마고의 자랑스런 아빠다. 읽고 쓰는 걸 좋아하고, 게임을 즐긴다(컴퓨터 게임 만 즐기는 건 아니다). 그리고 고양이맨이다. 실은 이런 표현은 절제된 것으로, 고양이에 미 쳐있다고 표현할 정도로 고양이를 좋아한다.

기술 감수자 소개

제이 힐 Jay Heal

케임브리지에서 활동하는 UX 컨설턴트로, 사용자 중심 디자인, 서비스 디자인, 인터랙션 디자인, 사용자 리서치 전문가다. 디자인은 문제 해결을 위한 협력적이면서도 상호작용적인 프로세스라고 생각한다. 훌륭한 디자인 솔루션은 목표 사용자에 대한 깊은 이해와 공감을 통해 도출된다는 것이다. 그리고 UX 업계 종사자로서 옳은 솔루션을 찾을 때까지 수많은 아이디어와 콘셉트를 빠르게 검증할 수 있도록 UX 테스트를 빨리 그리고 자주 하는 'test early, test often' 접근 방법을 강조한다.

2000년대 초반 이스트 런던 대학에서 뉴 테크놀로지와 멀티미디어 디자인을 전공한 후에 사람을 위해 디자인하려는 열정으로 BBC, 법무부, 저스트잇 Just Eat, 버진 트레인 Virgin Trains East Coast, 런던 교통 Transport for London 을 비롯한 다양한 조직과 일해오고 있다.

그리고 아이들(데니스, 야스민, 맥스)에게 헌신적인 패밀리맨이자 음악 애호가, 홈 바리스타, 그리고 자칭 식도락가이기도 하다.

| 옮긴이 소개 |

송유미(song.yoomee@gmail.com)

디자인 방법론과 사회문화적 관점에서의 디자인 진화 방향에 관심이 많다. 항상 재미있는 디자인, 사회에 도움이 되는 디자인을 하며 살고 싶은 바람이 있다.

우선, 이 책은 현업에서 사용할 수 있는 다양한 UX 지도, 디지털 도구, 사례를 소개합니다. 현업에서 사용되는 도구라고 하면, 보통은 스케치, 어도비 XD 등 UI 화면과 플로우를 제작하고 동작하게 만드는 프로토타이핑 도구를 떠올리실 것 같습니다. 실제로 이런 도구를 많이 이용하고 있지만, (디자인 사고 과정에서 사용되는) 디자인 사고를 돕는 도구는 국내에 많이 알려져 있지 않습니다. 저자는 UX 업무를 하면서 길을 잃지 않도록 도와주는 다양한 UX 지도를 소개하면서, 지도를 제작하는 데 유용한 디지털 도구를 함께 소개합니다.

또한 여러 UX 지도를 소개할 뿐 아니라, 유럽의 UX 트렌드를 간접적으로 경험시켜줍니다. 특히 최근 주목 받는 업계 동향 사례나 실제 산업 시장에 관한 이야기를 각 장에서 만날 수 있는데, 경험자의 말로 듣는 생생한 사례가 많아서 개인적으로 무척 재미있게 읽었습니다. 독자 여러분도 이 책이 즐거운 여정이 되길 바랍니다.

이 책을 번역하면서 고민했던 몇 가지를 알려 드립니다. 저자는 책 전반에서 user centricity라는 용어를 자주 사용합니다. 사용자 중심적 사고를 견지하는 것 또는 그러한 성향을 의미하는데, 이를 '사용자 중심' 또는 '사용자 중심성'이라는 용어로 번역했습니다. 그리고 에픽(서사), 이터레이션(반복), 에반젤리스트(전도사), 백로그(완성해야 하는 일의 목록), 커스터마이즈(사용자 정의, 맞춤화), 래피드 프로토타이핑, 멘탈 모델 등은 한글로 해석할 수도 있겠으나, 현업에서 영어 단어로 통용되는 측면이 있어 그대로 남겨졌습니다. 또한 저자는 참 유쾌한 농담을 좋아하는 사람으로, 가끔 저자의 앞선 유머가 버겁게 느껴질 때가 있었지만 최대한 자연스럽게 읽힐 수 있도록 의역했습니다.

이 책은 UX 업무의 본질, 조직 안에서의 UX 직군의 역할에 대해 되돌아보게 합니다. 저자는 지도 중 하나로, 사용자 스토리 지도에 대해 소개합니다. 과거에 사용자 스토리 혹은, 유저 스토리라고 하면, 사용자 관점에서 제품 및 서비스를 개발하기 위한 개발 관점의 방법론으로 생각되곤 했습니다. 마이클 콘 등과 같은 애자일 에반젤리스트들도 UX 디자이너가 개발 프로세스에 어떻게 참여할 수 있는지를 고민했지만, 뭔가 답답함이 남았었습니다. 이 책의 저자도 UX 디자이너가 실천할 수 있는 애자일 방법론을 제안하고 있습니다. 애자일 방법론을 고민하시는 분들은 2장과 11장을 참고해주시면 좋습니다.

저자는 책 후반부에 모든 지도를 한 눈에 볼 수 있는 4D UX 지도를 제안합니다. 4D UX 지도를 설명하는 부분에서 가장 인상 깊었던 내용은 설득의 가장 중요한 단계가 '바이-인buy-in'이라는 점입니다. 상대방의 의견에 심리적으로 거부감을 갖던 사람이 귀를 기울이고 그 내용에 대해 좀 더 고민하는 단계를 바이-인이라고 하는데, UX 지도의 목적을 바이-인 즉, 설득에 두고 있습니다. UX 실무를 하면서 참 중요한 덕목 중 하나가 커뮤니케이션 능력이라고 생각됩니다. 이런 측면에서 바이-인은 중요한 티핑 포인트일 듯합니다.

많은 UX 실무자가 커뮤니케이션의 중요함을 알면서도, 문서 제작에 더 많은 공을 들이는 경우를 종종 봅니다. 이 책을 읽으면서 요구 사항 문서도 중요하지만 그 목적을 잊지 않아야겠다는 생각을 해봅니다. 협업과 커뮤니케이션이 필요할 때 참고할 수 있는, 많은 아이디어를 얻을 수 있기를 바랍니다. 읽는 동안 즐거운 탐색의 시간이 되시길 바라겠습니다. 감사합니다.

| 차례 |

1장   UX 지도 제작이 여러분의 삶을 어떻게 바꾸게 될까?   27

2장   사용자 스토리 지도 – 협업, 포스트잇으로 도출하는 요구 사항   61

3장　여정 지도 – 여러분의 사용자를 이해하라 　　　　　109

들어가며

더 나은 제품과 혁신적인 솔루션을 만들고 싶은가? 사용자 경험 지도는 여러분이 사용자를 이해하고, 이해한 바를 다른 사람들과 커뮤니케이션하는 데 도움을 준다. 또한 지도는 조직 안에서 사용자 중심성user-centricity을 견지하며, 여러분의 사용자를 위해 싸울 것이다.

그러나 어떤 지도도 제품 디자인 전쟁을 홀로 장악할 수는 없다. 여러분에게 다수의 지도가 필요한 이유다. 이 책에서는 훌륭한 사용자 경험을 제공하고 뛰어난 제품을 만드는 데 유용한 지도들을 소개한다.

서적으로는 최초로 행동 변화 지도behavioral change map, 4D UX 지도4D user experience map의 제작 기법을 소개한다. 이외에도 사용자 스토리 지도user story map, 과업 모델task model, 여정 지도journey map를 탐색하고 와이어플로우wireflow, 멘탈 모델 지도mental model map, 생태계 지도ecosystem map, 솔루션 지도solution map 등을 제작할 것이다. 그리고 지도와 제품을 제작하고 개선하기 위해 실제 사용자로부터 얻은 인사이트를 어떻게 활용하는지도 살펴볼 것이다.

자, 사용자의 삶을 바꾸기 위한 UX 지도를 만들어보자!

▎ 이 책에서 다루는 내용

1장, UX 지도 제작이 여러분의 삶을 어떻게 바꾸게 될까? 재미있고 매력적인 방식으로 사용자 경험 지도를 만나볼 예정이다. 먼저 지도 유형, UX 지도 제작 이론에 대한 고민 없이 간단한 지도를 만들어 본다. 지도 제작의 첫 맛보기를 위해 펜과 종이를 사용하며 이 도구들이 가진 강점도 살펴본다.

2장, 사용자 스토리 지도 – 협업, 포스트잇으로 도출하는 요구 사항 사용자 스토리 지도는 사용자의 이야기를 시각적으로 설명하기 위한 간단한 기법이다. 선형적인 지도를 통해 내러티브 흐름을 만들게 되며, 이 방법은 빠르고 쉽기 때문에 제품 개발 초반 아이데이션 단계에서 사용할 수 있다.

3장, 여정 지도 – 여러분의 사용자를 이해하라 사용자는 어떤 목적을 달성하기 위해 인터랙션하는 과정을 거친다. 이때 여정 지도는 사용자 행동을 이해하고 커뮤니케이션하는 데 유용하다.

4장, 와이어플로우 – 제품에 대한 계획을 세워라 와이어플로우는 서로 관련된 와이어프레임 화면들 사이에서 키 인터랙션이 일어나는 여정 지도를 말한다. 와이어플로우는 여러분이 세세한 인터랙션들을 만들고 탐험하며, 이야기하고 개선하게 만들 것이다.

5장, 지도 제작을 위한 원격 & 실험실 테스트 사용자가 디자인 솔루션에 반응하는 모습을 지켜봄으로써 이해의 폭이 넓어질 수 있다. 이러한 깨달음은 더 나은 지도, 더 나은 경험으로 이끈다.

6장, 사용자 인사이트 기반 솔루션 지도 제작 솔루션 지도는 우리가 솔루션을 찾고 그것들과 커뮤니케이션하게 만든다. 솔루션 지도는 실행할 수 있는 프로젝트 계획을 시각화한 것이기도 하다. 솔루션 지도는 가능한 실제 사용자 테스트 결과를 기반으로 제작돼야 한다.

7장, 멘탈 모델 지도 – 현실 지각 다이어그램 멘탈 모델 지도는 사용자 그룹의 사고 프로세스, 패턴을 시각화한 것이다. 멘탈 모델은 우리의 관심을 솔루션 도출에서 사용자의 마음 상태로 이동시킴으로써, 사용자를 이해하고 어떻게 그들의 상태를 지원할지 고민하게 만든다.

8장, 행동 변화 지도 − 설득을 위한 실행 계획 행동 변화 지도는 사용자 그룹의 행동이 변하는 경로를 보여준다. 행동 변화 지도는 사용자의 사고방식, 사고흐름에 대한 실제적 이해를 바탕으로 제작돼야 하며 간단하면서도 임팩트가 있어야 한다.

9장, 4D UX 지도 − 모든 것을 한 눈에 4D UX 지도는 사용자 니즈와의 접점을 시각화하기 위해 제작하는 지도로, UX 프로젝트의 주요 결과물이 간략하게 요약 정리된다.

10장, 생태계 지도 − 거시적 관점 생태계 지도는 솔루션을 전체 사용자 경험 맥락, 즉 더 큰 맥락에서 살펴보게 만든다. 생태계 지도는 사용자 경험 생태계와 관련된, 복잡한 다학제적 정보를 식별하고 통합하는 데 도움이 된다.

11장, 카이젠 지도 제작 − 애자일 제품 관리 프로세스에서 유용한 UX 지도 제품 디자인과 사용자 경험을 설계할 때 카이젠 UX 프레임워크를 활용할 수 있다. 애자일 프레임워크는 UX 팀에서의 3가지 핵심 역할을 정의한다. 이 핵심 안에 UX 전략이 있으며 이는 더 나은 제품은 물론 팀원들이 이해관계자와의 더 나은 의사소통을 가능케 할 것이다.

▌ 준비 사항

지도를 그릴 땐 펜이랑 조금 큰 종이만 있으면 된다. 하지만 소프트웨어 프로그램이 있다면 정말 큰 도움이 된다. 이 책에서는 지도를 제작할 때 사용 가능한, 다양한 프로그램의 초보자도 따라 할 수 있는 구체적인 튜토리얼을 제공한다(어도비 일러스트레이터, 발사믹Balsamiq Mockups, 액슈어Axure RP, MS워드 등). 만약 여기에서 다루는 프로그램을 사용할 수 없어도 괜찮다. 지도는 다른 프로그램에서도 그릴 수 있고 손으로 그려도 상관 없다.

▌ 대상 독자

이 책은 제품 관리자, 서비스 관리자, 디자이너, 그리고 아이디어로 소통하는 방법을 알고자 하며, 사용자 경험 지도 제작 기법을 배우고 싶은 누구든 읽을 수 있다. 이 책은 바로 여러분을 위한 책이다!

▌ 편집 규약

이 책에서 여러분은 서로 다른 종류의 정보를 구분하는 여러 서체 스타일을 보게 될 것이다. 아래는 이 스타일에 대한 예시, 의미에 대한 설명이다.

텍스트, 데이터베이스, 표 이름, 폴더 이름, 문서 이름, 문서 확장자, 경로, 더미 URL, 사용자 입력, 트위터 핸들 등의 코드들은 다음과 같이 표시된다. "여러분이 원한다면, 결과를 저자의 트위터 계정 @wszp로 공유하세요."

새로운 단어, 중요한 단어는 볼드체로 표시했다. 화면에서 보여지는, 예를 들어 메뉴와 대화창에서 보여지는, 용어들은 다음과 같이 표시된다. "**서식** 패널에서 텍스트를 회전시킬 수 있다(텍스트 옵션 ➤ 텍스트 방향 드롭다운 메뉴)."

 경고나 중요한 메모는 이와 같이 나타낸다.

 팁과 요령은 이와 같이 나타낸다.

▌ 고객 지원

구매한 도서를 최대한 활용할 수 있도록 여러 사항을 제공한다.

컬러 이미지 다운로드

이 책에서 사용된 PC 스크린샷, 다이어그램의 컬러 이미지가 들어 있는 PDF 파일을 제공한다. 컬러 이미지를 보면 결과물의 변화를 더 잘 이해할 수 있다. 파일은 다음 링크에서 다운로드할 수 있다.

https://www.packtpub.com/sites/default/files/downloads/UserExperience Mapping_ColorImages.pdf

에이콘출판사 도서정보 페이지인 http://acornpub.co.kr/book/user-experience-mapping에서도 다운로드할 수 있다.

오탈자

오타 없이 정확하게 만들기 위한 모든 수단을 동원해 책을 만들지만 실수가 있을 수 있다. 문장이나 코드에서 문제를 발견했다면 우리에게 알려주기 바란다. 다른 독자들의 혼란을 방지하고 차후 나올 개정판을 개선하는 데 도움이 되기 때문이다. 오류를 발견했다면 http://www.packtpub.com/submit-errata에서 책 제목을 선택하고 Errata Submission Form 링크를 클릭해 자세한 내용을 입력할 수 있다. 보내준 오류 내용이 확인되면 웹사이트에 그 내용이 올라가거나 해당 서적의 정오표 부분에 그 내용이 추가될 것이다.

기존 오류 수정 내용은 https://www.packtpub.com/books/content/support 검색창에서 책 이름을 입력하면 Errata 절 하단에 필요한 정보가 나타날 것이다.

한국어판은 에이콘출판사 도서정보 페이지인 http://acornpub.co.kr/book/user-experience-mapping에서 찾아볼 수 있다.

저작권 침해

인터넷 상에서의 저작권, 불법 복제는 모든 미디어 콘텐츠에서 계속되고 있는 문제다. Packt에서는 저작권 라이선스 보호를 중요하게 생각한다. 인터넷상에서 당사의 불법 복제 콘텐츠 또는 저작권 침해가 의심되는 자료를 발견하면 우리가 조치를 취할 수 있도록 웹사이트 이름 또는 주소를 알려 주시길 바란다(copyright@packtpub.com). 작가와 소중한 콘텐츠를 보호하는 데 큰 도움이 될 것이다.

질문

이 책과 관련해 어떠한 종류의 질문이라도 있다면 questions@packtpub.com으로 문의하길 바란다. 최선을 다해 질문에 답하겠다. 저자에게 곧바로 연락하시려면 peter@kaizen-ux.com으로 하면 된다. 한국어판에 관한 질문은 이 책의 옮긴이나 에이콘출판사 편집 팀(editor@acornpub.co.kr)으로 문의해주길 바란다.

UX 지도 제작이 여러분의 삶을 어떻게 바꾸게 될까?

나는 이 책으로 여러분의 삶을 바꿔 놓을 것이다. 이 책에서는 사용자를 이해하고, 전략적으로 인사이트를 도출하며, 팀 안에서의 커뮤니케이션과 이해관계자들과의 커뮤니케이션을 향상시키는 데 도움이 될 기술을 소개한다.

1장에서는 먼저, 다음과 같은 작업을 수행한다.

- 첫 사용자 경험 지도를 만들어 본다.
- (다른 장에서와 마찬가지로) 실제로 있는 문제를 해결해본다. 하지만 여기서는 재미있고 일상적이지 않은 방법으로 시작해본다.

- 사용 장면을 설정한 후에 폭포식 제품 관리 모델에서 볼 수 있는 오래된 요구 사항 문서의 단점을 살펴본다.
- 커뮤니케이션할 때, 지도 제작이 얼마나 이상적인 도구인지 살펴본다. 대부분의 문제점은 커뮤니케이션 개선을 통해 해결될 수 있다.
- 산출물^{output}, 결과^{outcome}, 기회^{opportunity} 등 기본적인 지도 제작 용어들에 대해 알아본다.
- 백로그^{backlog}를 시각화하고 제작한다.
- 위에서 소개한 모든 작업은 독자로 하여금 자신의 첫 UX 지도를 제작하도록 준비시키기 위한 작업이다.
- 다음으로는 지도를 디지털 버전으로 제작할 수 있어야 한다.(여러분은 본인에게 가장 편안한 프로그램을 활용해 지도를 만들어야 한다. 2장에서는 다양한 종류의 소프트웨어 도구를 활용하겠지만, 1장에서는 MS워드를 사용하기로 한다.)

▋ 경험 지도 제작

지금부터 고양이와 고양이의 삶을 향상시키는 것을 주제로 이야기해보자. 나중에 다른 사람들의 삶을 개선할 때, 항상 고양이를 먼저 떠올리게 될 것이다. 이 책의 후반부로 가면 복잡한 앱, 웹사이트, 디지털 제품의 지도를 제작하게 될 것이다. 하지만 도입부인 이 장에서는 복잡한 기술을 요구하지 않는 문제에서 출발해본다.

고양이를 키운다고 가정해보자. 다른 어떤 애완 동물을 상상해도 되지만, 예시 동물은 장각종^{longhorn} 같은 소 종류와는 다를 것이다. 여러분은 핸드폰을 끄고 인터넷을 사용할 수 없는 곳으로 장기 휴가를 계획하고 있고 집에 고양이를 두고 다녀와야 한다. (인터넷 제한 때문은 아니다. UX 디자이너들과 달리, 고양이는 인터넷 없이 오랜 기간 생존할 수 있다.) 다행히도 고양이를 돌봐줄 캣시터를 찾았다. 하지만 캣시터는 고양이 비디오를 수천 번 봤어도 고양이를 길러본 적이 없다고 한다.

여러분은 그녀에게 무엇을 해야 하는지 알려줘야 한다. 아마 여러분에게는 너무나 뻔한 일이겠지만, 그녀에게는 놀랄만한 어떤 일을 잊고 말해주지 않을 수도 있고, 그녀의 경험과 이해 정도를 믿고 있어야 할 것이다.

요구 사항 문서는 왜 실패했나?

캣시터에게 100페이지짜리 문서를 주면 왜 안될까? 100페이지짜리 문서를 작성해서 그녀에게 건네는 것은 괜찮은 아이디어처럼 느껴질 수 있다. '정보의 석기 시대'이었던 90년대 초반, 소프트웨어 결과물은 폭포식 개발 모델의 첫 단계에서 제작된 요구 사항 문서를 기반으로 개발됐다. 당시에는 이게 좋은 아이디어처럼 보였다. 분석 단계에서 긴 분량의 문서가 작성됐는데, 이 문서에는 무엇이 개발돼야 하는지, 실행 계획, 제품 설명 등 가능한 많은 내용이 구체적으로 정리돼 있었다. 요구 사항 문서는 그 다음으로 검토되고 승인됐고, 이 말인즉슨 개발 시작을 의미한다. 요구 사항 문서는 향후 일어날 모든 만일의 사태까지 알 수 있다고 가정한다. 그리고 업무의 우선순위가 바뀌지 않을 거라고 가정하지만, 문서는 고정불변한 것이 아니다. 종종 재검토되고 심지어 극적으로 변경되기도 한다.

이제, 우리의 캣시터가 많은 섹션으로 구성된 100페이지 요구 사항 문서를 받았다고 상상해보자. 무엇을 놓치거나 잘못 이해하게 될까? 다량의 문서를 받은 소프트웨어 개발자들은 캣시터와 같은 느낌을 받을 것이다.

내 경험을 바탕으로 생각해보면, 여전히 막대한 양의 요구 사항 문서를 기반으로 일하는 회사들은 컨설턴트에게 매우 긴급한 일, 급한 불을 끄는 류의 일을 의뢰하는 경우가 많다. 일요일 오후, 나의 핸드폰이 울린다. 헝가리에서 저명한 e커머스 웹사이트의 IT 디렉터로부터 온 연락으로, 곤궁한 상황처럼 보인다. 전화 용건을 요약해보면, 그들은 새로운 디자인과 정보구조를 적용한 새로운 반응형 웹사이트를 만들었다. 그리고 새로운 웹사이트를 공개하고 지금까지의 2주

동안 판매량, 특히 모바일 판매량이 급락했다. 그 사이트가 전에는 반응형 웹사이트가 아니었기 때문에 판매량이 급락한 것은 참 이상한 일이었다. 그가 일요일에 전화를 한 이유는 월요일에 발표할 솔루션에 어떤 부분이 잘못됐는지 찾기 위해 문서를, 특히 사용자 경험 내용을 재검토해야 했기 때문이었다. 그는 이 프로젝트와 관련해, 편견이 없는 제3자가 필요했다. 나는 문서를 받고 사이트를 열어봤다. 문서에는 사이트맵이 여러 페이지에 걸쳐 작성돼 있어서 읽기가 좀 어려웠다. 하지만 문서는 꽤 세심하게 계획된 정보구조를 제안하고 있었다. 어떤 서브 카테고리는 여러 카테고리 하위에 나타났고 개별 제품은 하나 이상의 카테고리 또는 서브 카테고리에서 발견할 수 있었다. 웹사이트 화면의 하단^{footer}에는 '사이트맵'이라는 이름의 링크가 있었다. 다른 링크들은 헝가리어로 돼 있는데 그 링크만 영어로 돼 있었다. 그리고 이 링크는 sitemap.xml 파일로 이어져 있었는데, 그 파일은 문서의 관련 챕터 모두를 포함하고 있어서 구글봇에 적절히 대응하도록 준비되고 있었다. 하지만 사람을 위한 이상적인 모습과는 거리가 먼, 횡설수설하는 인상이었다.

데스크탑 내비게이션은 카테고리명을 옆에 적은 독특한 아이콘들로 구성돼 있었고, 모바일 메뉴는 큰 버거 아이콘으로 돼 있었는데(가로로 나란히 그어진 3줄 선으로 구성된 아이콘, 모바일 사이트 또는 앱의 왼쪽 또는 오른쪽 코너에 제공되곤 함), 이 아이콘을 누르면 아래에 작고 읽기 어려운 텍스트가 나타나는 방식이었다. 카테고리명은 길었고, 디자이너는 그것들이 멋진 디자인을 해치지 않을 것으로 생각한 듯 했다. 문서는 그 다음 위치에 배치돼 있었지만, 개발자들과 인포메이션 아키텍처를 만든 누군가는 사이트맵 챕터를 어떻게 할 것인지에 대한 의견이 엇갈렸다.

폴 VII^{Paul VII}를 비롯한 대부분의 전문가에 따르면, 폭포식 프로세스는 소프트웨어 개발에서 가장 보편적인 제품 관리 모델이다. 보통 분석 단계라고 부르는 폭포식 프로세스의 첫 단계에서 시장 분석가와 제품 오너가 함께 요구 사항 세트를 만든다. 이런 접근법은 왜 실패할까?

- 폭포식 모델의 요구 사항 문서는 원활하지 않은 의사소통, 협업 부족, 이해 부족으로 이어질 수 있다. 주안점에 대한 결정은 종종 협상에 따라 결정되는데, 캣시터의 일과 소프트웨어 개발은 계약 협상을 싫어한다는 공통점이 있다. 그리고 글줄로 채워진 장벽은 대개 오해를 부르는 원인이 된다. 나의 논점은 출판된 책에 긴 글로 적혀지겠지만, 길게 적지 않으려고 노력하려는 아이러니를 알아주길 바란다.

- 요구 사항 문서는 캣시터뿐 아니라 이 프로젝트에 연관된 모두에게 위협적이다. 여러분이 요구 사항 문서를 받았을 때 머릿속에 가장 먼저 떠오르는 것은 이 문서로 일을 끝낼 수 있을지, 또는 마지막에 정확히 무엇을 전달할 것인지에 대한 것이다.

- 문서는 프로젝트를 작은 기능 단위로 쪼개지 않는다. 어떤 기능은 수천 줄의 글 속에서 길을 잃을 수도 있다. 자, 고양이 밥이 적혀진 위치가 74페이지, 여덟 번째 문단이라고 가정해보라. 쉽게 찾을 방법이 없다.

- 이런 문서는 사람들보다 개발 프로세스를 우선해서 생각하게 만든다. 우리의 경우에는 캣시터, 캣시터와 고양이와의 인터랙션보다 문서작업에 더 신경을 쓰는 것처럼 보일 수 있다.

- 만약 여러분이 대단한 마스터 플랜을 세울 수 있을지라도 예측하기 어려운 일은 발생할 수 있으며, 또한 발생할 것이다. 융통성 없이 엄격한 문서와 계획을 따르려는 마음가짐은 매우 소모적이고 힘든 일이 될 것이다. 여러분이 부재중일 때 고양이가 감정을 폭발하기라도 하면 어떻게 될까? 캣시터는 문서에서 고양이가 폭발하는 것에 대한 어떤 설명도 찾지 못한 채 긴 문서를 보고 또 볼 것이다. 고양이들은 아주 드물게 폭발하더라도(발생하더라도 극히 드문 일이며, 여러분이 '폭발하는 고양이' 카드 게임을 하는 경우가 아니라면 잘 마주치지 않을 일임) 소프트웨어 개발 과정에서는 기계적 관점에서 더욱 예상치 못한 일이 일어날 수 있다.

- 훌륭한 아이디어라도, 시장에서 경쟁력을 유지하려면 지속적인 개선이 필요하다. 여러분이 정기적으로 휴일에 쉰다면, 조만간 기술은 고양이 돌보기 요구 사항 문서를 구식의, 쓸모 없는 자료로 만들어버릴 것이다. 고양이 밥그릇에 연결된 IoT(사물인터넷Internet of Things) 기술로 인해 직접 손으로 고양이에게 밥을 주는 캣시터가 필요하지 않게 될 것이다. 사람들은 핸드폰에 간단히 앱을 다운로드 받을 수 있다.
- 사람들은 긴 문서를 작성하고 이해하는 데 시간을 쏟지 않기보다는, 더 나은 세상을 만들고 싶어한다. 캣시터도 종합적인 문서를 변호하기 보다는, 고양이를 행복하게 만드는 일에 집중하고 싶다.

여러분이 본 것처럼 우리의 문제는 캣시터가 무슨 일을 해야 할지 이야기해주거나 종합 문서를 작성하는 것으로 해결되지 않는다.

 대부분의 문제는 커뮤니케이션을 향상해서 해결할 수 있고 해결될 것이다. 커뮤니케이션의 목적은 함께 이해하기 위함이다. 내가 생각하는 가장 좋은 커뮤니케이션 방법은 지도를 그리는 것이다.

2장 '사용자 스토리 지도 – 협업, 포스트잇으로 도출하는 요구 사항'에서 지도와 향상된 커뮤니케이션이 전통적 요구 사항 문서가 야기했던 고질적인 문제와 협업 부족 현상, 유연성의 부족 현상을 어떻게 해결하는지 살펴볼 것이다.

이 책은 상황에 적절한 도구를 선택할 수 있도록 많은 사용자 지도 유형을 소개한다. 다른 장에서 소개하는 예시는 제품 관리 등 대개는 소프트웨어 개발 문제에 관한 내용이다. (나는 적어도 이 장에서는 여러분이 캣시터를 위한 소프트웨어를 개발하길 바라지 않는다.)

커뮤니케이션은 글쓰기보다 훨씬 오래됐다. 어림잡아 사만년 전에 우리 조상들은 그림을 그리기 시작했다. 처음엔 지도를 그리지 않았다. 하지만 만오천년 전보다 훨씬 오래된 시점에 바뀌기 시작했다. 프랑스 라스코Lascaux 동굴 벽에 새겨진 밤하늘은 초기 단계의 지도로 이 사실을 증명한다. 분명, 그 지도의 제작자들은 섬세한 소프트웨어 프로그램보다는 손 그림을 선호했다. 우리도 손으로 그려보려 한다.

캣시터의 커뮤니케이션 문제를 해결하기 위해 펜과 종이를 이용해서 지도를 그려본다. 때로는 포스트잇이나 작은 종이를 이용할 것이다. 종이가 작으면 배치를 바꾸기 쉽다. 우리는 2장 '사용자 스토리 지도 – 협업, 포스트잇으로 도출하는 요구 사항'에서 포스트잇으로 사용자 스토리 지도를 만든다. 하지만 여기서는 큰 종이를 이용한다. 그림 실력이 졸라맨 수준이더라도 걱정말자. 지도는 간단한 선 몇 개와 몇 개의 단어가 조화를 이뤄 만들어진다. 어떤 사람들은 회의 중간에 본능적으로 지도를 그린다. 지도 제작이 강력한 도구일지라도 절대로 지도가 대화를 대체해선 안 된다는 점을 유의하자.

 지도는 대화를 할 때 사용하는 도구다. 문제를 해결하려면 지도와 대화 모두 필요하다.

대화를 많이 하지 않아도 된다고 여기면서 지도 제작에 매달리기 쉽다. 지도는 대화를 대체할 수 없다는 사실을 기억하자. 또한 지도 제작 수준이 너무 지나치면 제대로 효과가 나지 않는다. 다른 사람들에게는 혼란스러울 정도로 복잡하게 느껴질 것이기 때문이다. 지도를 아주 구체적으로 그려서 캣시터에게 간단히 보내는 것으로 일을 처리하는 것이 솔깃하게 느껴질 수 있다. 하지만 그렇게 하면 큰일 난다. 그동안 나는 여정 지도를 결과물로 제작해서 이해관계자에게 보내는 에이전시들을 봐왔다. 보기에 지도가 훌륭할 수 있지만, 대화를 하지 않고서 그 지도만으로는 목적에 부합하지 않거나(설사 부합하더라도 극히 드문 일이다) 문제를 해결하지 못한다.

여러분은 지도를 그릴 것이고 지도가 작업에 도움 되는 시점에 이와 관련된 이야기를 나누게 될 것이다. 만약 여러분이 지도 제작에 능숙하다면 대화 도중에 지도를 제작할 수도 있다. 하지만 대개 대화를 위한 간단한 지도 버전이 있으므로, 이야기를 하면서 이해관계자들과(우리의 경우엔 캣시터와) 새로운 지도를 제작하는 것이 더 낫다.

지도를 그리기 시작하기 전에 여러분은 무엇을 그릴지 정해야 한다. 이 단계에서는 접근 방식과 전략이 명확하지 않아도 괜찮다.

 지도 제작은 유용한 도구다. 이해하는 데 도움이 될 뿐 아니라 전략과 접근 방식에 구멍이나 모순이 있는지 확인할 수 있다.

지도 제작에 시동 걸기

지도 제작을 시작하려면, 먼저 아이디어가 필요할 것이다. 하지만 우리는 이미 갖고 있다. 아이디어는 고양이를 놔두고 휴가를 가는 것이다. 고양이를 돌봐 달라고 부탁하는 것은 기분이 좋지만은 않은 일이다. 하지만 세상에 애완동물과 여행하기에, 특히 고양이 같은 동물을 데리고 여행하기에 완벽한 장소는 존재하지 않는다.

지금 여러분이 결정해야 하는 것은 '기회'다. 우리의 프로세스로 인해 어떤 일이 일어나길 바라는가? 기회^{opportunity}, 결과^{outcome}, 산출물^{output}은 서로 혼동하기 쉽다. 모두 영어로 o자로 시작하기도 하고, 어떤 사람들은 이 단어들을 혼용하기 때문이다.

 산출물(output)은 지도에서 만들어지는 제품이다. 다시 말해서, 어떤 것이든 지도로 인해 만들어지는 모든 것을 지도의 산출물로 보면 된다.

예를 들어, 고양이 먹이 캔을 여는 것은 산출물이다. 이때 고양이가 캣시터를 물 수 있는데, 이것도 마찬가지로 산출물일 수 있다. 하지만 우리는 산출물을 최소화하고 싶다. 자원은 항상 제한적이고, 수많은 인력과 자금이 있더라도 시간은 절대적으로 한정적이다. 또한 프로젝트에 더 많은 비용을 투입하는 것은 여러분이 할 수 있는 가장 바람직하지 않은 선택일 수 있다. 따라서 산출물은 가능한 한 작게 유지한다.

결과(outcome)는 지도 사용의 결과다. 전체 프로세스를 어떻게 운영하는지에 따라 실제 세계에 미치는 영향은 달라진다.

예를 들어, 먹이를 주는 프로세스를 거친 후, 고양이는 배가 고프지 않게 될 것이다. 고양이 먹이 캔을 따거나 고양이 앞에서 먹이를 꺼내는 것은 산출물이고 결과는 잘 먹은 고양이 또는 여전히 배고픈 고양이일 수 있다. 우리는 지도가 적용되기 전에는 결과를 알기 어렵다. 이는 우리가 비행기를 타기 전이 아니라, 오직 휴가를 다녀온 후에야 지도가 어떻게 고양이의 삶을 바꾸는지 알 수 있다는 뜻이기도 하다.

 기회(opportunity)는 지도의 도움을 받아 달성하고자 하는, 기대하는 결과다. 이것은 우리가 세상을 어떻게 바꾸길 원하는지에 대한 것이다.

우리는 고양이를 잘 먹이고 건강하게 키우길 원한다. 가장 중요한 것은 우리가 부재중인 동안에도 고양이가 행복하게 지내길 원한다. 이는 우리의 기회이자, 바라는 결과이기도 하다. 우리는 지도가 실제 적용된 후에 결과를 알게 될 것이다. 이제 행복한 고양이라는 목표를 세워보자. 우리가 가능한 한 가장 큰 기회를 세우길 바란다는 건 말할 것도 없다. 욕심을 내는 것은 인간의 본성이다. 고양이들 또한 우리처럼 이런 성향을 갖고 있다.

지도 제작은 적은 자원으로 많은 것을 성취하도록 돕는다. 다시 말하자면, 산출물은 최소화하면서 기회는 최대화하는 것이다.

 지도 제작은 대부분 기회에서 시작해야 한다. 그리고 분명하면서도 영향력 있는 내용의 지도와 대화로 시작하는 것이 중요하다. 지도는 여러분이 프로젝트의 목표에 집중하고 첫 미팅에서 상대방의 관심을 사로잡을 수 있게 도와줄 것이다. 이 장의 첫 문장이 "나는 이 책으로 여러분의 삶을 바꿔 놓을 것"이라고 말한 이유이기도 하다.

여러분에게 아이디어와 기회가 있다면 종이와 펜을 잡아보자. 여러분은 솔루션을 그려 낼 수 있다.

시각화 – 고양이가 여러분이 알길 기대하는 것

이것은 고양이 먹이 광고가 아니다. 하지만 램 차랜^{Ram Charan}의 책『What the Customer Wants You to Know^{고객이 당신이 알길 바라는 것}』(Portfolio, 2007)를 비틀어본 것이다. 영업에 깊이 들어가보지 않더라도, 이 책의 주 시사점은 고객의 니즈에서 시작하는 것이다. 기회를 최대화하고 산출물을 최소화하기 위해 우리는 우리의 사용자가 무엇을 원하는지 시각화 해야 한다.

5장 '지도 제작을 위한 원격 & 실험실 테스트'에서 사용자에게 무엇이 필요한지, 그들이 유사 제품과 상호작용할 때 보통 어떤 행동을 하는지에 대해 알아볼 것이다. 인간과 달 리, 고양이들은 리서치 당하거나 테스트 또는 분석 당하는 것을 정말 싫어한다. 그래서 우리는 그저 우리가 없는 동안 고양이가 무엇을 필요로 하고 무엇을 원하는지 추정한다.

여러분은 수행 가능한 항목들(특히 제한된 시간, 예산, 인력 아래 기회를 달성하는 데 도움이 되는 내용)을 시각화할 필요가 있다. 데모 프로젝트에서 하루 24시간, 일주일 내내 3교대로 고 양이를 돌볼 수 있도록 9명의 캣시터를 고용한다면 정말 좋을 것이다. 하지만 이는 비용 이 많이 들며, 관리하기 어려운 방법일 것이다. 이 책 후반에서 지도 제작이 어떻게 제약 적 환경을 이해할 수 있도록 돕는지 살펴본다. 하지만 지금은 제약 상황을 알고 있다고 가정한다.

캣시터를 위한 백로그 만들기

여러분이 무엇을 원하고, 어떤 제약적 상황에 처했는지 안다면 제약 상황 아래 우선순위 를 고려한 실행 목록이 필요하다. 스크럼^{SCRUM} 애자일 소프트웨어 개발 프레임워크에서 우리는 이러한 목록을 제품 백로그^{product backlog}(작업 목록)라고 부른다. 그리고 이것은 스크럼에서 가장 상징적인 특징 중 하나다. 제품 백로그에 대한 정의 중 내가 선호하는 것은 켄 스크웨버^{Ken Schwaber}가 정의한 것으로, 그에 따르면 제품 백로그는 "제한된 시간 안에 제품 요구 사항을 완전한 제품 기능으로 개발하기 위해 우선순위를 고려해 정리한 제품 요구 사항 목록"이며 "사업 조건 또는 기술이 변하면 이 목록도 진화"한다고 했다.

 중요도 순으로 실행 가능한 일을 정리해보자. 이 일은 성공적인 제품 백로그를 작성하는 첫 과정이자 가장 중요한 단계다.

우리의 캣시터에게 백로그의 가장 중요한 요소는 고양이가 언제나 신선하고 깨끗한 물에 접근할 수 있어야 한다는 점을 확실히 하는 것이다. 고양이가 탈수 상태에 빠지는 것은 우리가 원하는 결과가 아니다. 그 다음으로는 고양이가 잘 먹도록 하는 것으로, 과식하게 하면 안 되며, 고양이는 건강한 상태여야 한다. 따라서 캣시터가 고양이가 아프거나 상처를 입지 않았는지 살피고 수의사에 데려가야 한다. 위의 3가지 요소는 고양이의 생존에 필수적이다. 그중에서 아마 고양이의 건강이 가장 중요할 것이다. 고양이가 어떤 병으로 죽을 것 같은 순간이라면 고양이를 먹일 시간이나 요령이 중요하겠는가? 네 번째 요소는 애완동물 변기를 깨끗이 하는 것이다. 이 4가지 요소는 우리가 캣시터를 고용하는 이유다.

이외에도 좋은 캣시터가 할 수 있거나 앞으로 하게 될 많은 일이 존재한다. 예를 들어, 고양이의 귀나 이빨을 점검하고 깨끗이 닦아주거나 털을 빗질해준다. 어떤 캣시터는 심지어 고양이 목욕을 시키거나 적어도 씻기려고 노력할 것이고 보통은 발톱으로 할큄 당하거나 이빨에 물린 채 끝나기도 할 것이다. 그러나 이는 차원이 다른 이야기다. 외모를 가꿔주는 것뿐 아니라 고양이의 건강을 위해 고양이를 깨끗하게 유지시키고 빗질도 자주 해주는 것은 분명 중요하다. 하지만 일주일 빗질을 하지 않아도 고양이는 괜찮다. 어쨌든 고양이들은 스스로를 깨끗이 하는 데 많은 시간을 들인다. 잠자는 것 또한 중요한 생리적 니즈다. 하지만 잠자는 데 도움이 필요한 고양이는 본 적이 없다. 그러나 꼭 해야 하지만 잘 잊곤 하는, 또 다른 백로그 항목이 있다. 고양이를 잃어버리지 않고 도망가지 못하게 하는 일이다. (이 지도 제작 예시에서는 집안에서 키우는 고양이로 가정한다.) 생각해보면, 이것은 가장 중요한 백로그 항목이다. 캣시터가 고양이를 잃어버리면 고양이가 없기 때문에 모든 노력은 무의미한 것이 돼버린다. 고양이가 없어진 것보다야 아픈 게 낫다.

그러면 백로그는 다음의 5가지 항목으로 정리할 수 있다. 이 항목들은 우선순위 순으로 (우선순위가 높은 항목을 앞쪽에 배치) 나열돼 있다.

- 캣시터로서 고양이가 안전하도록, 고양이를 잃어버리거나 도망치지 않게 관리한다.
- 캣시터로서 고양이가 아프거나 다치지 않았는지 확인하고, 혹시 안 좋은 상태라면 고양이가 건강해지도록 수의사에게 데려간다.
- 캣시터로서 고양이에게 항상 신선하고 깨끗한 물을 제공해 고양이가 탈수되지 않도록 한다.
- 캣시터로서 고양이에게 충분한 먹이를 주되 과식시키지 않고, 잘 먹을 수 있게 한다.
- 캣시터로서 변기를 깨끗하게 치워줌으로써 고양이의 생활 환경을 깨끗하고 산뜻하게 유지시켜준다.

시각화 단계에서 우리는 백로그 아이템을 시간 배분까지 정리하지 않는다. 그러나 나중에 시간 배분은 중요하다. 여기서 보여주려 한 것은 백로그 아이템 템플릿으로, 폴 VII 또는 스크럼 구루들은 3R 포맷이라고 부르는 템플릿이다. 다음 장에 다른 포맷들을 소개하겠지만 이 템플릿이 가장 보편적으로 사용된다.

 백로그를 작성할 때 3R 포맷을 사용할 수 있다. 각 항목은 역할(role), 요구 사항(requirement), 이유(reason)를 포함한다. 이것은 다음과 같이 템플릿화된다.

_____로서[역할 → 페르소나], 나는 _____를[요구 사항 → 산출물] 원한다. 그러면 _____할 수 있다[이유 → 결과].

역할은 사용자 유형이다. 이는 한 명의 특정 캣시터가 아니라, 어떤 캣시터든 적절하게 적용될 수 있는 지도를 원하는 이유를 알 수 있는 바이기도 하다. 우리는 또한 이 일과 무관한 모든 사람까지 사용자 유형으로 고려된 지도를 원하는 것은 아니다. 예를 들어, 우리는 문지기가 고양이를 수의사에게 데려다 주길 기대하지 않는다. 3장 '여정 지도 – 여러분의 사용자를 이해하라'에서 우리는 서로 다른 목적과 능력을 지닌 여러 사용자 그룹, 페르소나를 위한 지도를 제작할 것이다. 하지만 지금은 오직 캣시터 그룹에만 집중하자. 요구 사항은 무슨 일이 일어날 것인지를 설명한다. 요구 사항은 지도의 산출물을 생성하게 되며, 이유는 이로 인해 일어나길 바라는 긍정적 결과의 일부분일 것이다. 예를 들어, 고양이가 아프게 된 것 역시 지도의 결과다. 하지만 분명 이 이유만은 아니다. 모든 이유가 기회 영역과 일치될수록 우리가 휴가에서 돌아왔을 때 잘 먹고 행복하고 건강한 고양이에 근접한 결과를 얻을 수 있다. 우리는 기회에서 무엇이 중요한지 알고 있었기 때문에 앞의 목록은 작성하기 쉬웠다. 그리고 이런 목록은 10개 또는 100개도 작성할 수 있다. 하지만 5개를 넘는 항목을 수행하기엔 인력도 시간도 부족할 수 있음을 유념하자.

적절한 우선순위를 가리는 일은 일의 성패를 가르는 일이다. 유명한 사례를 들어보겠다. 2002년 여름에 있었던 일로, 구글의 창립자인 세르게이 브린^{Sergey Brin}과 래리 페이지^{Larry Page}는 그들의 회사를 팔려고 했다. 당시 야후 최고 경영자였던 테리 세멜^{Terry Semel}은 구글에 30억 달러를 지불하길 거절했다. 2017년이었다면 판단하기 쉬운 일이었겠지만, 그때는 검색이 야후에게 중요하지 않은 시기였다. 15년 전, 웹은 지금과 크게 달랐으며 세멜은 웹이 어떻게 진화할지 예측하지 못했다. 결국 야후가 버라이즌에 50억 달러가 안 되는 비용으로 인수될 때, 구글은 5천억 달러의 자산 가치를 갖고 있었다. 이어서 이야기하자면, 2006년 야후는 다른 회사, 페이스북을 보고 있었다. 마크 주커버그^{Mark Zuckerberg}는 10억 달러 제안을 거절했다. 몇몇 보고서에 따르면, 인수 비용을 단 10%라도 높여 불렀다면 페이스북 이사회는 주커버그로 하여금 회사를 팔도록 압박했을 것이다.

그러나 야후 CEO는 인수 비용을 올리지 않았다. 세멜은 인수 대상으로 구글과 페이스북 모두 고려했지만 인수 비용이 너무 낮았다. 돈과 자원은 우선순위 목록에 따라 배분된다. 어떤 회사에서는 미래 투자의 우선순위가 밀린다. 야후, 코닥, 블록버스터가 그런 회사들인데, 역사는 이런 회사들이 10년 내 망할 것임을 암시한다. 만약 여러분이 수십억 달러 규모의 기업을 운영하지 않더라도, 항상 미래를 생각하고 변화를 받아들이며, 이에 따른 우선순위를 명확히 해야 한다.

펜과 종이만 있으면 된다. 하지만 색상까지 추가한다면 더 멋진 지도를 만들 수 있다.

한 장의 종이와 펜이 지도 제작에 필요한 전부다. 우리의 목적을 위해 여러분이 해야 하는 '그림 그리기drawing'는 오직 선을 긋는 일뿐이다. 무척 간단하게 들린다. 그렇지 않은가? 우리는 수백만 개의 선을 그려왔다. 그것을 연결하면 형태가 나타난다. 글쓰기는 언어에 상관없이 단순히 선들의 집합인 것이다. 알료나 니켈슨Alyona Nickelson은 더 나아가 선과 형태가 보는 사람에게 감성적 메시지를 전달한다고 말한다. 직선은 정확성, 직접성, 견고함, 단단한 특성을 지니고 있고 곡선은 타협, 동의, 유연성, 우유부단한 느낌을 준다. 커뮤니케이션의 균형감을 고려해, 두 유형의 선을 모두 사용한다. 만약 직선을 잘 그리지 못해도 걱정할 필요는 없다. 자를 이용할 수 있다. 또는 강경하게 이야기하지 않거나 매우 빠른 속도로 프로젝트를 진행하려면, 자유롭게 그린 손 그림 선만 이용해보자.

어떤 펜과 종이도 가능하다. 하지만 하나 이상의 색을 쓰면 정말 도움이 된다. 경험 지도 제작에서 색상은 종종 무시되곤 한다. 우리는 사용자 스토리 지도에 밝은 색의 포스트잇을 사용한다(2장 '사용자 스토리 지도 – 협업, 포스트잇으로 도출하는 요구 사항'을 참고). 많은 UX 전문가가 노트 그룹을 표시하거나 색상을 선택해 사용한다. 그리고 바람직하지 않은 경우로는 색상을 무작위로 사용하는 사례도 있다. 바라건대, 이 책을 읽고 나면 여러분은 그들과는 다르게 접근하리라 믿는다. 색상은 커뮤니케이션에서 중요한 부분이다. 쥬디 마틴Judy Martin은 색상에 대한 반응이 본능적인 것이라고 주장한다. 우리는 색상을 인식과 분석의 수단으로 사용한다. 그리고 공간과 형태를 정의할 뿐 아니라, 색상 큐를 초대장이나 경고의 신호로 사용한다. 색상은 무의식적으로 감성에 호소하기도 한다. 녹색은 삶, 성장, 젊음, 봄, 희망, 그리고 최근에는 환경의식을 연상시킨다. 물론 예술가에게 이런 사고는 충격일 수 있다. 어떤 파스텔 먼지든 조심해야 하겠지만, 녹색 안료엔 천연 원료가 거의 없고 녹색 착색제는 화학적으로 개발돼서, 녹색 파스텔 먼지는 고양이에게 묻지 않도록 주의가 필요하다.

위 사진은 내 그림 도구 중 일부다. 깨끗하고 남 앞에 내놓기에 부끄럽지 않은 것들만 추렸다. 그림 도구를 모두 갖춰야 한다고 지레 걱정하진 말자. 사용자 경험 지도 제작에 이렇게 다양한 도구가 필요하진 않다. 여러분이 사용할 수 있는 도구들, 자, 프린터 용지 한 장과 펜만으로 시작해보자. 우리 조상은 동굴 벽에 착색된 진흙을 사용했다. 그 선택은 목적에 훌륭하게 부합했다. 바버 베링턴Barber Barrington의 명언을 기억하자. "열정적인 예술가는 무엇으로든 그림을 그린다. 그리고 자신에게 맞게 사용한다." 모든 사용자 경험 전문가는 예술가다. 그리고 결국 커뮤니케이션이 예술이기도 하다.

이제 지도를 그려보자. 여러분 안에 있던 예술가적 본성이 연필을 들고 무언가를 그리고 싶어 안달이 난 상태다.

다이어그램 그리기

이제 모든 게 흥미진진해질 것이다. 먼저 지도에 기회를 추가한다. 여러분은 '기회', '행복한 고양이'라고 글로 적거나 내가 한 것처럼 행복한 고양이를 라인 아트로 재미있게 그려볼 수도 있다.

사용자 경험 지도 제작 시, 주요한 지도 요소로 종종 카드를 사용한다. 빈 종이나 포스트잇을 사용해서 그것들을 표현할 수 있기 때문이다.

> **TIP** 2개의 사각형을 그리거나 2장의 카드를 배치할 때, 하나를 다른 하나 위쪽으로 배치하면, 사람들은 위쪽에 있는 카드가 더 중요하다고 여긴다. 그리고 가로 수평 정렬은 진행단계를 표시한다. 따라서 오른쪽에 카드를 놓는 것은 일반적으로 나중에 일어나는 일 또는 원인으로 인해 일어나는 일을 뜻한다. 이러한 현상은 오직 왼쪽에서 오른쪽으로 글을 쓰는 문화권에서 나타나며, 세로 배치처럼 명확하게 드러나지 않는다. 따라서 가로 레이아웃에서는 의미를 명확히 하기 위해 화살표를 사용하자.

각각의 지도를 제작할 때, 한 눈에 이해하기 쉬운 구조로 제작해야 한다. 지도에서 카드 내용을 결과로 적는 것이 좋다. 지리상 길을 표시하는 지도 요소들은 그 자체의 이름을 갖고 있다. 이때 그 이름은 결과일 수도 있다. 예를 들어, 자동차로 부다페스트에 가고 싶다면, 결과는 부다페스트에 가는 것이다. 여기서 내가 해야 하는 일은 지도에서 부다페스트라는 이름이 적힌 지도 요소를 찾는 것이다.

다음 장에서 우리는 카드 유형으로 포스트잇을 사용한다. 포스트잇은 많은 장점이 있다. 이동시키거나 재배치하기 쉬운 카드는 제품 초반 아이데이션 단계에서 매우 중요하다. 앞에서 우리는 우리의 비전, 우선순위 목록을 경직되고 완전 애자일스럽지 않은 방식으로 나열했다. 이런 방식으로 접근해서는 안 된다. 제품 관리에서든, 인생을 살아가면서든, 항상 유연해지도록 하자. 하지만 데모에서는 종이 위에 카드들을 그려넣어도 좋다.

각 카드에 결과와 관련 요구 사항을 짧게 정리해 추가한다. 다양한 사용자, 다중 플랫폼, 다중 채널과 관련된 카드의 경우, 해당 분류를 추가해야 한다. 우리의 지도는 오직 캣시터만 목표로 삼기 때문에 캣시터 사용자 그룹을 정의하는 것은 의미가 없다.

마지막 단계는 제목을 추가하는 일이다. 대개는 지도에 의미 있는 제목을 붙이고 싶을 것이다. 나는 지금껏 '무제', 'UX 지도'에서부터 웹사이트 URL까지 다양한 제목의 디지털 지도를 봐왔다. 그 이름들은 말할 필요도 없이 끔찍한 선택이다. 지도 제작에 사용되는 프로세스에 익숙하지 않은 사람들도 지도가 무엇을 표현하고 있는지 보는 즉시 알아챌 수 있어야 한다. 넓은 범위의 이해관계자들에게 아이디어, 접근 방법에 대한 동의를 구하기 위해 지도를 배포할 때 제목은 도움이 된다.

TIP 지도의 제목을 만들 때, 이해관계자와 연관되는 무언가를 찾아보자. 그들이 틀에서 벗어나 주제에 대해 사용자 중심적 사고를 시작하게 만드는 그 무엇을 찾아보자.

이 장의 예시에서 '고양이를 행복하게 만드는 방법'이라는 제목은 그 목적을 달성할 것이다. 기회를 간단하고 짧게 표현할 수 있다면 제목에 기회를 적는다. 표현할 수 없다면 좀 더 기회에 대해 고민해야 한다. 지금 여러분에게 필요한 것은 이것을 주요 이해관계자, 캣시터와 의논하는 것이다. 문제를 해결하려면 지도와 대화 모두 필요하다. 다음 장에서는 비즈니스 상황을 확인하고 지도를 사용해 대화를 전개해나가지만 이 장에서의 예시는 완성된 지도까지다.

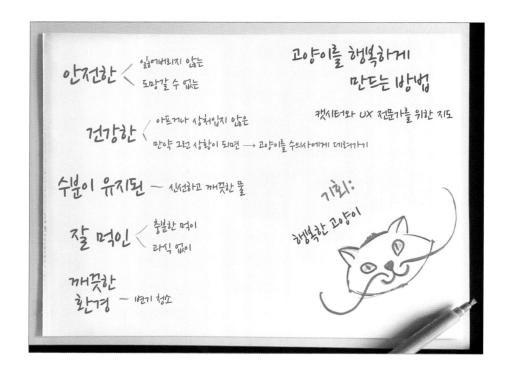

이 지도는 알기 쉽게 정리할 필요가 없는 카드를 보여주는 사례다. 대개 사각형을 그리거나 포스트잇을 카드로 사용하는 것이 일반적이지만 때로는 필요치 않다. 각 카드 주변에 많은 경계선을 그려 넣을 수 있지만, 시각적으로 어수선하게만 만들 것이다. 보다시피, 종이 위에 몇 개 단어만 얹어서 지도를 만들 수 있다.

다음 섹션에서는 보기 쉽게 정의된 카드를 갖고 동일한 지도를 그려볼 텐데, 다른 점은 손 그림 대신 디지털 도구를 사용해 지도를 그린다는 점이다.

디지털 시대에는 컴퓨터를 사용한다

손으로 그리면 무척 재미있다. 그리고 책에 있는 모든 지도는 펜과 종이로 그릴 수 있다. 각 장에서는 소프트웨어 프로그램으로 어떻게 지도를 제작할 수 있는지 보여준다. 디지털 도구를 사용하면 손맛은 없지만, 편집하기 쉽고 읽기 편한 지도를 얻을 수 있다는 장점이 있다. 여러분이 지도를 제작해서 엣시Etsy, 이베이eBay에서 팔게 아니라 커뮤니케이션 도구로 활용하기 위한 목적이라면, 디지털 제작 방식은 좋은 선택일 수 있다.

지도 유형에 따라 내가 개인적으로 선호하는, 서로 다른 소프트웨어를 사용할 것이다. 물론 여러분이 같은 소프트웨어를 사용해야 하는 것은 아니다. 이 책은 소프트웨어 프로그램을 소개하는 튜토리얼이 아니기 때문에 여러분에게 가장 쉬운 프로그램을 사용하자.

 사용하는 프로그램의 특징이 아니라 사용자와 메시지에 집중하려면 지도을 제작할 때 여러분에게 가장 익숙한 프로그램을 사용하자.

인사 관리자로 활동한 8년간, 이력서에서 가장 자주 본 소프트웨어 프로그램은 MS 패키지, 특히 워드였다. MS워드가 UX 업무의 필수 직무 요건은 아니지만, 대부분의 사람은 이 프로그램을 기본적으로 사용할 줄 안다. 사람들은 컴퓨터에 워드를 설치하고 짧거나 긴 글을 작성하는 데 이 프로그램을 사용하곤 하지만, 대부분은 이 프로그램을 사용자 경험 지도 제작에 필요한 도구라고 생각하지 않을 것이다.

몇 년 전, 후배 UX 디자이너에게 간단한 여정 지도를 작성해보라고 한 적이 있다. 그녀는 UX에 대해 잘 몰랐고 어도비 일러스트레이터를 비롯한, 대부분의 다른 소프트웨어 프로그램을 사용한 적이 없었지만 업무 태도는 참 좋은 사람이었다. 여정 지도를 제작할 때, 나는 그녀에게 다룰 수 있는 프로그램을 물었고 그녀는 "대학 시절, 과제물을 작성할 때 워드 프로그램을 사용했다"고 대답했다. 그녀는 내가 농담을 하고 있다고 생각했다. 하지만 곧 내가 농담하는 것이 아니라는 것을 알고 워드를 사용해 업무를 시작했다. 그녀는 훌륭하게 일을 해냈다. 하지만 특수문자, 탭, 도형을 제멋대로 조합해서 사용했고 어려움도 많았다고 했다. 나는 두 가지를 깨달았다. 첫째, 모든 사람들이 SmartArt를 알고 있거나 사용할 거라고 가정해선 안 된다. 둘째는 더 중요한 점인데, 올바른 태도와 접근 방식이 있다면 무엇이든 해낼 수 있다는 것이다. 기술은 그 다음 문제다. 나는 몇 주 만에 그녀에게 사용자 경험 지도 제작에 대해 가르칠 수 있었고 이 책을 통해 지식을 공유하고자 한다. 사실 가르치기 힘든 것은 태도와 일하는 방식이다. (이 스토리의 주인공은 현재 성공한 스타트업 회사의 중견 UX 디자이너이며 사용자 조사에 애정을 갖고 일하고 있다.)

아래 화면은 MS워드 2016 버전이지만 이전 버전을 사용해도 비슷한 결과를 얻을 수 있다. 설명하면서 워드 2016의 새로운 기능은 사용하지 않았다. 그리고 윈도우 10에서 실행되는 윈도우 버전을 사용한다. 다시 말하지만, mac을 사용해도 동일한 모습을 만들어낼 수 있다.

여정 지도를 제작하기 위해 워드를 켜자. **삽입** Insert 탭의 **일러스트레이션** Illustration 그룹에서 **SmartArt**를 선택하면 **SmartArt 그래픽 삽입** Insert a SmartArt Graphic 창이 뜬다.

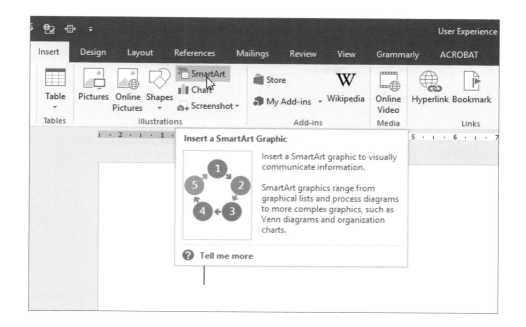

그 다음으로 **SmartArt 그래픽 선택**^{Choose a SmartArt graphic} 창에서 원하는 유형과 레이아웃을 선택한다. 사용 가능한 많은 유형이 있지만 지도 제작 목적이므로 **프로세스형**^{Process}이 가장 좋은 출발점이 돼 줄 것이다. 나중에 다른 유형도 시도해보길 바란다.

지금은 **기본 프로세스형**^{Basic Process}을 선택하자.

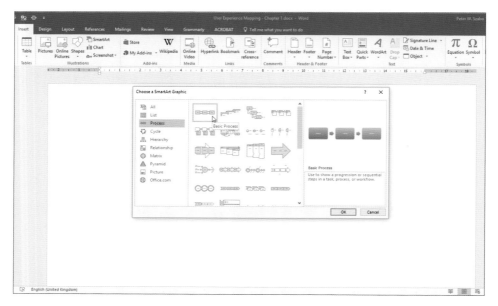

SmartArt 그래픽 선택

이제 텍스트 콘텐츠를 추가할 수 있다. 이번 실습에서는 오직 캣시터만 대상으로 하기 때문에 별도의 사용자 그룹을 구체적으로 명시하지 않는다. SmartArt에 텍스트를 추가하려면 텍스트 창을 사용한다.

텍스트 창을 열고 텍스트를 간단하게 입력하자. 텍스트 창에 있는 각각의 최상위 목록 아이템은 카드를 지도 요소로 전환시킨다. 목록을 복사해서 붙여넣기를 할 수 있다. 그리고 텍스트 창에 텍스트를 입력할 때 키보드의 **탭**Tab 키를 누르면, 하위 요소들을 추가할 수 있다. 이 요소들은 카드에 목록으로 표시된다.

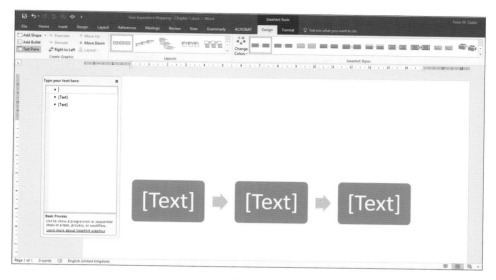

텍스트 창

각 지도는 모든 사람이 쉽고 빠르게 이해할 수 있는 구조로 만들어야 한다. 우리 지도의 경우 결과를 카드에 적는 게 좋겠다.

결과와 관련된 간단한 요구 사항을 하위 요소로 추가해보자. 라인 시작 부분에서 탭 키를 누르면 첫 번째 레벨의 항목을 두 번째 레벨의 항목으로 만들 수 있고 한 번 더 누르면 세 번째 레벨, 네 번째 레벨로 변경할 수 있다. 그리고 **백스페이스**^{Backspace} 키를 누르면 레벨이 낮아지는데, 예를 들어 두 번째 레벨의 항목을 첫 번째 레벨로 만든다.

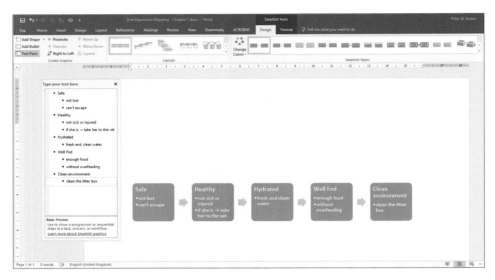

텍스트를 다른 레벨의 아이템에 추가하기

우리가 만든 SmartArt를 살펴보면, 하나의 카드가 앞에 위치한 카드의 결과가 아니고, 모든 카드가 고양이를 행복하게 만들기 위해 필요한 구조다. 따라서 이 시점에서 SmartArt 유형 중 **기본 프로세스형**이 이번 지도 제작에 적합하지 않을 수 있다. 이때 다행히도 SmartArt를 다시 만들 필요는 없다. 아래 그림과 같이 **디자인**[Design] 탭에 있는 **레이아웃**[Layout] 중 하나를 골라 곧바로 다른 유형으로 바꿀 수 있다.

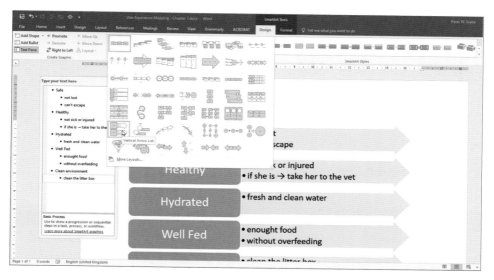

지도 제작을 위한 디자인 포맷 결정

다른 레이아웃 유형들 위로 마우스를 가져가면 지도가 어떻게 바뀔지, 변경될 모습을 미리 볼 수 있으며, 해당 유형을 클릭하면 적용된다. 이 지도에 가장 적합한 유형은 **세로 화살표 목록형**^{Vertical Arrow List}이다. 기회를 실현하기 위해 모든 노력을 기울여야 하며, 이전 카드의 수행 결과가 다음 행동에 꼭 필요하진 않다. 예를 들어, 고양이에게 동시에 밥과 물을 줄 수 있다. 고양이가 물을 마시는 동안 밥그릇을 들고 기다릴 필요가 없다.

앞에서 우리가 손으로 그린 지도와 마찬가지로, 색상의 세로 배치는 여기서 중요 정보를 잘 나타낸다. 그리고 이때 만약 두 장의 카드를 겹쳐 두면 사람들은 위에 있는 카드가 더 중요하다고 생각한다는 점을 꼭 기억하자. 디지털 방식으로 작업했을 때 더 쉬운 점은 중요 정보를 강조하는 색조를 점차 추가할 수 있다는 점이다. 색조는 색상에 흰색을 혼합하면 밝아진다. 즉 가장 중요한 박스는 흰색이 섞이지 않은 순수한 색상을 적용하며, 중요도가 낮아질수록 흰색을 추가한다.

MS오피스 프로그램에는 정보 중요도 차등화를 위한, 손쉬운 솔루션을 제공한다. **디자인**^{Design} 탭에 가서 **색 변경**^{Change Colors}을 선택하자. 여러분이 선택한 색상의 그라데이션된 범위를 확인할 수 있다. 여기서 나는 녹색을 선택했다. 일반적으로 녹색이 안전, 가장 중요한 결과와 관련된 색상이기 때문이다. 또한 녹색은 삶, 건강, 깨끗한 환경에 정서적으로 부합된다. 그리고 사람의 눈에도 가장 편하다. 여기서 재미있는 사실은 고양이가 우리가 보는 것처럼 색상을 보지 못한다는 사실이다. 니콜라이 램^{Nickolay Lamm}(http:// nickolaylamm.com/art-for-clients/what-do-cats-see/)에 따르면 빨강, 분홍색은 고양이에게 녹색 계열로 보이고 보라색도 파란색 계열로 보인다. 반면, 녹색 계열은 우리가 보는 색상과 유사하다고 한다.

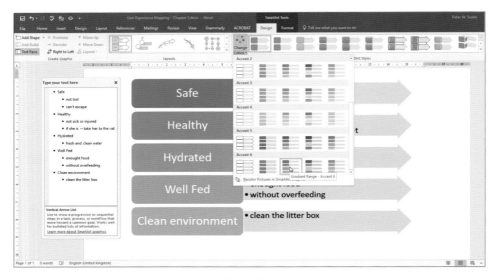

색상 변경하기

처음에 기회를 그릴 때 디지털 방식이 아니라 손 그림 지도로 시작해서 의아하게 생각했을 것이다. 두 방식의 가장 큰 차이점은 우리는 손 그림 지도를 디지털 지도의 가이드로 사용한다는 것이다. 따라서 우리는 기회를 알고 있고 그것은 우리가 지도에 추가하지 않더라도 항상 우리의 중심점이 된다. 이제 시작할 시간이다.

SmartArt 안에서 도형을 추가할 수도 있지만 어떤 경우에는 다른 SmartArt나 텍스트 상자를 옆에 추가하는 게 쉬울 때도 있다. 그렇게 하려면 SmartArt 크기를 조정해 옆에 공간을 만든다. 왼쪽에서 오른쪽으로 글씨를 쓰는 게 일반적인 문화권에서는 페이지의 오른쪽에 기회를 추가하는 것이 좋다. SmartArt 크기를 조정하려면 마우스 커서를 SmartArt 좌측 상단 코너로 이동하자. SmartArt를 선택하면 외곽라인 가운데에 점이 생긴다. SmartArt가 선택되지 않은 경우일 때만 SmartArt를 선택하자. 이제 커서가 이중 화살표로 바뀌고 이 화살표를 왼쪽으로 드래그해서 크기를 변경할 수 있다. 워드(다른 소프트웨어 프로그램도 동일)에서 대부분의 그리기 요소들은 같은 방식으로 크기를 조정할 수 있다.

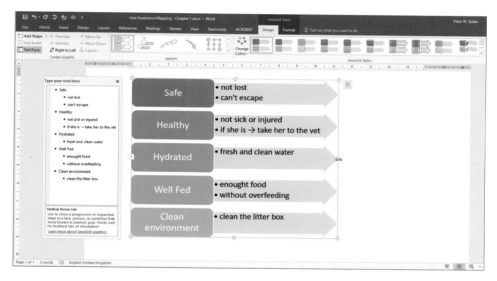

SmartArt 크기 변경하기

SmartArt의 요소들을 변경하는 방법은 간단하고 직관적이다. 요소를 클릭하고 **서식** Format 패널에서 옵션을 변경해보자. 예를 들어, 아래 화면에서 두 번째 레벨 요소들의 텍스트 색상을 변경해 지도의 나머지 부분들과 더 잘 어울리게 만들어보자. 이 단계는 물론 선택 사항이다.

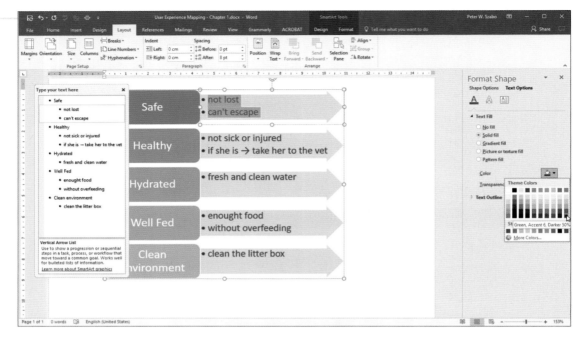

요소들의 맞춤 설정

SmartArt 서식을 모두 변경한 후 기회를 텍스트 상자로 추가한다. **삽입**Insert 탭의 **텍스트**Text 그룹에서 **텍스트 상자**Text box를 찾을 수 있다. **텍스트 상자 단순형**Simple text box를 선택한다. 나중에 포맷을 바꿀 수 있다.

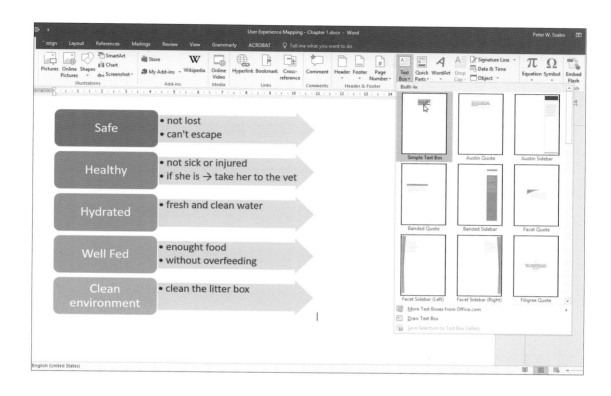

텍스트 상자를 마우스로 드래그한 후 오른쪽 위치로 드롭해 이동시킨다. 그 다음으로, 적당한 크기를 만들기 위해 모서리에 있는 점들을 드래그해 크기를 조정한다.

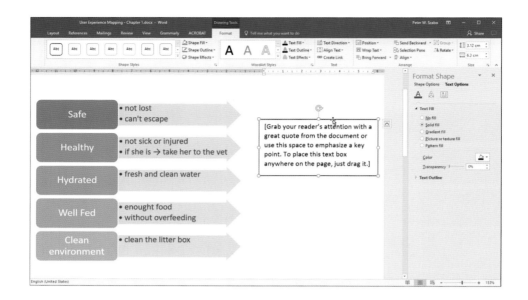

선택 사항이지만, (서식^{Format} 패널에서) **텍스트 상자 스타일**^{Theme Styles} 중 하나를 선택하거나 **도형 채우기**^{Shape Fill}와 **도형 윤곽선**^{Shape Outline} 색상을 직접 변경해 외관을 바꿀 수 있다.

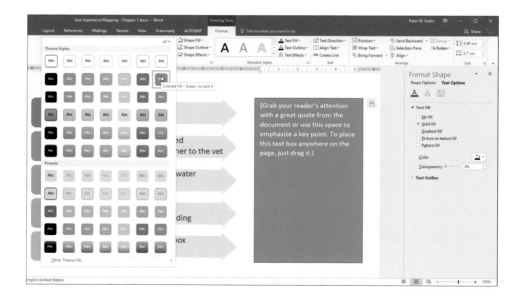

기회 상자에 텍스트를 입력하고 각도를 바꿀 수 있다. 필요하다면, **텍스트 상자 서식**^{Format Shape} 패널에서 텍스트의 각도를 변경할 수 있다. (텍스트 옵션^{Text Options} ＞ 텍스트 방향^{Text direction} 의 드롭다운 메뉴)

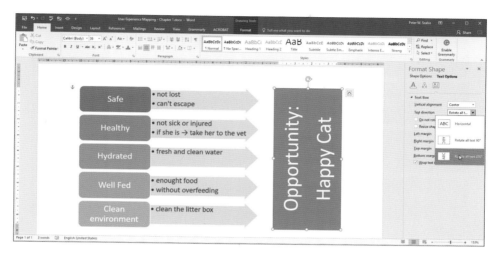

텍스트 각도 변경하기

마지막 단계는 제목을 다는 것이다. 문서에서 텍스트 첫 줄에 제목을 타이핑해 넣는다. 지도에서 제목을 작성할 때 이해관계자들이 자신과 관련된 무언가를 발견할 수 있게 만들어야 한다. 이해관계자들로 하여금 주제에 대해 생각할 때 틀에서 벗어나 사용자 중심적 사고를 하도록 만드는 무언가가 필요하다.

'고양이를 행복하게 만드는 방법'은 간단하고 짧은 단어로 기회를 소개하기 위해 선택한 것이었다. 제목을 원하는 대로 정하고 지도를 인쇄해서 걸어두자. 그 다음 캣시터와 지도에 대해 꼭 상의해야 한다. 문제를 해결하려면 지도와 대화 모두 필요하다. 1장에서는 지도를 완성하는 것까지 다루지만 2장에서는 지도를 활용해 대화를 진행하는 방법에 대해 더 자세히 알아볼 예정이다.

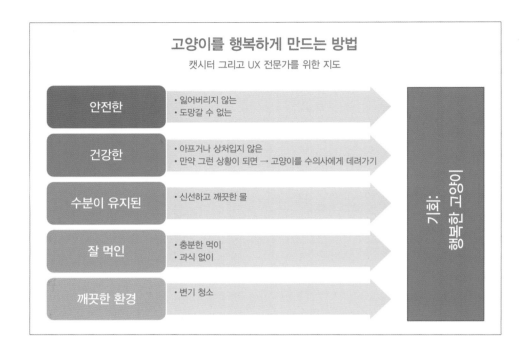

▌ 요약

사용자 경험 지도는 사용자를 이해하고 전략적 인사이트를 도출하며 커뮤니케이션을 향상시키는 유용한 기술이다. 앞에서 다룬 지도를 완성하는 과정은 1장에서 발견한 이런 가장 주요 포인트를 요약적으로 보여준다. 대부분의 문제는 커뮤니케이션 개선을 통해 해결할 수 있고, 또한 해결할 것이다. 그리고 이를 통해 문제를 이해할 수 있게 된다. 함께 이해하기 위한 가장 좋은 커뮤니케이션 방법은 지도를 그리는 것이다.

기회를 달성하려면 지도 제작 시작 전에 실행할 수 있는 항목들을 시각화하고 백로그 목록을 가장 중요한 결과와 함께 작성해야 한다. 백로그를 만들 때, 각 항목은 역할, 요구 사항, 이유를 모두 포함하고 있어야 한다. (지도 제작 용어를 다시 살펴보면, 산출물output은 지도와 관련된 제품이고, 결과outcome는 제품의 결과다. 기회opportunity는 지도를 활용해 달성하고자 하는 바람직한 결과다. 이것이 우리가 세상을 바꾸는 방법이다. 우리는 기회를 담보한 지도로 시작해야 한다.)

이것으로 사용자 경험 지도 제작에 대한 소개를 마친다. 다음 장에서는 포스트잇으로 더욱 재미있게 진행해볼 것이며, 사용자 스토리 지도를 제작하는 방법을 배운다.

02

사용자 스토리 지도 – 협업, 포스트잇으로 도출하는 요구 사항

사용자 스토리 지도는 널리 사용되고 있는 인기 있는 지도 유형 중 하나다. 2장에서는 사용자 스토리 지도에 대해 탐색하고 이 지도가 협업과 포스트잇을 활용해 요구 사항을 만드는 데 어떻게 도움이 되는지 보여준다. 이 장에서는 다음 내용들을 수행한다.

- 사용자 스토리를 만들고 사용자 스토리 지도를 재배치해본다.
- 스토리 지도를 만드는 이유에 대해 고민해본다.
- 이야기를 어떻게 하면 효과적인지 알아본다.
- 온라인 식료품 가게의 사용자 스토리 지도를 만들어 본다.
- 그러기 위해, 먼저 사용자 스토리 템플릿들을 탐색하고 좋은 사용자 스토리(INVEST)와 에픽epic의 특성을 살펴본다.

- 3C(카드^{card}, 대화^{conversation}, 확인^{confirmation}) 프로세스를 통해 스토리는 현실로 전환된다.
- 포스트잇을 벽에 붙이면서 사용자 스토리 지도를 제작한다.
- 그 다음 스토리온보드^{StoriesOnBoard}를 활용해 디지털 버전으로 만든다.

> ℹ️ 사용자 스토리는 원자처럼 작은 단위의 기능(functionality)을 통해 사용자에게 가치를 전달한다. 이것들은 대화를 하는 데 활용될 것이다.

제프 패튼^{Jeff Patton}은 2004년 이 주제에 대한 글을 썼고 10년 후인 2014년 『사용자 스토리 맵 만들기^{User Story Mapping}』(인사이트, 2018)라는 저서를 냈다. 대대수의 사람은 그가 사용자 스토리 지도라는 용어를 사용하는 것에 동의한다. 그래서 2장은 제프의 글로 시작하는 것이 좋을 것 같다.

> 스토리 지도는 여느 긴 스토리를 말할 때 하는 것처럼 스토리를 분해하기 위한 것이다.
>
> – 제프 패튼

작은 단위의 가치 기능 조각들을 체계적으로 결합하면 사용자 스토리 지도가 만들어진다.

▌ 왜 사용자 스토리 지도를 작성해야 할까?

1장에서 소개한 무거운 요구 사항 문서와 달리, 토론은 스토리 지도의 필수적인 부분이다. 우리는 유익한 대화를 원활하게 하는 데 도움이 되는 스토리를 제작한다. 사용자 스토리를 만들어야 하는 이유에 대한 대답은 아래와 같다.

사용자 스토리 지도는 토론의 형식으로 사용자의 문제를 해결한다. 제품 관리자나 사용자 경험 컨설턴트로서의 직무는 사용자 중심의 제품을 통해 사용자의 문제를 해결함으로써 더 나은 세상을 만드는 것이어야 한다.

일반적인 기대와는 달리, 사용자 스토리 지도는 애자일 전문가들을 위한 효자 상품 같은 존재는 아니다. 하지만 시스템을 더 잘 이해하게 함으로써 제품이 시장에서 성공할 수 있도록 돕는다. 안에 있는 내용뿐 아니라, 시스템의 결과로 어떤 일이 세상에 일어나는지에 대한 내용도 포괄한다. 팀에서는 기회와 기회를 가능하게 하는 결과에 초점을 맞춰, 개발의 우선순위를 정할 수 있다. 실제로 이러한 조치는 종종 기능의 확산을 막고 시장에서의 경쟁 구도를 약화시킨다.

잠깐, 방금 약화^{underdoing}라고 표현한 부분을 읽었는가? 기능을 적게 제공하고 과감한 약속을 하지 않으면서, 사용자 맞춤형 설정과 옵션을 크게 줄일 수 있을까? 확실히 그렇다. 베이스캠프^{Basecamp}(이전의 37시그널)의 설립자들은 적게 만들기로는 챔피언이다. 그들의 책 『리워크^{ReWork}』(21세기북스, 2016)에서 베이스캠프의 성공 사례를 이야기하고, 제품을 만들거나 스타트업을 운영하려는 모든 사람에게 꼭 필요한 조언을 한다.

> 대부분은 일이 잘 되지 않을 때, 문제 상황에 더 많은 자원을 투입한다. 더 많은 인력, 시간, 비용을 투입한다. 하지만 이러한 결정은 결국 문제를 크게 만든다. 올바른 방법은 반대 방향에 있다. 그러니 적은 자원으로 움직여라. 여러분의 프로젝트는 우려하는 만큼 고통스럽지 않을 것이다. 사실 훨씬 더 좋아질 기회가 있을 수 있다.
>
> – 제이슨 프라이드$^{Jason\ Fried}$

사용자 스토리 지도를 사용하면 멋진 제품이 실제로 만들어지기까지 문제가 덜 발생하거나 문제 상황에 보완적으로 대응할 수 있다. 긴 제품 백로그 또는 악몽같이 끔찍한 요구 사항 문서의 문제점 중 하나는 절대 끝나지 않는다는 점이다. 말 그대로, 절대.

언젠가 은행의 백엔드 사용자 경험을 개선해야 했던 적이 있다. 이 백엔드 시스템은 분산된 형태의 마이크로서비스들이 대규모로 모아진 구조였기 때문에 엄청난 작업이었다. 이해하기 어려운 기능들로 구성된 수백 가지의 다른 형태에다가, 이것들을 함께 연결해놓은 다중 레벨 메뉴 구조로 잘못 설계된 것이었다. 또한 나는 은행에 대해 거의 알지 못했고, 마찬가지로 그들은 UX에 대해 잘 몰랐기 때문에 이런 천생연분이 따로 없었다. 그들은 내게 12쪽짜리 문서를 줬다. 그것은 비공개 계약과 관련된 계약서였다. 그리고 프로젝트에 대한 100쪽 이상의 자료를 받았는데 비즈니스 프로세스와 은행 관련 전문 영어로 시스템이 어떻게 만들어졌고 완성됐는지 등에 대한 다양한 내용이 구체적으로 적혀있었다. 그들은 어떤 니즈가 다시 디자인돼야 할지 전문가 리뷰를 진행하고 그에 대한 상세한 전략을 제안 받길 바랐다. 우리는 그 단계에서 전문가 리뷰를 하고 전략을 다시 수립하는 데 시간과 돈을 낭비하기 보다는 더 나은 방법을 찾았다. 은행 직원들이 업무를 하면서 시스템을 이용하는 모습을 녹화하거나 옆에서 관찰하고자 했는데, 이 방법에 다들 의문의 여지가 없었다. 그래서 빠른 성과를 내기 위해 프로젝트를 시작한 첫 주에 사용자 스토리 지도 제작에 착수했다.

사용자 스토리 지도 제작에 참여한 사람들 중에는 백엔드 시스템을 광범위하게 사용해본 비관리자급 직원이 몇 명 있었다. 그들 중 한 명은 업무에 아직 익숙한 상태는 아니었지만 꽤 많은 이야기를 해주었다. 그동안 대부분의 직원이 기능의 95% 이상을 거의 사용하지 않았다는 사실이 밝혀졌다. 그들은 특별히 훈련된 사람들(주로 관리자)의 관리를 받는 사람이었다. 우리는 사용자 스토리 지도를 가장 중요하고 자주 사용하는 기능을 기반으로 제작하고 백엔드 인터페이스를 다시 제안했다. 이 인터페이스는 이전 시스템의 기능을 1% 정도만 포함하고 있으며 나중에 추가하면 좋을 기능도 제안했다. (UX 컨설턴트로서, 당장 'NO'라고 말하면 안 된다. 대신 나중에 말하도록 하자. 프로젝트를 진행할 때도 동일하다. 그래야 모두가 행복하다.) 미팅에서 사람들은 제안된 내용을 지지하더라도 아무도 그 터무니없는 아이디어가 고위 경영진에게 통과될 것이라고는 생각하지 않았다. 하지만 오히려 반대로 제안은 고위 경영진의 생각과 일치했으며, 그들은 간단하고 빠른 백엔드 사용자 인터페이스를 제작해서 신규 직원의 고용 없이 비용을 줄일 수 있다는 점을 이해했다. 새로운 UI는 직원을 채용했을 때, 직원을 훈련시키는 일이 더 쉽고 용이했으며, 인적 오류human error도 줄일 수 있었다. 소수의 직원만 사용하겠지만 오래된 백엔드의 거의 대부분은 2년 후까지도 온라인 상태를 유지했다. 이로 인해 HR 부서는 물론 제품팀, 정보보안팀까지도 행복하게 됐다. 24개월 동안 새로운 애플리케이션의 기능은 약간만 확장됐다. 아무도 불평하지 않았고 은행의 고객들은 덜 대기하게 돼 만족했다. 이 모든 것은 포스트 잇, 마커, 그리고 더 중요하게는 토론, 함께 생각을 공유한 결과로 이뤄졌다.

이는 사용자 스토리 지도 제작처럼 간단한 기술이 어떻게 회사의 수백만 달러의 비용을 절약하는지 보여주는 사례다.

▌ 이야기를 시작해보자

2장의 뒤에서는 사용자 지도 제작의 기본 규칙과 형식에 대해 설명할 것이다. 하지만 먼저 형식적인 부분은 고민하지 말고 사용자 스토리 제작에 대해 이야기를 나눠보자.

1장 'UX 지도 제작이 여러분의 삶을 어떻게 바꾸게 될까?'에서 우리는 지도를 그리면 문제가 해결된다는 것을 깨닫게 됐다. 여기서는 기존의 자료 교환 방식을 빈번한 토론과 협업으로 대체하는 데 중점을 두고자 한다.

기업은 일종의 공식 품의 프로세스를 사용하는 경향이 있고 이 프로세스는 대개 서명을 해 승인하는 시스템이다. 이 프로세스는 기업 시스템으로는 꽤 괜찮은 시스템이며 대부분 피할 수 없는 것이기도 하다. 하지만 이러한 서명을 통한 품의 프로세스가 지도 제작과 스토리에 대한 토론 후 진행되도록 챙겨보자. 이상적인 서명 시점은 며칠이 지나서나 몇 주가 지난 시점이 아니라, 토론 직후가 좋다.

제품 관리자, UX 전문가, 모든 이해관계자가 스토리를 사랑하는 이유가 있다. 모두 사람이기 때문이다. 사람들은 감성적으로 만족스러운 이야기를 좋아하는 경향이 있다. 대부분의 엔터테인먼트 콘텐츠는 이야기를 중심으로 전개된다. 그리고 우리는 좋은 이야기를 듣고 싶어한다. 훌륭한 이야기는 기억에 남을만하면서도 흥미로운 방식으로 갈등을 소개한다.

어떻게 이야기를 해야 할까?

이야기를 하는 것은 쉬운 일이다. 우리는 어릴 적 모두 쉽게 이야기를 했다. 그런데 진지하게 제품 관리에 대한 토론을 할 때면, 우리가 가졌던 그 기술은 잊곤 한다. 어떻게 이야기를 잘 할 수 있을까? 알면 유용한 몇 가지 규칙이 있다. 가장 중요한 것은 듣는 사람을 사로잡을 내용을 얘기해야 한다는 것이다.

듣는 사람

듣는 사람에게 집중해야 한다. 사용자 스토리를 이야기할 때 어떻게 그들이 적극적으로 경청하게 만들 수 있을까? 그들이 문자 메시지를 보내거나 포켓몬을 잡지 않고 이야기에 집중하게 만들 방법은 무엇일까? 프로젝트가 여러분의 가려운 부분을 긁어줄 만한 내용일지라도, 그 가려운 부분보다는 이야기를 돌려서 그들의 관심을 유발해야 한다. 듣는 사람을 참여시키는 일은 정말 만만치 않은 도전이다.

> 아주 오래 전에 공상과학 소설을 쓴 적이 있다. 실제로 헝가리판으로 『튜슈가르 Tűzsugár』라는 제목으로 출판됐다. 영어 제목은 'Ray of Fire^{불광선}'이었는데 내 미래의 작가 경력을 고려하면 다행히도 영문판은 번역되지 않았다. 이 책은 나의 15-16살 자아가 재미있다고 생각한 모든 것을 풀어놓은 책이었다. 예를 들어 거대한 우주전쟁, 우주 비행 중 서로 다른 멤버와의 열정적인 사랑 등의 것이다.

이야기 전반에 나오는 인물 캐릭터들은 우주선에 갇힌 다양한 인간과 비인간 생물체로, 캐릭터 중 일부는 〈모탈컴뱃 II$^{Mortal Kombat II}$〉, 〈마이트앤매직 VI$^{Might \& Magic VI}$〉 같은 비디오 게임 캐릭터와 닮았다. 대량살상, 우주의 끝과 같은 하찮고 사소한 것들에 얽매여 그들의 감정적 갈등에 대한 부분은 확실히 부족했고, 전체 행성은 죽고, 은하 전체가 구원되기 어려운 운명에 처하면서 소설은 끝난다. 여러분이 이 책을 읽지 않길 강력히 바라기 때문에 마지막을 이야기해서 감흥을 꺼뜨렸다.

그 책은 성공한 듯 보였다. 전국 TV 채널에서 나를 인터뷰했고 모든 지역신문에 나를 젊은 작가로 소개했다. 중요한 것은 내가 그 글을 쓸 때 매우 즐거웠다는 사실이다. 하지만 책 자체는 이해하기 어려웠고 아마 많은 사람에게 환영받지는 못할 내용이었을 것이다. 당시 나의 가장 큰 실수는 내가 재미있다고 생각한 것만 썼다는 것이다. 솔직히 말하면 나는 여전히 재미를 위해 글을 쓴다. 하지만 이제는 마음 속에 듣는 사람을 염두에 두고 쓴다. 나는 내 글을 읽는 훌륭한 독자인 여러분에게 사용자 경험 지도 제작에 대한 열정에 대해 이야기 중이다. 나는 글로 적을만한 재미있는 것들과 대상 독자들이 흥미를 느낄만한 것들을 찾으려 노력한다. 나는 진중한 UX인으로서 무언가를 쓰기 전에 듣는 사람의 메인 페르소나를 만든 후에 이야기한다. 3장에서 우리는 페르소나에 대해 알아본다. 이 책에서 나는 메인 페르소나를 설정하고 그녀의 이름을 마야로 부른다. 그녀의 특징은 많은 부분 내 딸과 비슷하다. 내 딸을 위해 이 책을 쓰고 있다고 말할 수 있으려나? 물론 그럴 것이다. 하지만 또한 모든 다른 페르소나들도 염두에 두고 있다. 바라건대, 그중 하나는 여러분과 닮아있을 것이다.

콘퍼런스에서 발표를 하기 전에 나는 항상 주최자들에게 청중에 관해 물어본다. 주제가 같더라도 청중에 따라 스토리와 보여주는 방식을 완전히 바꾼다. 같은 사용자 스토리라도 팀 멤버에게 말할 때, 다른 팀 리더에게 말할 때, 최고 경영자에게 말할 때 등 듣는 사람에 따라 다르게 이야기한다. 내부적으로 이야기할 때, 클라이언트나 제3자에게 이야기할 때도 다르게 한다.

이야기를 할 때는 글을 쓸 때와는 달리, 듣는 사람으로부터 즉각적인 피드백을 받으며, 때로는 피드백이 부족함을 느끼기도 한다. 이 피드백을 바탕으로 이야기를 진행하고 만들어 나가야 한다.

 이야기를 하는 행위는 상호작용적 경험이다. 듣는 사람과 소통하자. 듣는 사람에게 질문을 하고 그 질문을 시작점으로 삼아 다시 질문하게 만들자. 그런 다음 함께하는 스토리텔링 경험으로 발전시켜보자. 스토리는 모든 참가자가 함께 말한 내용들로 이뤄진다. (물론, 워크샵을 캐롤처럼 만들지 않는 이상에야 동시에 이야기하지는 않을 것이다.)

여러분이 딸에게 동화를 들려준다고 가정할 때, 딸은 물어본다. "왜 공주는 영리하고 재치 있게 꾀를 내서 도망칠 수 없었어?", "용에 대적해 피의 결투를 벌이는 왕자에게 의지하기보다는 그렇게 행동하는 게 더 낫지 않아?" 여기서 TV 애니메이션 '마이 리틀 포니 My Little Pony' 스토리의 진가를 알아채게 될 것이다. 어린 암컷 조랑말들이 비폭력적인 방법으로 도전 상황을 해결해 나가는 이야기로, 이겨서 상을 받으려 하기 보다는 친구들과 함께 상황을 헤쳐가는데 초점이 맞춰져 있다. 솜털이 보송보송한 분홍 고양이와 함께하는 영웅 같이 당찬 공주님 이야기로 바꿔보면 어떨까?

행동에서 시작하자

행동action의 중심에서 이야기를 시작하는 것처럼 거두절미하고 시작하는 방법은 셰익스피어나 호메르스Homer 같은 대가들이 사용하는 기법으로, 이 방법은 사용자 스토리를 만드는 강력한 도구이기도 하다.

> **TIP** 이야기를 할 때는 항상, 배경에 대해 많은 설명을 덧붙이지 말자. 그리고 가능하면 드라마 같은 또는 청중의 관심을 사로 잡을 수 있는 이야기로 시작하자.

〈오딧세이$^{The\ Odyssey}$〉 이야기는 제멋대로 구는 남자들의 이야기로 시작한다. 그들은 텔레마코스의 아버지가 트로이 전쟁에서 아직 돌아오지 않았을 때 그의 어머니에게 청혼을 한다. 여기서 그들이 이타카에 어떻게 오게 됐는지, 반짝이는 눈을 가진 여신 아테나가 왜 오디세우스를 좋아하고 마음을 쓰는지 길게 설명하지 않는다.

이 시는 구전으로 만들어졌으며 만들었던 당시에는 읽혀지기 보다는 많이 들려졌을 것이다. 시간이 흘러, 호메르스가 살았던 시대가 지나고 많은 사람들이 글을 읽고 쓸 수 있게 됐다. 하지만 여러분은 여러분의 사용자 스토리에 대해 말하고 토론하길 원한다. 따라서 비슷한 방법으로 시작해보자. 사용자의 어머니나 그녀의 교활한 구혼자를 언급하며 시작하지는 않겠지만 말이다.

단순화하기

문학 소설에서는 복잡한 스토리가 재미있을 수 있다. 『왕좌의 게임$^{A\ Game\ of\ Thrones}$』과 그 속편인 〈Song of Ice and Fire$^{얼음과\ 물의\ 노래}$〉 시리즈가 좋은 예다. 중요한 사실은 조지 R. R. 마틴$^{George\ R.\ R.\ Martin}$이 그 소설을 썼고 그는 분명 스프린트식 계획 회의에서 이해관계자들과 내용에 대해 토론할 의사가 없다는 것이다. 사용자 스토리 지도들은 서사, 민화 등 구전되는 여러 스토리 형태와 더 유사하다. 이 스토리들은 토론을 통해 발전하며 단순한 특성으로 인해 이해하기 쉽다. 우리는 가능한 한 적은 스토리 카드들로, 가능한 한 간단한 스토리를 만들어야 한다.

그러면 스토리는 얼마나 커야 할까? 짐 쇼어$^{Jim\ Shore}$는 300여 개의 스토리 카드로 구성돼 있어서 그 카드들을 계속 추적해야 하는 경우를 스토리 카드 지옥$^{story\ card\ hell}$으로 정의한다. 너무 심하지 않은가? 이 방법은 스파르타가 아니다. 300개 정도의 범위에서 여러분은 지도를 이해하지 못할 것이며, 전체 토론은 완전히 실패할 것이다. 사용자 스토리는 길을 잃을 것이고 청중은 무슨 일이 일어나고 있는지 이해하려는 시도조차 하지 않을 것이다.

> ℹ️ 스토리 지도에서 이상적인 카드 개수란 정해져 있지 않다. 하지만 낮게 목표치를 잡고, 그 다음으로 대부분의 카드를 제거해보자. 잡동사니가 있으면 대화를 망치는 법이다.

게임에서 사람들은 2개에서 7개 사이의 카드를 손에 쥔다. (드문 경우를 제외하고는) 온라인과 오프라인에서 가장 인기 있는 게임은 텍사스 홀뎀포커^{Texas Hold 'em Poker}다. 그 게임에서 각 플레이어는 오직 두 장의 카드로 승부를 겨룬다. 인간의 사고 프로세스와 토론은 대상의 개수가 적을 때 가장 잘 동작한다. 실제로는 대상의 개수가 많을 때도 있다. 우리의 사고 체계는 대상을 단순화하고 분류해서 관리 가능한 단위로 묶는 데 능숙하다. 사용자 스토리 지도 제작과 관련된, 대부분의 책과 콘퍼런스 발표에선 포스트잇으로 뒤덮인 벽 사진을 보여준다. 보는 사람은 어떤 내용이 붙어 있는지 전혀 모르지만, 한 가지는 분명하게 알 수 있다. 복잡한 프로젝트처럼 보인다는 것이다. 나쁜 소식을 알려주자면 복잡한 사용자 스토리 지도는 절대 끝나지 않는다. 그리고 끝난다고 하더라도 대단히 실패할 것이다. 많은 포스트잇이 붙어 있다는 것은 커뮤니케이션과 단순화 과정이 여러 번 반복 수행돼야 한다는 의미다. 포스트잇을 거의 제거하자! 그러려면 먼저 문제를 잘 이해해야 한다.

여러분의 열정에 관해 이야기하자

누군가를 찾아서 진지하게 그들에게 세상을 변화시킬 차세대 앱 또는 하드웨어에 대한 사용자 스토리를 전해보자. 지금 시도해보자. 대담하게, 그리고 상상의 나래를 펼쳐야 한다.

나는 금세기에 인간을 디지털화시킬 수 있다고 믿는다. 이것은 종으로서의 인류의 생존과 우주공간 탐구에 대한 열쇠가 될 것이다. 디지털 사회에서는 기근, 전염병 빈곤의 문제가 없다. 이는 오늘날 우리가 직면한 모든 중대한 문제를 해결할 것이다. 심지어 디지털 인간은 죽음도 이겨낼 것이다. 제멋대로인 공상과학소설 아이디어처럼 들리는가? 그럴 수도 있겠지만, 수십 년 전 스마트폰 또한 공상과학적 아이디어 중 하나였다.

2장에서는 오늘날 우리가 만들어낼 수 있는 스토리에 대해 이야기하려고 한다.

▌ 과잉식품 온라인 스토어

우리는 과잉식품 온라인 스토어에 대한 사용자 스토리 지도를 만들어 보려고 한다. 이 e커머스 사이트에선 상품성이 떨어지는 상품과 음료를 할인된 가격으로 판매한다. 예를 들어서 유통기한이 지난 음식, 포장이 손상된 상품처럼 일반 상점에서 버려지는 음식들을 판매한다. 이 아이디어는 덴마크, 영국 같은 선진국에서 인기가 있으며, 매년 13억 톤의 음식 낭비를 줄이는데 한 몫을 한다. 우리는 위푸드^{WeFood}의 온라인 버전을 제작하려고 한다. (https://donate.danchurchaid.org/wefood)

사용자 그룹을 예상해보면, 환경친화적 구매자거나 제한된 금액으로 음식을 살 수밖에 없는 저소득 가정일 수 있다. 3장 '여정 지도 – 여러분의 사용자를 이해하라'에서는 페르소나들을 소개하고 각각의 페르소나를 개별적으로 분석할 것이다. 지금은 구매자 정도로만 생각하고 진행한다.

가려운 부분을 긁을 수 있는 기회

앞 장에서 지도 제작이 가능한 한 적은 것으로 많은 것을 얻도록 돕는다는 점을 확인했다. 즉, 산출물은 최소화하면서 기회는 극대화하자.

지도 작성과 관련된 용어들을 상기해본다. 산출물(output)은 지도 사용과 관련된 제품이며, 결과(outcome)는 그 결과다. 그리고 기회(opportunity)는 지도의 도움을 받아 달성하고자 하는, 바람직한 결과다. 이것은 우리가 세상을 어떻게 바꾸고 싶어하는지에 대한 내용으로, 우리는 '기회'에서 지도 제작을 시작해야 한다.

기회를 남은 식료품을 방문객에게 판매하는 것으로 정의해선 안 된다. 프로젝트 또는 비즈니스를 사용자의 문제 해결 없이 진행하면 실패한다. 5장 '지도 제작을 위한 원격 & 실험실 테스트'에서는 원격, 실험실에서의 사용자 경험 테스트를 통해 사용자들이 무엇을 원하는지 발견하는 최적의 방법들을 살펴볼 것이다. 그때까지 차선책으로, 좀 더 자유로운 방식으로 문제를 해결하고, 가려운 부분을 긁는 것으로 하자. 베이스캠프 설립자이자 CEO인 제이슨 프라이드는 이 만트라^{mantra}를 다음과 같이 요약한다.

> 문제를 해결할 때 열정을 쏟을 도구를 제작하자. 이 열정은 매우 중요하다. 열정
> 은 여러분이 도구를 진심으로 대하고, 도구에 관심을 가질 것이라는 의미다. 그
> 리고 다른 사람들도 그것에 열정을 느끼게 만드는 가장 좋은 방법이다.
> – 『Getting Real: The Smarter, Faster, Easier Way to Build a Successful Web
>   Application^{개발 구현하기: 성공적인 웹 어플리케이션을 구현하기 위한 보다 똑똑하고 빠르고 쉬운 방법}』(37signals , 2006)

그래서 우리는 스스로가 이용하고 싶어할 만한 온라인 스토어를 만들 것이다. 진부한 표현이겠지만, 팀에서 '나'는 없다. 하지만 분명 저자로서의 '나'는 있다. 내가 생각하는 이상적 e커머스 사이트는 여러분의 것과 다를 수 있다.

2장에서의 사례를 볼 때, 해결해야 하는 부분과 이상적인 온라인 스토어에 대해 생각해보자. 그리고 여러분의 언어로 가이드를 구성해보자. 여러분은 다른 프로젝트에도 사용자 스토리 지도를 만들어 사용할 수 있다. 무엇이든 열정을 쏟을 수 있는 대상이면 시도해보자. 모험해 보고 싶다면, 온라인 스토어나 디지털 제품보다는 다른 대상을 선택하길 권한다.

여러분이 갖고 있는 열정에 대해 이야기해야 한다. 나의 경우는 음식물 쓰레기를 줄이는 것이다. 이 사례는 화장실 앞 체중계를 보며 생각할 법한, 빈약한 것이지만 다음과 같이 기회를 글로 적어봤다.

기회는 우리의 구매자가 전세계의 음식 낭비를 줄이면서 비용을 절약하길 원한다는 것이다. 그들은 과잉식품이 무엇을 의미하는지 이해하고 수용한다. 그리고 우리와 함께 쇼핑을 하면서 행복해한다.

사실, 첫 문장으로 충분하다. 한두 문장 정도의 간단한 기회 정의로 충분하다는 점을 기억하자.

예전에 태피스트리^{tapestry} 웹사이트 2곳의 컨설턴트 프로젝트를 진행한 적이 있다. 동시에 진행하진 않았지만, 두 번째 회사에서 첫 번째 회사의 성공 사례와 대부분 유사하게 접근했기 때문에 두 회사의 컨설팅 결과는 서로 다르지 않았다. 유럽에서 이 산업은 비교적 규모가 작아서, 사업주와 의사결정권자들은 서로 이름을 안다.

나는 아직도 첫 번째 웹사이트 사업주와의 즐거웠던 경험을 회상하곤 한다. 그들은 부다페스트에 있는 가정적인 분위기의 식당으로 우리를 저녁 식사에 초대했다. 우리는 많은 토론을 했고 열정을 공유했다. 사업주는 노부부였는데, 공산주의 시대에서 삶 대부분을 보냈다. 90년대 초, 그들은 태피스트리를 파는 오프라인 가게를 시작하기로 했다. 부부는 경영이나 자본주의 방식의 사업 운영에 아무런 지식이 없었다. 하지만 그건 문제가 되지 않았다. 부부는 사람들이 집을 아름답게 꾸미는데 도움을 주고 싶어했고, 태피스트리를 사랑했기 때문에 그것을 수입하고 판매하기 시작했다. 실제 그들의 매장에 방문해서, 그들이 고객과 이야기를 나누는 것을 봤다. 그들은 태피스트리 제곱미터 가격을 물어보러 들른 사람들과 인테리어 장식에 대해 무려 한 시간 이상 이야기하곤 했다. 태피스트리는 제곱미터당 가격으로 판매하지 않는다. 하지만 그들은 고객을 위해 공간 계산도 하고 많은 다른 일들도 했다. 그들은 고객에게 많은 다른 패턴과 유형들을 보여주고 적용 방법에 대해 이야기를 나눴다. 가게를 방문한 고객들은 다른 일반인들보다 태피스트리에 대해 더 많이 알게 됐다.

두 번째 계약은 어땠을까? 나는 클라이언트와 스카이프로만 이야기를 했다. 대부분의 클라이언트들이 나를 저녁 식사에 꼭 초대하는 것은 아니기 때문에, 그것은 전혀 문제가 되지 않았다. 하지만 그의 접근은 첫 고객의 모습과는 많이 달랐다. 언젠가, 그에게 "왜 태피스트리를 파세요? 태피스트리가 당신의 열정인가요?"라고 물었는데, 그는 약간 놀라는 듯했고, 하지만 곧 다음과 같이 대답했다. "돈을 벌기 위해서죠. 또 뭐가 있을까요? 열정이라면, 태피스트리를 확보하는 데 집중하는 거겠죠." 7년이 지난 후, 두 번째 클라이언트의 웹사이트는 더이상 존재하지 않는다. 하지만 첫 번째 사례의 사업은 여전히 성공적으로 운영되고 있다. 열정을 갖고 일을 하면 놀라운 일이 일어난다.

열정은 아이디어의 성공에 중요한 기여를 한다. 가능할 때마다, 제품에 열정을 쏟고 열정을 기회로 요약, 정리해두자.

■ 사용자 스토리 만드는 법

스토리 지도 제작에서 첫 번째 단계는 사용자 스토리 카드들을 제작하는 일이다. 이 카드들은 대화를 할 때 사용되며, 사용자에게 가치를 제공하는 최소의 기능 조각이다. 동일한 프로젝트 안에서 모든 사용자 스토리 카드에 공통 템플릿을 적용해서 사용하면, 쉽게 카드 내용을 비교할 수 있다.

사용자 스토리 템플릿

이 절에서는 가장 일반적인 포맷을 소개한다. 하지만 사용자 스토리를 제작할 때 어떤 포맷을 써도 괜찮다.

3R 또는 커넥스트라 포맷

사용자 스토리 템플릿이 가장 일반적인 포맷은 앞장에서 이미 살펴봤다. 그 포맷은 3R^{Three Rs} 또는 커넥스트라 포맷^{Connextra format}이라고 부른다(커넥스트라 팀이 이 템플릿을 발전시켰다).

 나는 _____로서[역할(role) → 페르소나(persona)], _____[요구 사항(requirement) → 산출물(output)]을 원한다. 이로 인해, _____할 수 있다[이유(reason) → 결과(outcome)]. 이 템플릿의 3번째 R(reason, 이유)은 선택 사항이다.

과잉식품 온라인 스토어 사례의 첫 번째 이터레이션 단계에서는 다음과 같이 적용될 수 있다. 나는 구매자로서 언제든지 내 장바구니 내용(구매 품목의 개수와 중량, 총 쇼핑 비용 등)을 보고 싶다. 이로 인해, 나는 추가 구매 여부를 결정할 수 있다.

이 문장은 너무 많은 세부 사항을 담고 있다. 일반적으로 일어나는 실수다. 여기서 중요하지 않은 세부 사항을 제거해보자. 나는 구매자로서 언제든지 내 장바구니 내용을 보고 싶다. 이로써, 나는 추가 구매 여부를 결정할 수 있다.

이렇게 하면 훨씬 간결하다. 하지만 3번째 R 부분(이로 인해, 나는 추가 구매 여부를 결정할 수 있다)이 생략될 수 있으며, 사용자 스토리는 여전히 우리가 의도한 대로 읽힌다. 단순화 원칙을 지키기 위해 생략할 수 있는 것들뿐 아니라, 사용자 스토리에서 불필요한 내용을 정리해야 한다. 따라서 다음과 같이 단순화시킬 수 있다. 나는 구매자로서, 내 장바구니 내용을 보고 싶다. 이것이 사용자 스토리가 3R 포맷으로 보여지는 방법이다.

사용자 스토리에 대한 템플릿의 가장 큰 장점은 널리 알려지고 받아들여지고 있다는 사실이다.

5W

가장 기본적인 정보 수집 및 문제 해결을 위한 질문은 누가who, 언제when, 어디서where, 무엇을what, 왜why 하는가에 대한 것이다.

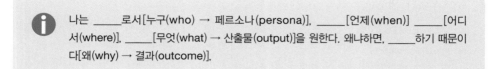

나는 _____로서[누구(who) → 페르소나(persona)], _____[언제(when)] _____[어디서(where)], _____[무엇(what) → 산출물(output)]을 원한다. 왜냐하면, _____하기 때문이다[왜(why) → 결과(outcome)].

앞의 예시는 이렇게 수정될 것이다. 나는 구매자로서, 전용 보기 화면에서 추가 아이템을 찾을 때, 장바구니에 있는 내용을 보고 싶다. 아이템을 더 추가할지 결정해야 하기 때문이다.

이 버전은 분명 앞에서 이야기한 3R보다 글로 적거나 이야기하기에 복잡하고 까다롭다. 이렇게 단순함의 원칙에 어긋나는 템플릿은 피하는 게 좋다. 추가된 두 개의 필드는 템플릿에 중요하지 않은 내용을 추가한다. 대신 필요한 경우에 언제, 어디에 대한 대답은 3R 템플릿의 요구 사항에 통합될 수 있다.

린 스타트업

린 스타트업의 사용자 스토리 템플릿은 에릭 리스Eric Ries의 책 『린 스타트업The Lean Startup』(인사이트, 2012)에서 영감을 받았다. 이전 템플릿에서 역할role, 페르소나persona, 누구who의 개념을 빼고 사용자 스토리에 실행 가능한(또한 검증할 수 있고 접근 가능한) 메트릭스를 추가한다.

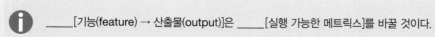

_____[기능(feature) → 산출물(output)]은 _____[실행 가능한 메트릭스]를 바꿀 것이다.

장바구니 보기는 장바구니 이탈, 구매자 지원 쿼리, 장바구니 평균 비용을 바꿀 것이다.

특히 창립 초반인 경우, 스타트업은 오직 하나의 페르소나만 있어야 한다. 여기서는 역할을 포기하는 이점이 있다. 하지만 이유(결과)를 실행 가능한 메트릭스로 대체하면 불행히도 정말 다른 결과, 안 좋은 결과를 가져오기도 한다. 새로운 프로젝트를 고민하거나 기존 제품에 새로운 기능을 추가해야 할지 논의하는 단계에서 그 기능들의 효과를 측정하지는 않는다. 그런데 제품에 실행 가능한 메트릭스를 추가하면, 고위 경영진은 예상치를 요구한다. 예를 들면, 장바구니 보기 기능은 고객 지원 전화 접수 건수에 얼마나 큰 영향을 미치는가? 개발이 시작되기 전에 메트릭스 변경하면서 생기는 예상치를 확보할 방법이 없기 때문에 거의 추측에 가깝다. 이 단계에서는 효과를 측정하기 어렵거나, 측정할 수 있어도 오류 범위 내에 있을 수 있다는 사실을 받아들일 수 있다. (대신, 여러분은 임의의 숫자를 생각해낼 수도 있는데, 이런 경우 나는 42를 제안한다. 내가 공상과학 팬이기도 하고, 일본어로 따로따로 발음할 때 shi ni(4 2)는 죽음이라는 단어처럼 들린다. 그것은 사용자 스토리가 터무니 없는 추측을 기반으로 만들어졌다면, 그 프로젝트에 분명 일어날 일이다.)

카이젠(Kaizen) UX 템플릿

컨설팅 업무를 시작한 처음 몇 년 동안 3R 템플릿을 사용했다. 템플릿에 크고 작은 수정은 있었지만 3R 템플릿이었다. 그리고 학습의 결과로 카이젠 UX 템플릿이 발전됐다.

 _____[결과(outcome) − 선택 사항] → _____ [산출물(output)]

이것은 첫 번째 이터레이션 단계다. 지속적인 개선 프로세스를 거치게 되는데, 필요에 따라 확장하거나 단순화한다. 여기서 결과는 선택 사항이다. 화살표도 마찬가지다. 포스트잇 종이에 결과를 적고 그밖에 적절한 내용을 추가해보자.

우리의 예시는 '장바구니의 내용을 보고 싶다'처럼 간단해진다. 이것이 클라이언트가 개발자에게 말하는 내용이며, 바로 이 템플릿의 장점이다.

잠깐, 방금 포스트잇 종이에 결과를 적고 그밖에 적절한 내용을 추가하기 위해, 전체 섹션을 작성했는가? 바로 이 부분이 2장에서 가장 중요한 학습 내용이다. 사람들은 템플릿을 매우 좋아한다. 그리고 사용자 스토리 템플릿은 매력적이다.

나는 UX와 관련된 모든 업무와 내 삶에 지속적으로 개선되고 있는 카이젠 원칙을 적용해오고 있다. 우리는 사용자 스토리 카드 템플릿에서 불필요한 부분을 제거해 위 템플릿을 만들어냈다. 여기서 필요한 부분은 산출물이며 사용자 스토리 지도는 산출물들이 모여서 구조화된 자체다.

어떤 프로젝트는 페르소나(이는 다음 장에서 소개할 것이다)를 추가해야 하고, 이 템플릿에 극단적 사례, 수용 기준, 심지어 실행 가능한 메트릭스(계획 단계에선 결코 알 수 없다)와 같은 다른 사항들을 추가해야 할지도 모른다. 이 내용들은 카드에 추가 가능하며, 프로젝트 템플릿은 지속적으로 개선될 수 있고, 또 개선돼야 한다.

더 중요한 것은 템플릿에 추가된다. INVEST 규칙에 대해 살펴보자.

INVEST – 좋은 사용자 스토리의 특성

빌 웨이크Bill Wake는 원래 익스트림 프로그래밍Extreme Programming의 애자일 방법론을 위해 INVEST 원칙을 만들었다. 어떤 방법론이든지 상관없이, 이 여섯 가지 원칙을 따르면 좋다. 나는 칸반kanban, 스크럼SCRUM, 그리고 내 방법론인 카이젠 UX에 이 원칙을 조화롭게 활용한다.

INVEST 원칙엔 다음과 같이 사용자 스토리의 여섯 주요 속성이 포함된다.

I : 독립적인(Independent)

각각의 사용자 스토리는 독립된 것이어야 한다. 그리고 사용자 스토리는 우선 순위가 매겨져 있거나, 다른 스토리를 고려하지 않고 제거되기도 한다. 예를 들어, 장바구니 보기 기능은 많은 내용에 종속된 것처럼 보일 수 있다. 하지만 실제로 '장바구니 보기' 화면을 만드는 일은 매우 독립적인 일이다. 이 기능을 '장바구니에 추가하기' 기능의 존재 여부에 달려 있다고 말할 수도 있지만 사실 그렇지 않다. 두 개발자가 이 두 기능을 동시에 개발할 수도 있고, 아니면 그중 하나를 먼저 개발할 수도 있다. 그리고 '장바구니 보기' 기능은 미리 채워진 장바구니로 '장바구니에 추가하기' 기능 없이 테스트할 수 있다.

N : 협상 가능한(Negotiable)

사용자 스토리는 토론, 협상의 결과로 재작성되거나 삭제될 수 있다. 예를 들어, 협상 후, 제품 이미지는 3D 형식의 미리보기가 아니라 몇 장의 제품 사진으로 대체될 수 있다. 뉴스레터 구독 서비스를 소개하는 짜증나는 팝업도 토론 후 삭제될 수 있다(삭제해야 하는 내용이었을 것이다). 이 단계에서 우리는 사용자 스토리의 본질을 포착한다. 협상의 여지는 무한하다.

V : 가치 있는(Valuable)

애자일 원칙 중 하나는 가치 있는 소프트웨어를 제공하는 것이다. 우리는 사용자와 비즈니스 차원 모두에서 이상적이며, 사람들에게 가치 있는 무언가를 만들어야 한다. 실제로 UX 전문가는 사업적 목표와 사용자 니즈 사이에서 균형을 맞춰야 한다. 앞의 예에서 보듯이, 장바구니 보기는 확실히 중요하며, 제품 이미지를 3D로 보는 미리보기 기능 역시 중요하지만 장바구니 보기 기능이 더 가치 있다. 그렇기 때문에 우리는 협상 가능한 사용자 스토리에 대해 토론한다. 일부 가치는 버려질 수 있다.

E : 추정할 수 있는(Estimable)

이 스토리가 구현되려면 얼마나 오래 걸릴까? 사용자 스토리 지도를 제작할 때 추정된 원칙은 혼란스런 오해를 불러온다. 먼저, 인간은 추정하는 데 약하다. 우리는 대개 가장 이상적인 시나리오를 기반으로 추정을 하며, 그 위에 변형을 주려고 무언가를 덧붙인다. 하지만 안타깝게도 현실은 다르다. 예측할 수 없는 일이 일어난다. 하지만 괜찮다. 예상 치가 정확할 필요는 없으니까.

팀에 따라, 장바구니 보기 기능은 스프린트 절반도 안 걸려 개발돼야 하겠지만, 전체 결제 프로세스는 여러 스프린트로 분할돼 개발돼야 할 수도 있다. 여러분이 개발자들의 능력을 너무나 잘 알고 있다고 하더라도, 항상 개발 팀과 추정된 내용에 대해 의논하자.

S : 작은(Small)

좋은 사용자 스토리는 작아야 한다. 대부분의 사람에게 이것은 명백하다. 작은 스토리는 많은 이점을 갖고 있으며, 사용자의 스토리가 작을수록 쉽게 추정할 수 있다. 그리고 크고 복잡한 이야기는 사람들을 혼란스럽게 하고 커뮤니케이션하기 어렵게 만들지만, 작은 이야기에 대해 토론하는 것은 쉽다. 덩어리가 큰 사용자 스토리는 '에픽^{epics}(서사)'이라고 부른다. 2장에서는 이 용어를 이해하고, 에픽을 INVEST 원칙을 따르는 사용자 스토리로 작게 나누는 방법을 살펴본다.

스토리는 사용자의 소단위 문제를 해결하기 충분할 만큼 커야 한다. 따라서 사용자 스토리는 대개 스프린트 개발 주기 중 최대 절반에 해당하는 시간 안에 구축 가능한 크기로 만들어진다. 애자일 팀이라면, 며칠 만에 개발해야 할 것이다. (근무일 기준 10일 스프린트 기간이라면, 최대 5일 안에 개발해야 한다.) 여러분이 소프트웨어 개발을 하지 않거나 애자일 방법론을 사용하지 않는 경우, 적절한 크기는 더 이상 분할할 수 없는 최단 시간으로 생각하면 된다. 하지만 여전히 INVEST 원칙을 고려한 상황이어야 한다.

장바구니 보기는 작아야 한다는 원칙을 따라야 하며, 뉴스레터 구독 팝업도 마찬가지다.

전체 결제 프로세스는 충분히 작지 않을 수 있다. 적지 않게 경험할 수 있는 사용자 스토리에 관한 가장 명백한 사례를 살펴보겠다. 내가 관리자로, 온라인 커머스 사이트의 백엔드를 관리하길 원한다고 가정해보자. 이 사용자 스토리에는 많은 문제점이 있을 것이다. 하지만 가장 분명한 문제점은 이 자체의 크기다. 그리고 필요한 하위 과업은 포함돼 있지 않으므로 더욱 끔찍하다.

T : 테스트할 수 있는(Testable)

테스트 중심의 개발 프로세스를 따르지 않더라도, 테스트 가능한 사용자 스토리는 유용하다. 여러분이 테스트하는 방법을 모른다면, 대개는 그것을 충분히 이해하지 못했다는 의미이기도 하다. 작은 사용자 스토리는 테스트하기 쉽기 때문에, 스토리가 작아야 한다는 원칙을 강화하는 측면도 있다.

테스트가 가능한지를 알 수 있는 판단 기준은 '사용자 스토리를 받아들일 수 있느냐'일 수 있다. 의도한 대로 작동하는지 어떻게 알 수 있을까? 예를 들어, 장바구니 보기는 개별 품목의 단가, 총 금액, 무게, 배송료 등 장바구니 내용을 포함해야 제대로 동작한다. 그리고 우리가 항목의 수량을 변경하거나 제거할 수 있게 해주고, 매우 가시적인 시각적 장치로 클릭을 유도하는 버튼을 통해 결제로 연결되며, 언제든 이전 보기 상태로 돌아갈 수도 있다. 보다시피, 테스트는 다소 복잡한 기준으로 이어질 수 있으므로, 테스트에 대해 생각해보는 것은 4장 '와이어플로우 – 제품에 대한 계획을 세워라'에서 와이어플로우를 제작할 때 도움이 될 것이다. 다시 정리하면, 테스트는 우리가 같이 이해하고 있는지, 우리가 그렇게 하고 있는지 여부를 확인하는 데 도움이 된다.

에픽

에픽? 서사? 아니, 게임 〈월드 오브 워크래프트〉에서의 캐릭터 이야기가 아니다. 앞에서 이야기한 것처럼 프로젝트 관리를 이야기하거나 사용자 경험에 대해 이야기할 때 에픽을 사용자 스토리로 쓰기에는 너무 큰 단위다. 각 프로젝트, 대화 주제에 따라 이야기의 양은 달라지며, 모든 이야기에 적용할 수 있는 보편적인 적정 크기란 없다.

 이야기를 더 작게 분해할 수 있고, 그 분해된 이야기들이 여전히 사용자의 소단위 문제를 해결하는 것과 관련이 있고 여전히 의미 있는 대화가 가능하다면, 그것은 에픽이다. 에픽형 스토리는 더 작은 크기의 사용자 스토리로 나눠야 한다.

에픽은 좋은 대화를 고민하는 과정에서 나타난다. 사용자 스토리를 보다 단순하게 만들고 INVEST 원칙을 따르자. 에픽을 잘게 쪼개서 더 작은 스토리 단위로 만들면, 에픽에선 발견하기 어려운 UX 개선 포인트가 더 잘 드러난다는 이점이 있다.

나는 상업적 콘텐츠 관리 시스템^{Content Management System, CMS}을 제작하는 팀을 이끌게 됐을 때 정말 기뻤다. 그 일은 UX 관점에서 멋진 기회였고 프로젝트 관리 관점에선 도전적 과제였다. 처음 사용자 스토리를 만들기 시작했을 땐, 악몽 같았다. 실패할 것 같은 느낌을 들면서, 악몽을 꾸는 듯 불길한 감정에 휩싸였고 가능한 한 빨리 프로젝트에서 벗어나야 할 것 같았다. 사용자 스토리의 대부분이 스프린트에 적합하지 않았고, (심지어 더 나쁜 상황으로) 적어도 6개월 이상 새로운 CMS을 다시 열 수 없었다. 우리의 지도는 에픽으로 가득했다.

짧긴 했지만 혼란의 시기를 겪은 후, 우리는 접근 방법에 대해 다시 고민했다. 워크플로우 기반의 접근 방식을 버려야 했고 에픽을 잘게 쪼개기 시작했다. 가장 완고한 주범 중 하나는 '사이트에 새 페이지를 추가하고 나중에 편집하고 싶은' 사용자 스토리였다. '새 페이지를 생성하는' 일과 '페이지를 편집하는' 일을 구분하는 것은 소용이 없었는데, 새 페이지를 생성하는 코드와 기존에 있는 페이지를 편집하는 코드가 동일했기 때문이었다. 어쨌든 둘 다 필수적인 과업이었다. 문제는 페이지가 연락처, 사진 갤러리, 기사, 블로그 게시물, FAQ 항목 등 많은 것들에 해당될 수 있다는 사실에서 비롯됐다. 그러고 나서 페이지 유형에 의존적이지 않은 요소들, 예를 들어 URL, 제목, 메타 디스크립션, 페이지 상태(생성, 임시 저장, 삭제 등)와 같은 항목이 있음을 알게 됐다. 우리는 이 항목들이 모두 메타 태그에 해당되는 것은 아니지만 메타 요소^{meta element}라고 명명했다. 이 요소들은 모든 INVEST 기준을 만족하면서 다음과 같은 사용자 스토리를 만들어냈다. '나는 페이지를 작성하고 페이지의 메타 요소들을 편집하길 원한다.' 이는 레일즈의 수석 개발자, 루비^{Ruby}가 하루 안에 할 수 있는 백로그 항목으로 정리된다. 이 항목은 초기 버전에 어느 HTML 코드에서든 삽입되는 메타 요소 아래 텍스트 영역을 뒀고, 제목 아래에 제공됐기 때문에, 테스트할 수 있을 뿐 아니라 즉시 생산에 사용할 수 있었다. 이 텍스트 영역은 분명 다음 이터레이션 단계에서 교체됐지만 최소 단위의 실행 가능한 솔루션^{Minimum Viable Solution}으로는 놀라운 것이었다.

이 사용자 스토리를 중심으로 검토했을 때, 우리가 발견한 사용자 측면에서의 이점은 사용자는 메타 요소를 생성하길 원하지 않을 수 있기 때문에 모든 텍스트 필드는 기본값으로 채워져 있어야 한다는 것이었다. 또한, 설정값은 링크를 끊지 않는 한 연결돼 있어야 한다. 예를 들어, 제목을 입력하면 이로 인해 H1 요소, 검색 엔진과 연관된 URL이 생성된다.

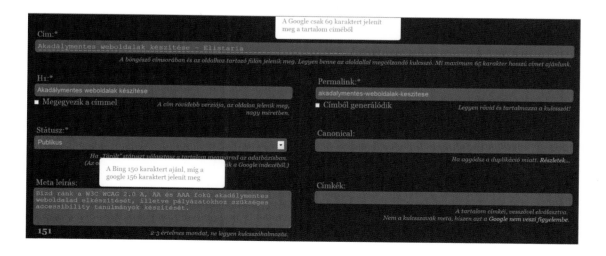

우리에겐 의미 있는 텍스트 명칭, 강력한 검증 과정, 인라인 도움말을 추가할 시간이 있었다. 예를 들어, 우리가 추천한 것과 같이(녹색 밑줄), 제목에는 65자 밖에 없다는 것을 알 수 있다. 당시 구글Google은 69자를 보여주고 있었다. 따라서 66자 이상 69자 미만은 노란색으로, 69자 이상은 빨간색으로 강조했다. 255자의 제목을 추가할 수 있었지만 인라인 검증은 적극 권장하지 않았다. 이 자체만으로도 '페이지를 생성하고 페이지의 제목들을 편집하며, 언제나 글자 수 제한 범위를 알고 싶은' 사용자 스토리가 될 수 있었을 것이다. 또 다른 스토리는 '모든 메타 요소가 유용한 기본값을 제공할 수 있고, 가능하다면 제목에서 생성되는' 것이다.

그러나 이것들로 인해 우리의 스토리는 스토리 카드 지옥이 된다. 우리의 CMS도 수천 개의 포스트잇을 기반으로 진행할 수 있었지만, 대신 사용자 스토리를 스프린트 절반 안에 개발할 수 있을 만큼 작은 지점, 하지만 여전히 사용자의 문제를 해결하기엔 충분히 큰 지점에서 멈췄다.

이 사례 연구 이미지는 Initiale Srl사의 승인, 서면 합의로 싣게 됐다. 이 이미지는 회색 이미지로 만든 CMS의 완전 초기 버전으로, 이 단계에서만 UI가 헝가리어로 돼 있었다. 흰색 박스는 새로운 사용자를 돕기 위한 튜토리얼 메시지이며, 밝은 회색 영역은 입력부다.

에픽을 좋은 사용자 스토리로 나누는 방법

산출물을 단순화하고 분할해 에픽을 분해해보자. 사용자가 접하게 될 것들에 집중하자. 그리고 그들의 행동이 가져올 결과가 무엇일지 결정한다.

지금까지 봤듯, 모든 스토리 카드 템플릿에는 산출물이 포함돼 있다. 대개 에픽의 산출물은 여러 개의 의미 있는 산출물로 나눌 수 있다. 여러분이 모델-뷰-컨트롤러MVC 소프트웨어 디자인 패턴을 사용한다면, 모델에 대해 걱정하지 않아도 된다. 대신 사용자에 대해 고민하자. 간단하고 보기 좋게 번역될 수 있는 사용자 스토리를 만들어보자. 기술 용어를 적게 사용하면서, 사용자가 행동으로 인한 결과로 무엇을 볼 것인지에 초점을 맞추고, 사용자가 문제를 해결하면, 각각의 결과에 대한 사용자 스토리를 만들어보자. 처음엔 문제가 되는 행동, 아무런 결과도 초래하지 않을 행동에 대해 미리 걱정하지 말자. 사용자들이 과잉식품 온라인 스토어에서 자동차를 검색하면 지금 당장 그건 그들의 문제다. 나중에 그들이 이 사이트에서 실제 살 수 있는 항목들을 제안함으로써 그들을 도울 수 있다. 어쩌면 그들은 당근 케이크를 찾을 수도 있고, 아니면 우리가 자동차 공기청정 제품에 대한 니즈를 확인하고 자동차 공기청정 과잉제품의 판매를 시작할 수도 있다. 여기서 요점은 에픽보다 작고 간단한 사용자 스토리가 유용하고 실용적인 토론을 훨씬 쉽게 만든다는 것이다.

 특정 사용자를 염두에 두고 사용자 스토리를 만들자. 이는 에픽을 효율적으로 분할할 때 도움이 된다. 무언가가 그들에게 유용하다면, 여러분은 그 부분을 지켜낸다. 그렇지 않으면 사용자 스토리를 다시 작성한다.

서로 다른 페르소나들(다음 장에서 그들에 대해 더 많이 알아보겠으나, 지금은 그들을 비슷한 사용자 그룹으로 가정한다)은 동일 데이터라도 다른 경향을 보일 수 있다. 과잉식품 온라인 스토어에서 회계사, 상점 주인, 창고 보조, 구매자는 동일 주문에 대해 다른 표현을 원한다. 각 페르소나에 대한 사용자 스토리를 작성할 수 있지만 사용자 조사 전에는 잘못된 선택일 수 있다. 그리고 한 명의 사용자를 선택하고 문제를 해결하는 것이 훨씬 쉽다. 그 사용자를 여러분 자신이라고 상상하고 자신의 가려움증을 긁어보자.

많은 고객 세그먼트는 제멋대로인 사용자 스토리를 제한하는 데 사용할 수 있다. 예를 들어, 먼저 기술적으로 능숙한 사용자에게만 초점을 둔다. 그리고 한 국가에만, 한 언어에만, 아마도 한 분야에만 초점을 두고 진행해본다. 이렇게 하면 1% 미만의 좁은 사용자 기반이 생성된다. 월 스트리트 주식 거래자처럼 99%를 무시할 수 있다.

그러나 이 작업은 최소 단위의 실행 가능한 솔루션에서만 가능하다. 나중에 지속적 개선 프로세스 기간 동안엔 모든 사용자를 돌보거나, 모든 사람을 겨냥하지 않은 제품을 의식적으로 만들어야 할 것이다. 모든 잠재적 사용자를 배려하는 일은 불가능하기 때문에 분명 후자가 훨씬 좋은 선택이다.

 산출물 대부분을 단순화, 분할하고 목표 사용자를 한 명, 여러분 자신으로 압축한 후에도 여전히 에픽을 갖고 있을 수 있다. 이젠 프로젝트가 걸어 다니는 해골을 불러낼 때다. 아니, 주술은 아니지만, 시스템의 소단위 개발은 작게 끝과 끝을 잇는 기능을 수행하며, 주요 아키텍처 구성 요소들을 서로 연결한다.

알리스테어 콕번Alistair Cockburn의 '걸어 다니는 해골walking skeleton'에 대한 정의는 콘셉트 또는 최소 단위의 실행 가능 솔루션을 검증할 준비를 하는 데 도움이 된다. 반면, 고코 애지크Gojko Adzic[1]과 데이비드 에반스David Evans는 사용자가 접하는 목발을 먼저 만들고 그다음 뼈대를 만들라고 하면서 이 개념을 유머러스하게 비틀어 제안한다. 이는 여러분이 사용자가 상호작용할 수 있는 대상을 중심으로 시작할 수 있다는 의미다. '주요 구조와 관련된 구성 요소들을 모두 연결해야 하지 않을까'하고 걱정할 필요가 없다. 다시 말하자면, 사용자 인터페이스를 만들고 가능한 한 빨리 내보내자. 앞으로 모든 것은 이터레이션 과정을 거칠 것이다. 프로젝트에 대해 이야기를 나눈 후 곧바로 몇 주 또는 며칠간 실제 사용자를 대상으로 콘셉트를 테스트할 수 있기 때문에, 나는 이 방법을 매우 좋아한다.

걸어 다니는 해골 단계(목발이 있거나 없거나)에서 최악의 시나리오는 우리가 항상 간단하고 이야기 나누기 용이한 사용자 스토리들만 있고, 에픽은 없는 상태에서 끝내는 것이다.

우리는 좋은 사용자 스토리를 갖고 있어야 한다. 그러나 사용자 스토리로 어떻게 세상을 바꿀 것인가? 믿을 수 없을 만큼 간단한 답은 이 장의 다음 섹션에 있다. 3C 프로세스를 소개한다.

---

1 고코 애지크에 관한 참고 링크는 다음과 같다. https://gojko.net/2014/06/09/forget-the-walking-skeleton-put-it-on-crutches/ – 옮긴이

▌ 3C - 이야기를 현실로 바꾸는 과정

론 제프리스^{Ron Jeffries}와 그의 공동 저자들은 사용자 스토리 프로세스를 훌륭하게 요약했다. 3C는 카드^{card}, 대화^{conversation}, 확인^{confirmation}을 의미한다. 이 세 단계를 순서대로 거치면 사용자들의 문제점에 대한 솔루션을 도출할 수 있다.

카드

카드^{card}라면, 크기나 모양이 어떤지 카드 뒷면에 어떤 내용이 있는지 뭐든 상관 없다. 적을 수 있고 이동할 수 있으면, 거의 모든 객체가 스토리에서 매체 역할을 할 수 있다. 물론, 석재로 된 판은 포스트잇(스티커 식의 메모, 유명한 브랜드 포스트잇 노트로도 부름)보다 실용적이지 않으므로, 대부분의 사람은 스토리 카드로 포스트잇을 선호한다.

카드를 사용했을 때의 가장 큰 장점은 카드들이 벽과 같은 수직면에 붙인다는 점이다. 사용자 스토리 지도도 종종 벽 위에서 만들어진다. 이런 특징은 많은 이점을 지닌다. 우선 사람들을 일어 서게 만든다. 서 있으면 회의가 더욱 다이나믹하게 진행되고, 회의 평균 시간을 단축시킨다. 그리고 사람들로 하여금 집중하게 만들고 의사소통에 최적화된 분위기를 조성한다. 내가 개인적으로 관찰한 바로는, 사람들은 서 있을 때 그리고 팔을 펼쳤을 때의 길이만큼 서로 가까이 있을 때, 훨씬 더 빨리 합의에 도달하는 경향이 있다.

벽을 사용하면 좋은 또 다른, 더 절묘한 이점은 프로젝트를 진행하는 한동안 거기에 포스트잇을 붙여둔 채 유지할 수 있다는 점이다. 계속 붙여둘 수 없는 경우 포스트잇을 사진으로 찍어둘 수 있다. 어떤 팀은 벽 대신 탁자를 이용한다. 탁자의 문제점은 사람들이 주변에 앉을지도 모른다는 점이다. 이런 특징은 어떤 사람들은 카드를 거꾸로 보아야 하는 상황을 야기한다. 여러분이 스토리텔러라면, 그들은 여러분의 편의에 맞춰 앉게 될 가능성이 있다. 편의에 맞춰 앉게 되면 여러분이 피하고 싶은, 일방적인 대화로 이어질 것이다. 반면에 여러분이 모두 벽 앞에 서면, 모든 사람들이 말 그대로 같은 편에 서게 된다. 사용자 스토리를 말하기에 이상적인 공간은 탁자와 의자가 전혀 없는 공간이다. 오직 흰 벽과 빈 공간만 있으면, 사람들은 자유롭게 돌아다니며 탐색할 수 있다.

카드에 스토리를 적을 때, 이전에 봤던 템플릿 중 하나를 사용하거나 자신만의 스타일을 만든다. 여기에서 여러분에게 할 수 있는 유일한 조언은 모든 카드에 동일한 스타일 또는 템플릿을 사용하라는 것이다. 인터넷 포럼과는 달리, 손으로 적은 스토리 카드는 전체를 대문자로 적으면 소통하는 데 도움이 된다. 그리고 대부분의 경우, 카드에 전체 스토리 대신 키워드만 적는 게 좋다. 그래야 한 눈에 훑기 쉽다. 또는 형광펜으로 가장 중요한 키워드를 강조할 수도 있다.

스토리 카드를 만든 다음엔 사람들을 대화에 초대해야 한다. 그리고 회의를 할 때 빈 카드나 포스트잇을 꼭 챙겨가자. 대화 중에 새로운 사용자 스토리가 떠오를 수도 있다.

대화

대화^{conversation}는 핵심 요소다. 이 장에서 우리가 하는 모든 일은 대화를 활성화하는 데 도움이 된다. 나는 대화에서 사용되는 말의 중요성을 강조하고 싶다. 대화는 상호적인 스토리텔링 경험이어야 한다. 방에 있는 사람들은 질문을 많이 해야 하며 모두가 함께 이해할 수 있도록 노력해야 한다.

사용자 스토리 대화에 참여하는 사람들의 수는 최소로 유지돼야 한다. 너무 많은 사람들이 회의에 참석하면, 누군가 발표할 때 나머지는 자신의 휴대폰으로 페이스북을 확인하는 상황이 벌어진다. 대화를 나누려면, 5명 이하로 초대하자. 다른 문제는 무대 공포증일 것이다. 나는 자주 콘퍼런스 연설자로 활동하며 많은 사람 앞에서 말하는 것에 익숙하다. 그러나 어떤 사람들에겐 5명 이상의 사람 앞에서 이야기하는 것이 고문일 것이다.

기업 환경에서는 대규모 회의를 주관하는 일이 어려울 수 있다. 다행스럽게도, 대규모 회의는 모든 참가자에게 시간 낭비다. 많은 사람들이 이메일로 이야기하거나 4명 정도 소수의 인원이 협의해도 해결할 수 있는 수많은 회의들을 견뎌왔다. 가능한 한 많은 업무에 UX 디렉터를 참여시키는 것은 좋다. 하지만 10인 이상 참석하는 큰 회의 중 대다수는 회의 마지막까지 앉아 있어도 꼭 필요한 일은 아닐 것이고, 이런 경우 나는 의미 있는 일을 하길 원했다. 이런 회의는 대개 매우 길다. 사람들은 지루해하고, 어떤 사람은 뭔가 말하고, 뭔가에 대해 의견을 이야기한다. 그 다음 다른 사람들이 이야기하면, 동료 집단으로부터 받는 압박감으로 엉뚱한 내용을 추가한다. 3시간이 지나고, 아무 것도 결정되지 않거나 실제로 논의되지 않은 상태에서, 가까운 시일 내에 다음 회의를 갖기로 한다.

소그룹의 사람들은 대개 모임을 쉽게 구성할 수 있으며 심지어 즉석에서 의견을 나누기도 한다. 회의는 더 빠르며 전화/화상 회의를 진행하기도 훨씬 쉽다.

> 20명이 넘는 사람들과 화상 회의를 해본 적이 있는가? 그중 절반은 화상 회의 자체의 기술적 문제를 해결하는 데 시간을 보낼 것이며, 나머지 절반은 여전히 남아 있는 기술적 문제로 고통 받을 것이다. 이런 상황에 대한 최선의 솔루션은 내 고양이가 탁자 위, 카메라 앞에서 자는 것이다. 참석자들은 그것이 진짜 고양이인지, 봉제 고양이인지 물을 것이다. 이는 고양이를 깨우는 행동으로 이어지며, 무의미한 회의를 응원하는 제스처 역할을 한다. 이때 여전히 어떤 사람들은 스카이프Skype와 사운드 드라이버를 재설치한다.

또 다른 극단적인 상황은 누군가 사용자 스토리에 대한 전문가 분석을 제공하는 경우로, 모든 사람이 회의를 피하게 만들 수 있다. 이러한 접근법은 사용자 스토리의 목적을 완전히 좌절시킨다. 커뮤니케이션과 지식 공유가 없으면 솔루션도, 합의된 이해도 존재할 수 없다.

4인조의 힘

고코 애지크는 대화의 규모에 대한 대답, 솔루션으로 '3인조 회의Three-amigo meeting'를 제안한다. 이 이름은 80년대 미국 서부 코미디 '세 친구들!Three Amigos!'에서 따온 것으로,

이 코미디는 아주 우스운 방식으로 미스커뮤니케이션의 결과를 보여준다.

> ℹ️ 3인조 회의에는 비즈니스 대표, 개발자, 테스터가 참여한다. 여기에 UX 전문가가 사용자의 니즈를 대변하는 네 번째 친구로 참여하면, 4인조 회의가 된다.

상황은 간단하다. 비즈니스 대표, 일반적으로 제품 소유주는 다른 친구들에게 비즈니스에서 기본적으로 무엇이 필요한지 이야기하면서, 기회와 스토리를 소개하고 선택적으로 초기 시나리오를 제시한다. 그러면 UX 전문가는 회의실에서 사용자를 기본적으로 대변하며 사용자 니즈를 옹호한다.

개발자는 기존 인프라와 기술 제약을 주제로 꺼내며 종종 악역을 맡는다. 개발자는 소프트웨어에 불필요한 복잡도를 높이는 일에 맞서 싸우며, 훌륭한 아이디어처럼 들리지만 귀중한 개발 리소스를 소모시키는 아이디어를 탈락시키기도 한다. 테스터는 스토리가 테스트되는 방법을 고민한다. 종종 테스터는 새로운 시나리오 또는 극단적인 사례들을 가져와 나머지 세 친구들을 통과한 나쁜 아이디어들을 제거하는 데 일조한다.

때로 4인조는 3명 또는 심지어 5명으로 구성될 수 있다. 숫자에 연연하지 말자. 핵심은 참여자의 수를 적게 제한해, 함께 일하고 의미 있는 방식으로 프로젝트에 대해 토론할 수 있게 하자는 것이다.

예전에 승차 공유 스타트업을 위한 컨설턴트 업무를 할 때(우버와 유사하지만, 다른 스타트업이었음), 그들은 항상 도메인 전문가domain expert로 택시 회사를 수년간 운영한 사람을 초청했다. 그는 택시 산업, 규정에 대해 모든 것을 알고 있었고, 실제로 종종 영리한 시나리오를 생각해냈다. 3인조 회의에는 5명이 참석했으며, 호흡이 잘 맞았다. 반면 다른 스타트업의 경우, 2인조 회의로 진행했는데 창립자와 나만 참여했다. 당시 커뮤니케이션은 훨씬 적은 결실을 맺었고 세 번째 사람이 조인하면서, 실제로 많은 도움이 됐다. 나는 선임 개발자를 초청할 것을 제안했는데, 당시 창립자(그는 전체 스택의 개발자이기도 했다)는 선임 개발자가 이 회의에 필요한지 확신하지 못했다. 그는 다른 개발자의 개발 시간, 매우 제한된 예산으로 지불된 시간을 빼는 것으로 여겼다. 하지만 그는 첫 3인조 회의 후 확신했다. 뜻하지 않았지만, 3인조 회의에 참석한 선임 개발자는 프로젝트에 더욱 열중하고 열정을 보였다. 그는 회사에서 여전히 이전과 같은 역할을 하지만, 지금은 회사의 미래를 만들어갈 수 있다고 느낀다. 이 시스템은 앱의 성공에 크게 기여했다.

기술 담당자와 비즈니스 담당자가 서로 이해하는 데 어려움을 겪는 것에 큰 의미를 두지 말자. 비즈니스 대표는 테스터, 개발자, 그리고 기술에 정통한 UX 전문가가 나누는 기술 관점에서의 토론, 대부분을 이해하지 못할 것이다. 그는 대화에서 배제된 느낌을 받을 수 있고 3인조 회의를 피하려고 변명을 시작할지도 모른다. 이러한 상황은 다른 경로로도 재현되는데, 예를 들어 비즈니스 도메인 전문가, 비즈니스 분석가, 이외에 다른 비즈니스 담당자가 여러분과 이야기를 나누는 상황이라면, 기술 담당자는 지루할 것이며 자신에게 유용한 주제가 거의 또는 전혀 없다고 느낄 것이다. 복잡한 프로젝트인 경우에는 토론 그룹을 하나가 아니라 두 그룹으로 나눠야 할 수 있다. 그리고 한 사람은 두 그룹 모두 참석해야 한다. 이상적으로는 제품 소유주가 이 역할을 하면 되는데, 꼭 이 사람이어야 하는 것은 아니다. 두 개의 토론 그룹을 동기화해 훌륭한 제품을 만드는 것이 목표다.

확인

지금까지 여러분은 여러분의 스토리를 카드에 담았고, 스토리에 대해 토론을 했다. 그 스토리가 실제 의도된 대로 실행됐다는 것을 어떻게 알 수 있을까? 무엇이 여러분으로 하여금 완성된 스토리로 받아들이게 할까? 간단히 말하면, 어떻게 완료됐는지 알 수 있을까? 이런 질문들은 사용자 스토리의 세 번째 기둥, 확인confirmation 단계에 이르게 한다.

논평을 요청하는 RFC^{Request for Comment} 이메일은 아마도 우리가 찾던 방식은 아닐 것이다. 또한 개발자들에게만 요청하는 방식도 아니다. 이 솔루션은 수용 기준에 부합하려는 것이다. 명칭이 체계적으로 느껴지진 않지만, 이 명칭은 그것이 실제로 무엇인지 우리에게 알려준다. 바로 '스토리 테스트'!

스토리를 어떻게 테스트할지 생각해보는 과정을 거치다 보면, 우리의 스토리, 추론에서 허점을 발견하게 되는 이점이 있다. 또한 이는 우리가 테스터를 4인조 회의에 참여시키는 이유이기도 하다.

스토리 테스트가 완벽하지 않더라도 걱정하지 말자. 이 단계에서 완벽할 필요는 없다. 우리가 와이어플로우를 설계할 때(와이어플로우에 대해 더 자세한 내용은 4장 '와이어플로우 − 제품에 대한 계획을 세워라'을 참고한다), 스토리에 대해 훨씬 더 구체적으로 이해하고 이에 대한 대화를 나눌 것이다. 이렇게 함으로써, 우리의 수용 기준을 개선하게 될 것이다.

■ 내러티브 흐름(narrative flow)

스토리로 어떻게 지도를 만들까? 카드를 나열하기만 하면 된다. 이전 장에서 봤듯, 사람들은 본래 다른 카드 위에 얹어진 카드가 우선 순위가 더 높다고 인지한다. 왼쪽에서 오른쪽으로 글을 쓰는 패턴이 지배적인 지역에선(아랍어, 히브리어 등 일부 문화권 제외) 다른 카드의 오른쪽에 카드를 배치하면, 사람들은 그 스토리가 앞에 놓인 카드 다음에 이어진다고 여긴다. 이러한 현상을 강화하기 위해, 왼쪽을 가리키는 화살표를 카드 중간중간에 추가하는 사람들도 있는데, 불필요하다고 본다. 첫 번째 카드의 오른쪽에 위치한 카드에서 보여지는 사용자 스토리는 첫 번째 카드 다음에 읽힌다. 그리고 가장 오른쪽에 있는 스토리는 마지막으로 읽힌다. 가능하다면 사용자가 제품과 상호작용하는 순서, 이벤트가 일어나는 자연스러운 순서를 따르자.

> ℹ️ 내러티브 흐름이란 지도에서 카드를 왼쪽에서 오른쪽으로 배열하는 것을 의미한다. 각 스토리는 왼쪽에서 오른쪽 순으로 이어진다. 이를 수직적 순서 체계와 결합하면 다른 카드 위에 놓인 카드가 더 높은 우선 순위를 가지게 되면서, 2차원 지도를 얻을 수 있다.

예를 들어, 제품 검색과 관련된 사용자 스토리는 결제 관련 사용자 스토리(예: 집 주소 입력) 이전에 반드시 일어난다. 수동으로 집 주소를 입력하는 것과 우편 번호를 입력해 자동으로 주소를 검색하는 것은 같은 스토리에 속하는 것처럼 보이지만, 집 주소를 직접 입력하는 것은 매우 중요한 기능이고, 우편 번호 기반의 자동 검색은 있으면 좋은 기능이다. 따라서 스토리를 적을 때, 직접 입력하는 스토리 아래에 우편 번호 검색 스토리를 추가해야 한다.

이벤트(event) 또는 과업(task)

내러티브 흐름에 따라 카드를 배열하는 일은 어려울 수 있다. 카드를 구조에 맞게 배치하려면, 내러티브 흐름의 각 열이 하나의 이벤트가 되게 한다. 각 이벤트에는 하나 이상의 사용자 스토리를 담는다. 사용자 스토리는 소단위의 솔루션이며, 주어진 프로젝트에서 가능한 한 작게 만들려고 노력하자. 온라인 스토어에서 배송은 하나의 이벤트다. 사용자는 배송과 관련된 세부 정보를 입력해야 한다. 예를 들어, 먼저 한 스토리는 '나는 주소를 (수동으로) 입력하고 싶다', 다음 스토리는 '우편 번호를 입력하고 입력한 우편 번호 범위 안에서 가능한 주소 목록 중에서 내 주소를 선택하고 싶다', 세 번째는 '배송 방법을 선택하고 싶다' 정도로 정리될 수 있다.

알리스테어 콕번, 제프 패튼을 비롯한 저자들은 내가 이벤트로 정의한 개념에 대해 과업이라는 용어를 사용한다. 이 용어의 문제점은 제품 계획이 팀에서 과업을 개발하고 테스트하는 것을 의미해, 오해가 생길 수 있다는 점이다. 또한, 이 용어는 해야 할 일과 마찬가지로, 항상 단어로서 가장 일반적인 의미에서의 과업을 의미하는 것이 아니다. 이벤트는 사용자의 머릿속에 떠오른 단순한 생각일 수도 있고, 또는 홈페이지를 처음 보는 복잡한 성격의 일일 수 있다. 일반적으로 이벤트는 사용자가 사이트와 상호작용하는 동안 일어나는 일과 연관된다. 예를 들어, 〈하스톤Hearthstone〉 같이 플레이어가 순번으로 돌아가며 하는 카드 게임은 상대방의 차례에서 상대방을 관찰하는 것이 분명 이벤트 중 하나지만, 플레이어가 자기 차례가 될 때까지 플레이어가 적극적으로 플레이할 수 없으므로 과업이라고 부르기엔 어딘가 이상하다.

이벤트의 순서를 매기기 어려운 경우도 많다. 예를 들어, 온라인 스토어에서는 원하는 제품을 검색하거나 사이트 내부를 탐색하고 제품을 볼 때 카테고리에서 하위 카테고리로 이동하는 등 다양한 활동을 할 수 있다. 또한 어떤 방법으로 시작한 다음, 다른 방법으로 전환할 수도 있다. 카드의 순서가 내러티브 흐름의 순서, 우리가 이야기해야 하는 순서, 사용자가 반드시 취해야 하는 행동의 순서를 의미하지 않는다. 그러나 내러티브 흐름을 가능한 한 사용자의 예상되는 행동과 일치시키는 것은 분명 의미가 있다.

마일스톤(milestones) 또는 활동(activities)

대부분의 사용자 경험 지도는 사용자가 기회를 얻기 위해 취할 수 있는 경로를 그린다. 지도의 마일스톤은 공통된 목표를 지향하는 모든 이벤트를 그룹화한다. 이건 단순히 한 군데에 모으는 것, 그 이상이다. 사용자가 기회에 도달하기 위해 성취한 모든 것이 마일스톤이다.

일부 저자는 이 용어를 활동이란 단어로 새로 만들어 사용하려 하지만, 나는 마일스톤이라고 부르는 것을 선호한다. 대부분의 경우, 마일스톤을 나타내는 데 사용되는 카드는 일반 사용자 스토리 카드와 같은 너비다. 마일스톤을 표시하려는 목적으로 더 큰 포스트잇을 구비하는 사람은 거의 없다. 마일스톤의 이벤트는 대개 사용자의 사고 프로세스를 보여준다. 예를 들어, 결제는 온라인 스토어의 분명히 구분되는 마일스톤이다. 사용자가 마일스톤에 도달하면, 사용자의 사고방식은 변하게 되고, 그들은 각자의 트리거에 다르게 반응하기 시작한다.

마일스톤은 일반적으로 이벤트들이 가진 공통된 목표에 따라 명명된다. 온라인 스토어의 사용자 스토리 지도는 계획 단계의 마일스톤부터 시작될 수 있지만 그 단계는 개발할 것이 없다. 계획은 분명 전체 경험 중 일부지만, 대부분의 다른 마일스톤과 달리 온라인 스토어 외부에서 일어난다. 구글에서 검색하거나, 페이스북에서 판매되는 물건들을 찾기도 하고, 또는 우리 사이트에 대한 기사를 읽는 등(우리는 주류 매체에 소개되길 원한다)의 행동들이 이 단계에 포함된다. 이것은 여러분이 무언가를 사려고 할 때 주로 일어나는 사고 프로세스이며, 이론상 이 과정을 통해 우리의 사이트에 방문하게 된다.

우리는 리서치 마일스톤으로 시작한다. 이 마일스톤은 사용자가 사이트에 방문했을 때 발생하는 이벤트를 포함하지만, 사용자는 방문 즉시 구매 가능 아이템을 탐색하지는 않는다. 대신, 여기에서 구매하는 것이 안전한지 살펴보고 과잉식품이 무엇인지 이해한다. 이때 사이트 또는 구매와 관련된 질문이 생기기도 한다. 이는 많은 사용자 스토리로 이어질 수 있다. 예를 들어, 이 마일스톤의 사용자 스토리는 '궁금증에 대한 답을 얻기 위해 누군가와 실시간 채팅을 하고 싶다'일 수 있다.

▌ 벽면에 붙어 있는 사용자 스토리 지도

이제, 꿈꾸던 프로젝트에 대한 사용자 스토리 지도를 벽면에 가득 채울 수 있다. 다음과 같이 보여질 수도 있고 아닐 수도 있다.

위 사례에 허점이 있다는 점을 알아챘는지? 스토리 카드를 만들 때, 스토리 카드들을 세로로 배열했다. 첫 번째 행은 최소 단위의 실행 가능한 솔루션으로, 아이디어를 연구하고 학습할 수 있는 가장 작은 버전이다. 이 카드들로 인해 막대한 투자 비용을 쏟아 뒤늦게 실패하지 않고, 일찍 실패를 경험할 수 있었다. 또한 성공하는 경우, 두 번째 행을 추가로 개발해 베타 버전으로 공개할 수 있다. 세 번째 행에는 베타 버전으로 적합하지 않는 세세한 모든 내용이 포함돼 있지만, 출시 버전의 일부 내용이다.

마일스톤(Milestones)		
이벤트(Events)		
최소 단위 실행 가능한 솔루션(Minimum Viable Solution)		
베타 버전(Public Beta)		
출시 버전(Release v1)		

각 카드가 어떤 행에 적합한지는 4인조 회의에서 토론할 필요가 있다. 행이 많게 하고, 행마다 카드를 적게 배치하자. 그래야 출시 버전에서 사용자 스토리들이 적절한 관심을 받을 수 있으며, 여러분은 빠른 출시 주기를 갖게 된다. 예시는 출시 v1에서 중단됐지만 이후 버전을 추가할 수 있다. 3D로 제품 보기 기능을 원하는지? 문제 없다. v3 버전에 추가하면 된다.

다음 섹션에서는 디지털 방식으로 깔끔하게 사용자 스토리를 작성하는 웹앱에 대해 살펴본다.

■ 디지털 방식으로 사용자 스토리 지도 생성하기

어떤 소프트웨어 프로그램으로도 디지털 지도를 제작할 수 있다. 1장에서 본 것처럼 MS 워드에서도 가능하다. 가장 손에 익숙한 소프트웨어를 선택해야 한다. 2장에서는 온라인 도구인 스토리온보드StoriesOnBoard를 사용한다(웹앱 주소: http://storiesonboard.com). 첫 30일 동안 무료로 사용할 수 있다. 이 도구는 실시간 공동 작업 기능을 지원하고 있어서 원격으로 팀원들과 사용자 스토리를 제작하고 토론할 때 매우 유용하다. 이 도구는 2016년 5월 30일 발표된 것으로, 이 책을 저술할 당시에는 새로운 도구로 여겨졌으나, 요즘엔 촉망되는 도구 중 하나다.

새 보드 만들기

실제 환경과 마찬가지로 포스트잇을 붙여둘 벽이 필요하다. 실제 세계에선 사무실 내부 벽을 세우거나 빈 벽을 마련하는 것이 문제가 될지 모르지만, 디지털 환경에선 몇 번의 클릭으로 해결된다. 먼저, 제품을 사용하려면 등록해야 한다. 하지만 제품을 사용하는 데 어려움이 없다고 가정하고 설명한다. 등록 후 아래 here여기 링크에 접속해 새 프로젝트를 만드는 화면부터 시작한다.

지금은 첫 화면이 사실 빠르게 익히고 적응하기엔 끔찍한 사용자 경험을 제공하고 있지만, 향후 변경될 가능성이 높다. 실망하진 말자. 그리고 나머지 화면들은 나은 사용자 경험을 제공한다.

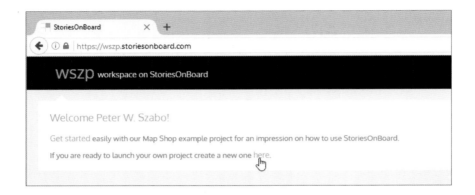

프로젝트 이름을 정하는 것은 항상 중요하다. 보드에 의미 있는 이름을 지어주자. 이 보드는 보는 사람들로 하여금 카드에 댓글을 달도록 허용할 수 있다. 사용자 스토리에 대한 피드백을 얻으려는 목적으로 보드를 만들고 있음을 잊지 않는다. 댓글은 언제나 환영받아야 한다. name^{이름}과 description^{설명} 이외의 나머지는 건너 뛰어도 된다. 간단히 save and go to storymap^{저장하고 스토리 지도로 이동} 버튼을 클릭하면, 스토리 지도를 생성하는 화면을 시작한다.

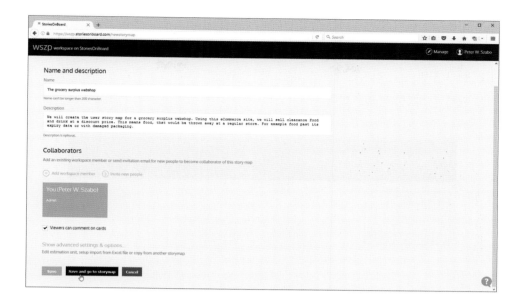

이제, 사용자 스토리 지도를 붙일 수 있는 벽이 생겼다.

보드에 카드 추가하기

새로운 지도가 왜 첫 번째 카드가 추가된 상태로 시작되지 않는지 잘 모르겠지만, 바라
건대 가까운 미래에 이 문제가 해결되리라 생각한다. 그때까지는 아래 그림처럼 here^{여기}
링크를 클릭하거나 키보드에서 N키를 눌러 카드를 추가할 수 있다.

이제 카드 제목을 입력할 수 있다. 카드 제목에 특정 표식을 한다. 이 가벼운 표식은 지도 제작자로 하여금 서식 있는 텍스트 편집기를 해제할 수 있게 해서 앱 자체와 작업을 훨씬 빠르게 만든다. 하지만 원하지 않는 경우에는 텍스트를 입력하기만 해도 되고, 표식에 관해선 걱정할 필요는 없다.

 카드 제목에서 사용할 수 있는 표식은 '볼드체(굵게)'와 '이탤릭체(기울임)'다. 이탤릭체로 만들려면, *(별표) 또는 _(밑줄)을 텍스트 양쪽에 넣으면 된다. 볼드체로 만들려면, * 또는 _를 두 개씩 양쪽에 넣으면 된다. 예를 들어, 제목에 볼드체로 '리서치'라고 적으려면, '**리서치**'라고 입력한다.

이 앱에는 간단하게 확대, 축소할 수 있는 기능이 있다. +키와 –키를 누르거나 마우스를 이용해 아래 그림과 같이 확대 또는 축소 버튼을 클릭한다.

키보드의 Tab키 또는 N키를 눌러 새 카드를 추가할 수 있고, 카드를 드래그해 적절한 위치로 옮길 수 있다. 카드 아래쪽을 가리키는 파란색 화살표를 클릭해도 되는데, 클릭하

면 리서치 마일스톤의 이벤트를 위한 카드 자리 표시자가 자동으로 생성된다.

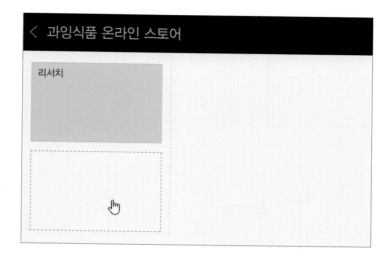

자리 표시자를 클릭하면 카드에 제목을 추가할 수 있다.

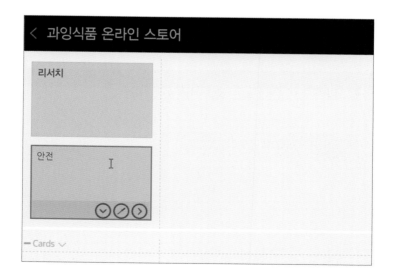

카드 위로 마우스를 가져가면 화살표로 된 버튼들이 표시된다. 버튼을 눌러 카드 왼쪽

또는 아래쪽에 카드를 추가한다.

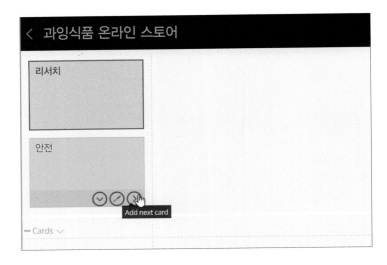

카드가 이미 있는 위치에 카드를 추가하고 싶으면, 그리고 해당 카드를 덮어 쓰지 않으려면, 카드를 클릭해 선택하고 Shift키와 N키를 함께 누른다(대문자 N을 쓸 때와 동일). 이는 선택된 위치에 카드를 추가하고 기존에 있던 카드는 오른쪽으로 옮긴다.

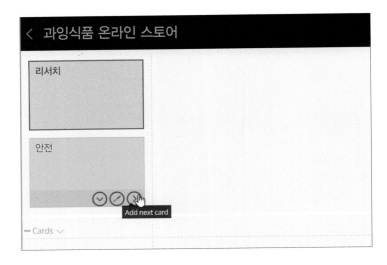

카드를 클릭하면 카드가 선택돼, 해당 카드는 더 두꺼운 테두리로 표시된다. 다른 카드를 클릭하면 카드 편집 모드가 된다. 편집 모드에서 카드를 삭제하거나 카드에 자세한 설명을 추가할 수 있으며, 주석을 달거나 파일을 첨부하는 등의 이외의 다른 속성들을 편집할 수 있다. 실제로 카드를 삭제하려면, 카드를 선택하고 키보드에서 삭제 버튼을 누르면 된다.

마우스로 드래그 앤 드롭하는 방식으로 카드를 재정렬시킬 수 있다.

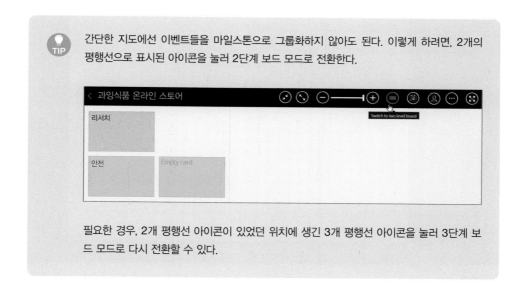

공유^{Share} 아이콘 옆에 More^{더보기} 메뉴(◉)가 있다. 이 메뉴는 탑메뉴에 어울리지 않는, 다른 모든 메뉴가 포함돼 있다. 아래 그림처럼 Manage releases^{버전 관리}를 선택해서 사용자 스토리 지도의 행들을 생성해, 최소 단위의 실행 가능한 솔루션 또는 베타 버전 같은 버전을 작성할 수 있다.

지도의 레이아웃을 편집하는 **Manage release**^{버전 관리} 편집창에서 출시 버전을 추가하거나 이동, 또는 삭제해 관리할 수 있다. 나중에 여러분이 저장한 수많은 버전 때문에 지도에 사용자 스토리가 너무 많아지면, 이 편집창에서 오래된 버전들을 따로 보관할 수 있다.

이제 프로젝트를 위한 사용자 스토리 지도를 작성해보자. 재미있게 써보자! 다음 스크린 샷에서 저자가 제공하는 예시를 살펴볼 수 있다.

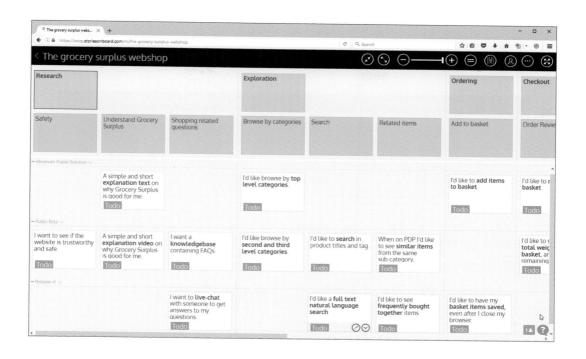

이제 대화가 필요한 시점이다. 공유 아이콘(⊕)을 클릭하면 창에서 4인조 친구들과 (그리고 여러분이 공유하고 싶은 누구든) 공유할 수 있다.

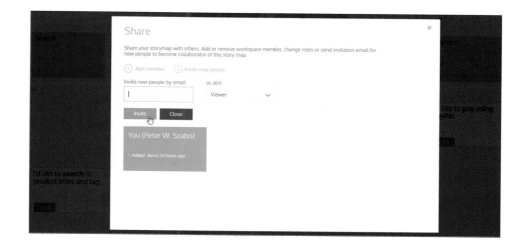

문제는 어떤 비즈니스 이해관계자는 다른 앱에 액세스하고 싶어하지 않는다는 점이다. More^{더보기} 메뉴(⊕)에서 Export & print^{내보내기 & 인쇄}를 찾아 선택한다.

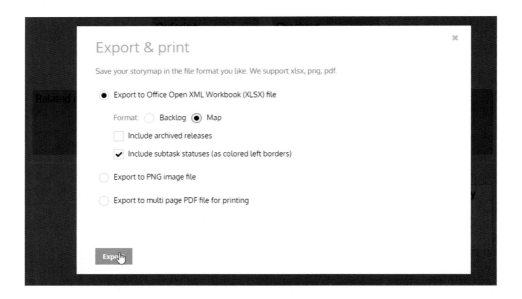

Export & print^{내보내기 & 인쇄} 창에서 지도를 PDF 또는 PNG 파일로 만들 수 있다. 이런 파일 포맷으로 저장하면, 기술이 별도로 필요치 않은 종이 지도 형태로 변환돼 지도를 인쇄할 수 있다. 그리고 첨부파일로 만들어 옆에 있는 이해관계자에게 이메일로 보낼 수 있다.

가장 흥미로운 기능은 지도를 오피스 오픈 XML 워크북 파일(XLSX) 또는 더 간단하게는 워드, 엑셀 스프레드시트로 내보내는 첫 번째 옵션이다. 이 파일은 구글 시트^{Google Sheets},

오픈오피스^{OpenOffice.org}, 리브레오피스^{LibreOffice} 등 XLSX 파일을 열 수 있는 소프트웨어 프로그램이면 열 수 있다. 다음 스크린샷에선 마이크로소프트 엑셀 2016을 사용했다.

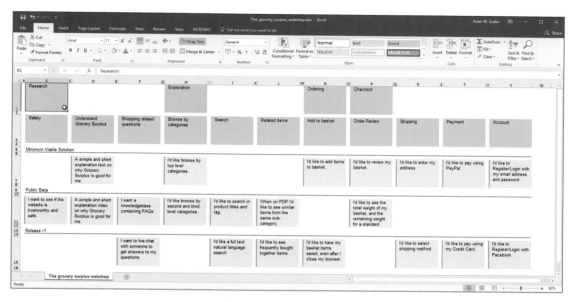

엑셀 스프레드시트에 있는 지도

지도 제작을 즐기자. 그리고 꿈을 이루기 위한(부수적으로는 억만장자가 되기 위한) 첫 걸음으로, 3명이나 4명의 친구들에게 공유해야 함을 잊지 말자.

▮ 요약

사용자 스토리 지도는 사용자의 문제 또는 니즈에 대한 솔루션 전체를 담은 스토리다. 이 지도는 사용자 스토리들과 사용자에게 유의미한 소단위의 기능이 담긴 카드들로 구성된다. 사용자 스토리는 독립적이고^{Independent}, 협상 가능하며^{Negotiable}, 가치 있고^{Valuable}, 추정할 수 있으며^{Estimable}, 작고^{Small}, 테스트 가능해야^{Testable} 한다(INVEST 원칙).

이 지도는 대화를 촉진하는 데 사용되며, 지도를 통해 4인조 친구들과 합의에 이르게 된다. 내러티브 흐름의 도움으로 포스트잇을 벽면에 붙여 지도를 쉽게 만들거나, 여러분이 원하는 소프트웨어 프로그램으로 디지털 버전을 만들 수도 있다. 스토리 테스트는 사용자 스토리 지도의 확인 단계로, 여러분으로 하여금 현실을 직시하도록 만든다.

3장에서는 사용자를 보다 깊이 이해하고, 사용자들을 위한 페르소나를 만들며, 마지막으로 사용자 경험 결과물로는 가장 상징적 결과물 중 하나인 여정 지도$^{journey\ map}$를 제작한다.

03

여정 지도 –
여러분의 사용자를 이해하라

3장에서는 게임에 대한 여정 지도를 작성해본다. 이를 위해 먼저, 사용자를 이해하고 사용자의 행동, 과업을 모델링하는 과정을 거쳐야 한다.

> 여정 지도는 사용자의 행동을 이해하고 커뮤니케이션하는 데 유용한 도구다. 이 지도는 사용자들이 특정 목표를 달성하려는 과정에서 일어나는 인터랙션 경로를 보여준다.

여정 지도를 만들기 위해, 다음 내용들을 수행한다.

- 페르소나, 유사 목표를 가진 사용자 그룹을 대표하도록 만들어진 캐릭터
  - 3i 방법론을 사용해, 페르소나를 만든다. (3i: 조사[investigate], 발견[identify], 상상[imagine])

- 스매플리[Smaply]를 사용해 페르소나를 만드는 법을 배운다.
- 과업 모델, 여정 지도의 각 마일스톤 단계에서 페르소나가 하는 일들에 관한 내용
  - 마일스톤을 설정한다.
  - 평가 다이어그램[evaluation diagram]을 만든다.
  - 어도비 일러스트레이터 프로그램을 사용해 과업 모델을 만든다.
- 사용자의 여정을 디자인하고, 디자인을 지도로 도출한다.
  - 상호작용에 대해 배운다.
  - 마지막으로 어도비 일러스트레이터 프로그램에서 3장의 최종 결과물을 완성한다.

여정 지도는 제품 개발 과정에서 보물을 찾는 일이다. 보물은 사용자의 행동을 이해하고 커뮤니케이션하는 것을 의미한다. 보물을 얻으려면, 사용자 니즈에 공감하고 그들의 행동에 대해 이해할 수 있어야 한다.

> 계획이 없다면 지도가 없다는 말이다. 지도가 없다면, 보물은 절대 찾을 수 없다.
>
> – 리차드 템플러[Richard Templar]

여정 지도는 가장 일반적인 사용자 경험 결과물 중 하나로, UX 전문가들 사이에서 널리 사용되고 있다. 최근 넓은 개념으로 사용자 경험 지도들을 흔히 여정 지도라고 부르고 있고, 비전문가도 모든 사용자 경험 지도 유형을 여정 지도로 부르기도 한다. 하지만 이 책은 여정 지도 외에 다양한 UX 관련 지도를 소개하고자 하니, 구분해 보길 바란다.

여러 UX 지도 간 경계는 명확하지 않을 수 있다. 이는 우리가 여정 지도를 솔루션을 중심으로 정의하는 이유이기도 하다.

경쟁 업체의 솔루션을 위한 여정 지도를 만드는 것도 좋은 생각이다. 우리는 이러한 사례를 타산지석 삼아 배울 수 있으며, 종종 현실감을 갖고 점검하는 기회가 된다. 경쟁 업체에 대한 벤치마킹은 가능한 한 자주 하도록 하자.

3장에서는 데모 솔루션을 위한 여정 지도를 만든다. 이전 장과 마찬가지로, 나는 여러분으로 하여금 꿈이자 목적을 발견하고 깨달을 수 있도록 돕고자 한다.

▌F2P FPS(게임 업계 사례)

무료로 게임을 할 수 있는 〈퍼스트 퍼슨 슈터F2P FPS, Free to Play First Person Shooters〉는 인기가 높다. 〈팀 포트리스 2Team Fortress 2〉, 〈월드 오브 탱크World of Tanks〉, 〈더티 밤Dirty Bomb〉에 대해 생각해보자. 이 장르에서 진정한 주인공은 〈크로스파이어CrossFire〉다. 2014년에 13억 불의 매출을 기록했으며, 2016년 1월부터 11월까지의 매출도 11억 불 정도로, 여전히 성공적이다. 또한 〈패스트 앤 퓨리어스Fast & Furious〉의 프로듀서인 닐 모리츠Neal Moritz는 높은 평가를 받았던 이 게임을 영화로 제작 중이다. 3장에서는 〈스마일게이트Smilegate〉보다 더 나은 게임을 (그 게임을 카피하지 말고) 만들어 보자. FPS에 대한 지도를 만들어보는 것으로 수십억 불에 상응하는 사용자 경험 지식을 체험해볼 것이다.

게이머들은 1인칭 시점으로 거대한 움직이는 기계를 조종하는 것을 좋아한다. 〈맥워리어 온라인MechWarrior Online〉, 〈호큰Hawken〉, 〈타이탄폴 1,2Titanfall 1,2〉는 이러한 경향을 보여주는 사례들이다. 〈메크mechs〉, 〈타이탄titans〉 등 불리는 이름은 중요하지 않다. 휴머노이드 로봇, 마치 로봇처럼 걸어 다니는 무기 플랫폼을 기반으로 하는 로봇이라면, 그 콘셉트는 우리의 목표 고객과 잘 어울린다. 우리는 그들을 저거넛juggernauts라고 부를 것인데, 이는 다른 게임의 저작권을 침해하지 않으면서도 여전히 멋지게 들린다. 이 단어를 따서, 우리의 프로젝트 제목을 'Project : Juggernauts'으로 짓는다. PC 기반의 넥스트 F2P FPS 게임 콘셉트가 될 것이다(아마도 엑스박스 원Xbox One, PS4에서도 게임할 수 있도록 개발되겠지만, 먼저 PC 플랫폼으로 시작해보자).

> ℹ️ 기회는 우리의 게이머들이 독특한 무료 퍼스트 퍼슨 슈터 게임을 원하는 것이다. 이 게임에서 게이머들은 발로 싸우거나 거대하고 움직이는 기계를 조정하는 방식으로 게임을 할 것이며, 이 게임을 저거넛이라고 부른다. 게이머들은 커스터마이징 비용을 지불하고 그라인드(Grind, 특정 아이템을 얻기 위해 특정 행동을 무한 반복하는 게임플레이 행동)를 피하고 싶다. 하지만 그들은 소액 결제를 해서 유리해지길 원하지 않는다(우리는 게임에서 돈으로 이기는 상황을 만들어서는 안 된다).

우리는 이 게임에 대한 여정 지도를 만들어볼 것이다. 그리고 이 책을 읽는 모든 사람이 게임 업계에서 일하지는 않을 것이기 때문에, 4장 '와이어플로우 – 제품에 대한 계획을 세워라'에서 와이어플로우를 출발점으로 삼는, 또 다른 여정 지도를 소개할 예정이다. 이는 서로 다른 산업군의 여정 지도 간 차이점과 유사점을 보여준다.

▌ 페르소나

사용자 여정 지도는 항상 하나 이상의 페르소나persona를 기반으로 제작된다. 페르소나에 대한 언급이 없더라도, 여정 지도가 제작돼 있다면, 제작자가 적어도 하나의 페르소나를 염두에 두고 제작한 것이다. 그렇기 때문에 페르소나의 이름을 지도에 추가해, 지도에서 분리되지 않게 관리해야 한다. 이제 우리의 페르소나를 정의해보자.

페르소나는 가상의 캐릭터로, 비슷한 목표를 가진 사용자 그룹을 나타낸다. 페르소나는 타깃 그룹의 행동 패턴, 니즈, 감정을 포괄해 내재하고, 짧게 공유 가능하며 이해하기 쉬운 캐릭터 포맷으로 정리돼야 한다. 페르소나는 사용자에게 집중하고 그들에게 공감할 수 있도록 돕는 역할을 한다.

앨런 쿠퍼Alan Cooper가 저서 『정신병원을 뛰쳐나온 디자인The Inmates Are Running the Asylum』(안그라픽스, 2004)에서 페르소나를 소개한 후 UX는 크게 변했다(또한 인물personæ이 아닌 퍼소나personas라고도 부른다).

요즘에는 페르소나 없이 사용자 경험에 관해 이야기하는 것이 거의 불가능하다. 페르소나 없이 이야기한다는 것은 컴퓨터를 사용하는 모든 사용자가 동일한 목표, 기술, 행동 패턴을 갖고 있거나 사용자가 자신에게 주어진 것에 적응할 의사가 있다고 가정한다는 의미다. 80년대 후반엔 이런 말이 어느 정도 통했겠지만, 다행히도 우리는 진화했고, 디지털 석기 시대는 지났다.

3i : 페르소나 만드는 법

사용자와, 사용자가 성취하고자 하는 바를 명확히 정리하고 서술하자.

-앨런 쿠퍼

페르소나를 제작하기 위해 3i라는 이름의, 3단계 프로세스를 제안한다. 3i는 조사 investigate, 발견identify, 상상imagine을 의미한다.

3i의 1단계: (잠재적) 사용자 조사

잠재적 사용자에 대한 정보가 있어야 한다(기존 사용자가 있다면, 정보를 꼭 포함한다). 6장 '사용자 인사이트 기반 솔루션 지도 제작'에서 볼 수 있듯이 가장 좋은 정보원은 원격 또는 는 실험실 기반의 사용자 조사investigate다.

 사용자 조사 결과를 기반으로 페르소나를 만들자. 하지만 여러분의 페르소나가 일치하는 피험자를 찾으려 하지는 말자.

예산이나 시간의 제약으로 인해 조사에 충분한 리소스가 없으면, 적절치 않은 페르소나 범주로 만들어진다. 그럴 경우에는 실제 사용자와의 사용자 테스트가 가능한 시간과 돈이 있더라도, 다음 방법들을 활용해 보완할 수 있다.

- 인터뷰(일반적으로 가장 유용한 방법, 원격 연구/실험실 연구와 별도로 진행)
- 기존 사용자 데이터베이스
- 분석
- 설문 조사
- 소셜 네트워크(보통 가장 유용도가 떨어지는 방법으로 알려져 있음)

인터뷰

위 항목들은 경험상 유용도가 높은 것을 우선해서 나열한 것으로, 앞에 있는 인터뷰 interview는 가장 유용한 방법이다. 대부분의 UX 프로젝트 진행 시, 인터뷰는 반드시 해야 한다. 그리고 덧붙이자면 제품을 다루는 사람들, 더 중요하게는 제품의 목표 사용자를 알고 있는 사람들과 이야기를 하자. 예를 들어, 고객 지원 부서에서 근무하는 직원은 항상 페르소나의 훌륭한 원천이다. 고객 관리 부서도 마찬가지다. 할 수 있는 한 많은 인터뷰를 실시하고, 페르소나를 만들자. 그리고 우리에게 주어진 도전 과제를 훨씬 더 잘 이해할 수 있도록 노력해 보자.

회사 입장에서의 사용자에 대한 공식적 의견을 들으려는 게 아니라면, 인터뷰를 격식을 차려 진행하지는 말자. 수다 떨듯 대화를 나누면 사용자에 대해 훨씬 많은 것을 배울 수 있다. 이는 노트 필기를 하지 않고 기억에 의존해야 한다는 점을 의미하지만, 바로 이 점이 장점일 수 있다. 같은 이슈를 반복해서 다루면 기억에 남는다. 4년쯤 전에 어떤 사용자에 대한 뭔가를 기억하지 못한다면, 그건 큰 이슈가 아닐 것이다.

인터뷰 동안 주로 발견하고자 하는 내용은 평상시엔 추측하기 어려운, 사용자의 고충 사항pain point이다. 프로젝트 소유주는 프로젝트에서 어떤 문제가 해결되는지, 누구를 위해 해결할지에 대해 잘 알고 있어야 한다. 되도록이면 한 사람의 의견에만 의존해서는 안 된다.

기존 사용자 데이터베이스 및 분석

기존 고객에 관한 데이터는 어떤 것이든 페르소나 제작에 도움이 된다. 이 항목이 우선 순위에서 높지 않은 이유는 사용자 경험이 기존 사용자에 국한된 것이 아니기 때문이다. 새로운 사용자층을 확보할 수 있도록 노력해야 한다. 이상적으론 이전에 존재하지 않았거나 분명하게 잘 드러나지 않았던 새로운 사용자 그룹을 발굴해야 한다. 데이터에서 사용자의 80%가 남성으로 나타나면 제품을 여성에게 더 매력적으로 만드는 방법을 찾아야 한다. 반면, 거의 모든 사용자가 영국인으로 나타나면, 다른 국가에서 더 사업을 전개하지 않는 이유를 이해해야 한다.

그렇다고 다른 국가를 대표하는 별도 페르소나가 존재해야 한다는 의미는 아니다. 예를 들어 아일랜드 고객을 빨간 두발을 가진 시인, 좋아하는 소일거리가 술 마시는 일인 사용자로 만들지는 말자. 이런 접근은 적절한 페르소나 범주에서 완전히 벗어난 결과를 가져올 수 있다 (수년 전, 수백만 불의 자산 가치가 있는 기업이 챙이 넓은 멕시코 모자를 쓰고 손에 데킬라를 든 채 당나귀를 타는 만화 캐릭터의 페르소나 이미지를 보유한 적이 있다).

설문 조사

사실 설문 조사^{survey}를 크게 선호하지 않는다. 사용자들은 설문조사에 쉽게 지루함을 느낀다. 가장 훌륭한 사회 과학 전문가라 할지라도, 충분한 예산과 과학적 접근 방법을 기반으로 할지라도 부정확한 결과를 낼 가능성이 높다. 예를 들어, 2016년 미국 대선에서 불과 3일 전 프린스턴 선거 컨소시엄이 설문 조사 결과를 발표했다. 그들은 힐러리 클린턴이 도널드 트럼프보다 99%의 승리 가능성이 있다고 주장했는데, 3일 후 트럼프가 306표, 클린턴가 232표를 얻어 트럼프가 대통령이 됐다.

분명, 약간의 정량적 정보는 페르소나를 현실감 있게 만들어줄 수 있으며 일부 고위 관리자는 설문 조사를 좋아한다. 항상 결과를 에누리해서 받아들여야 한다는 점을 잊지 말자. 정량적 정보는 측정하고 수치로 기록할 수 있다. 이 정보는 보통 '얼마나 많이?'와 같은 질문에 답하는 대답일 것이다. 반면, 정성적 데이터는 숫자로 기록할 수 없으며, 이유에 주로 관심을 둬서 주로 '왜?' 질문에 답하는 내용이 대부분이다.

소셜 미디어

기존 사용자와 어떤 콘텐츠가 어울리는지 살펴보는 일은 흥미롭다. 그들이 공유하는 것은 무엇이며, 포스트가 얼마나 많이 '좋아요' 의견을 얻었는지 본다. 원격으로나 실험실에서 진행할 사용자 테스트를 위해 참가자를 모집하거나 여러분을 지지하는 슈퍼 팬층과 인터뷰하기 위해 소셜 미디어social media를 사용할 수 있다. 한편, 어떤 고객은 트위터 등 소셜 미디어 채널에서 제품의 버그, 기능 부족에 대해 불편한 감정을 해소한다. 소셜 미디어는 매우 좌절적인 경험을 표출하는 성향과 강력한 지지, 응원을 보내는 성향 등 극단적인 감정선을 주로 드러낸다. 그 중간쯤에 해당하는 흔적은 거의 없어서 소셜 미디어만으로는 페르소나를 만들지 않는다. 하지만 소셜 미디어를 기반으로 기존 페르소나에 세부 사항을 추가할 수는 있다.

어떤 UX 컨설턴트는 페르소나와 가능한 한 많이 닮은 소셜 미디어 프로파일을 찾아내서 페르소나를 꾸민다. 하지만 이런 접근법은 대부분의 사람이 잘 읽지 않는, 지나치게 세분화된 페르소나군을 형성하는 경향으로 이어진다. 저자는 단순한 페르소나상을 강력히 지지한다. 단순한 페르소나는 커뮤니케이션을 향상시키는 데 사용되며, 비즈니스와 관련된 정보만 포함한다. 그 사람과 함께 살고 있는 고양이 수를 포함시키는 것은 재미있지만, 핸드-크래프트 보석을 판매하는 웹사이트에는 적합하지 않을 수 있을 것이다. 반면, 고양이 음식을 판매하는 경우라면 고양이 수는 중요한 속성 중 하나가 된다.

3i의 2단계: 가능성 있는 행동 발견

조사를 마친 후, 솔루션과 관련된 행동들을 정리해야 한다. 6장 '사용자 인사이트 기반 솔루션 지도 제작'에서 사용자 리서치 결과를 요약하는 방법을 다룰 예정이다. 데모 프로젝트의 간단한 예로, 5가지 핵심 행동 및 니즈를 발견identify했다고 가정해보자.

'Project : Juggernauts'에서 소액 결제는 비즈니스상 매우 중요한 행동으로 파악된다. 즉, 사용자가 게임 내 캐릭터를 위한 가상 상품에 실제로 소액의 돈을 지불할까? 여기서 비즈니스 모델은 사용자가 소액 결제를 통해 가상 상품을 구매하는 게임 내 상점에 의존한다. 게임 자체는 제한 없이 무료로 다운로드하고 플레이할 수 있기 때문에 상점이 유일한 수익원이다. (게임 산업에 익숙하지 않을 수도 있겠으나) 게임 업계에서 최근 소액 거래는 일반적이면서도 수익성이 좋은 수익원이다. 소액 결제는 많은 게임에서 쓰이는 방식이지만, 일부 게이머는 이 비즈니스 모델에 대해 상당히 부정적으로 생각한다. 사용자가 게임을 할 때, 소액 결제를 한 곳이 얼마나 되는지 알 수 있도록 점수를 매겨보자. 숫자 (1-2)가 상대적으로 낮으면, 총 소비한 금액을 살펴 봐야 한다. 다음 순서도를 이용해서 모든 테스터들이 어떤 행동을 하는지, 어떤 점수를 받는지 점수를 매긴다.

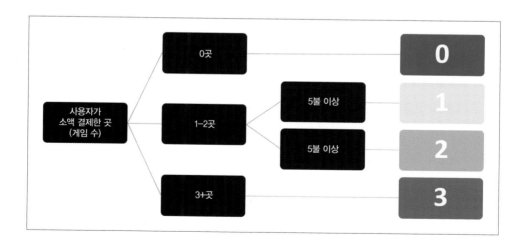

다른 행동들도 유사한 방식으로 벤치마킹해 구분할 수 있다.

- **현재 하드웨어 상태**: PC의 사양을 0~3으로 구분한다. 여기서 0은 제품 출시 당시 하드웨어가 게임을 실행하기 어려운 상태임을 의미한다. (예를 들어, 3년 정도 지난 저가 노트북을 사용하고 있고, 향후 2년 안에 새 노트북 구매 의향이 없는 경우가 이에 속한다.)

- **FPS 스킬**: FPS 게임 경험이 얼마나 능숙한지를 의미한다. 거의 게임을 한 적이 없는 사람들부터 자신의 놀라운 게임 스킬을 다른 사람이 배울 수 있도록 트위치에 정기적으로 공개하는 프로 게이머까지 사용자의 상태를 구분한다. 이 상태는 프로게이머가 우리의 게임을 할 때 어느 정도의 스킬을 갖추고 있는지에 대한 정보다. 우리의 튜토리얼을 읽으면 그들의 스킬은 더 나아질 것이다.

- **사회적 성향**: 이 항목은 아마 가장 어려운 행동 식별 기준일 것이다. VoIP, 씨족 전쟁, 채팅, 포럼, 이벤트 등 특정 기능이 플레이어에게 얼마나 중요한지와 관련이 있는 항목이다. 실제로 이 항목은 서로 느슨하게 관련된 많은 요소들의 집합체다. 따라서 복잡도를 너무 높이지 않기 위해서 단순화 작업은 필수적이다. 커뮤니케이션이 어려울 수 있다는 점을 숙지하고, 페르소나 수를 일정하게 유지하기 위한 점검을 해야 한다.

- **커스터마이즈 가능 여부**customizability(맞춤화): FPS 게임에서 이 항목은 점점 중요해지고 있다. 최근에는 캐릭터의 많은 부분을 바꿀 수 있다. 거의 모든 AAA FPS 타이틀에는 캐릭터와 무기에 대한 맞춤형 스킨과 다양한 어테치먼트, 다양한 사용자 맞춤 옵션이 포함된 무기 선택권을 제공한다. 이는 비즈니스 모델 관점에서 중요하다. 우리는 더 나은 무기나 플레이 가능한 캐릭터를 판매하고 싶지는 않다. 우리는 다른 모습의 캐릭터, 무기, 저그넛 스킨을 판매하고 싶다. 또한 캐릭터의 어깨에 앉아있는 앵무새나 저그넛 등에 매는 거대한 칼 같은 꾸미기 상품도 팔 수 있을 것이다.

행동	피험자																																							
	1	2	3	4	5	6	7	8	9	10	11	12	13	14	15	16	17	18	19	20	21	22	23	24	25	26	27	28	29	30	31	32	33	34	35	36	37	38	39	40
소액 결제	3	2	0	0	0	3	0	1	0	0	1	3	3	-	1	2	1	2	1	1	1	1	1	0	2	2	2	2	2	2	2	2	0	0	2	2	2	2	1	0
현재 하드웨어 상태	3	0	0	1	1	3	2	0	0	0	3	3	3	1	2	3	1	1	3	3	3	3	2	1	1	2	3	3	3	3	3	0	3	0	3	3	3	3	3	3
FPS 스킬	0	0	0	1	1	1	1	1	0	2	3	1	3	1	1	3	1	1	3	2	3	3	0	0	1	1	2	2	3	3	2	0	3	0	3	2	2	2	2	3
사회적 성향	3	3	3	3	3	1	0	3	1	0	0	2	0	2	2	2	2	2	3	0	0	3	2	3	1	3	0	1	3	2	2	3	3	3	3	3	3	3	0	0
커스터마이즈	1	1	0	0	0	-	0	0	1	0	3	3	3	3	3	2	3	0	0	0	0	0	0	0	0	3	3	3	3	3	3	2	0	0	0	2	3	2	3	3

소액 결제와 현재 하드웨어 상태에서 모두 0인 사용자는 우리의 게임을 거의 하지 않는 사람이며, 게임을 하지 않는 사람을 위해 우리가 할 수 있는 일은 없다. 우리는 그들을 위해 개발하지도, 그들을 대변하는 페르소나를 제작하지도 않을 것이다. 그들은 앞의 표에서 빨간색 열에 표시된 사용자 그룹으로, 우리의 목적을 생각했을 때 우리에게는 존재하지 않는 것이나 다름 없다. 그들은 전체 지구 인구의 95% 이상을 차지하겠지만, 우리의 사전 자격 기준은 단순한 일반인이 아니라 게이머와 관련이 있다. 지구상의 모든 사람, 모든 이들의 애완동물까지 우리의 게임을 하도록 만들지 않아도 괜찮다. 어떤 사람이 소액 결제 점수가 0이면, 그는 게임을 다운로드한 후 별다른 비용 투자 없이 게임을 즐길 것이다. 우리의 목표 중 하나는 그들을 괴롭히지 않으면서도 일부 플레이어라도 변화시키는 것이다.

3i의 3단계: 캐릭터 상상하기

지금 우리에겐 많은 숫자가 있다. 하지만 숫자들은 커뮤니케이션하고 개발 계획을 세우는 데 끔찍하리 만큼 효과가 미미하다. 그리고 FPS 게임을 처음 접하는 플레이어가 X% 있다는 것을 매번 반복하는 일은 번거롭다. 대신 이 장르에 익숙하지 않은, FPS 기본 기술이 레벨 1인 캐릭터를 상상imagine해보자(그들은 게임을 시작할 때 FPS 게임에 능숙하지는 않다). 이는 그들의 주요 속성이 된다. 우리는 분명히 그들의 목표, 동기가 무엇이고 행동이 어떤지 알 필요가 있다. 아마도 그들에게 커스터마이즈는 중요한 요소겠지만, 매우 중요한 정도는 아니다.

행동	피험자																																							
	1	2	3	4	5	6	7	8	9	10	11	12	13	14	15	16	17	18	19	20	21	22	23	24	25	26	27	28	29	30	31	32	33	34	35	36	37	38	39	40
소액 결제	3	2	0	0	0	3	0	1	0	0	1	3	3	-	1	2	1	2	1	1	1	1	1	0	2	2	2	2	2	2	2	2	0	2	2	2	2	1	0	
현재 하드웨어 상태	3	0	0	1	1	3	2	0	0	0	3	3	3	1	2	3	1	1	3	3	3	3	2	1	1	2	3	3	3	3	3	0	3	3	3	3	3	3		
FPS 스킬	0	0	0	1	1	1	1	1	1	0	2	3	1	3	1	1	3	1	1	3	2	3	3	0	0	1	2	2	3	3	2	2	0	3	2	2	2	2	2	3
사회적 성향	3	3	3	3	3	1	0	3	1	0	0	2	0	2	2	2	2	2	3	3	0	0	3	2	3	1	3	0	1	3	2	2	3	3	3	3	3	3	0	0
커스터마이즈	1	1	0	0	0	-	0	0	1	0	3	3	3	3	3	3	2	3	0	0	0	0	0	0	0	0	0	3	3	3	3	3	3	2	0	0	0	2	3	2 3

소액 결제와 현재 하드웨어 상태 모두 0인 사람들을 제거한 후, 전체 피험자의 47%만 목록에 남았다. 가장 보편적인 행동을 살펴보고, 각 항목들 중 가장 일반적이거나 가능성 있는 연관 관계를 살펴봄으로써, 우리는 페르소나의 수를 결정한다. 예를 들어, FPS 스킬에서 0점과 1점을 가진 사람들은 소액 결제에서 평균 1.4점을 얻는다. 우리는 〈멀티플레이어 온라인 배틀 아레나MOBA: Multiplayer Online Battle Arena〉처럼 사용자에게 익숙한 게임에 돈을 쓸 가능성이 더 높다고 가정한다. 따라서 우리는 소액 결제 1점이면 이 단계에서는 우리 게임에 돈을 쓰지 않을 거라고 추정한다. 우리가 이런 상황을 바꿀 수 있길 바란다.

현재 하드웨어 상태의 평균이 1.5이므로, 최악의 시나리오는 일부 사용자가 괜찮은 하드웨어 환경에서 게임을 할 때, 나머지는 안 좋은 환경에서 게임을 할 수 있다. 결과를 분석할 때, 숫자를 반올림 또는 내림하지 않으려고 한다. 대신 숫자 이면의 상황들을 보고 의미하는 바를 이해하려고 노력하자. 나는 그들에게 가장 인기 있는 숫자인 1을 부여한다(16명의 피험자 중 7명이 해당 카테고리에 속한다). 같은 논리로, 사회적 기술 점수는 2점이 된다.

이제 커스터마이즈 항목으로 인해 어려움을 겪을 수 있다. 평균은 0.93이지만 이상하게도 0점과 3점이 많으며 1점은 드물다. 게임에서 플레이어의 기술이 커스터마이즈에 대한 선호도와 아무런 관련이 없기 때문에 이러한 상황은 정상으로 보여진다. 플레이어들은 커스터마이즈 항목을 좋아할 수 있지만, 커스터마이즈 항목은 완전히 익히지 못한 게임에 복잡도를 추가하는 경향이 있다. 따라서, 1점을 주는 대신 0점을 입력하고 커스터마이즈 점수가 3점인 페르소나를 만들어 커스터마이즈에 대한 니즈가 더 잘 표현되도록 할 것이다.

이로써, 새로운 플레이어 페르소나에 대한 최종 점수가 확정된다. 그러나 페르소나는 많은 점수, 그 이상의 것이다. 그리고 가상의 캐릭터기 때문에 이름, 성별이 필요하다. 플레이어의 75% 이상이 남성이지만, 여성 플레이어도 더 많이 얻고 싶다. 나중에 꼭 여성 페르소나를 제작할 계획이지만 이 페르소나는 아니다. 페르소나 중 한 명이 캐주얼 플레이어가 될 것이고, 우리는 이 페르소나의 성별을 여성으로 설정할 것이다. 프로젝트에 따라 남성 사용자가 많기도 하고 여성 사용자가 더 많은 경우도 있는데, 모두 정상이다. 예를 들어, 식품 온라인 스토어 프로젝트에선 여성 페르소나가 셋, 남성 페르소나가 둘이었다.

페르소나의 이름은 기억하기 쉬워야 한다. 나는 피험자의 이름을 따서 페르소나의 이름을 짓지 않는다. 피험자는 페르소나가 아니며, 여러 피험자가 참석한 많은 테스트를 통해 페르소나가 도출된다. 나는 페르소나의 이름을 오파 눕Ohforf, the Noob이라고 지었다. 지아나 마세티Gianna Masetti의 훌륭한 웹코믹(http://thenoobcomic.com/)에 대한 찬사의 의미로, 이름을 지은 것이다. 온라인 멀티플레이어 게임에서 새로운 플레이어는 종종 눕noob이라고 불린다. 이 용어는 약간 경멸적인 의미로 사용될 수 있어서, 저자 본인의 사진을 페르소나에 사용한다. 실제 페르소나라면, 페르소나의 인구통계학적 대표성을 위해, 인터넷 상의 크리에이티브 커먼즈CC, Creative Commons 라이센스 또는 스톡 포토stock photo를 사용한다. 여러분의 얼굴을 페르소나 얼굴로 사용하지는 말자(여러분이 원한다면 내 사진은 써도 좋다). 제스먼드 앨런Jesmond Allen과 제임스 처들리James Chudley의 저서 『Smashing UX Design스매싱 UX 디자인』(Wiley, 2012)에서는 친구나 지인의 사진을 사용하라고 제안하고 있지만, 그러지 않았으면 한다. 도덕적으로 논쟁의 여지가 있기도 하지만, 프로젝트 팀 내 사람들이 그 사람들을 알 수도 있기 때문에 이러한 사실은 결과에 영향을 미칠 것이다. 페르소나를 딸 사진으로 해두면 그 페르소나는 기본 페르소나가 아닌 경우에도 가장 중요한 페르소나로 작용할 수 있다(다음 섹션의 기본 페르소나에 대한 내용을 참고한다).

이상적인 작업 환경이라면 자연스러운 배경의 원하는 성별, 사용자의 행동이 담긴 페르소나 사진을 쉽게 구할 수 있을 것이다. 그 페르소나는 우리가 해결할 문제에 직면할 것이고, 스톡 포토 또는 너무 과장되게 포즈를 잡은 사진이 아닌 현실감이 있는 캐릭터가 될 것이다. 현실 세계에서는 이런 사진을 고르기 위해 많은 노력을 든다. 업무가 많은 UX 컨설턴트는 페르소나의 사진이 상황에 맞고 수용 가능하다고 판단되면, 더 고민 없이 처음 본 사진을 선택하기도 한다.

앞에서 설명한 것처럼, 여러 부가적인 정보를 활용해 페르소나들을 만들 수 있다. 나이, 국적, 직업, 결혼 여부, 종교, 신발 사이즈 등을 구체적으로 이야기하면서 보다 현실감 있게 표현할 수 있을 것이다. 하지만 의도한 페르소나 행동과 관련이 없고, 어수선하게만 만드는 요소라면, 추가하지 않길 바란다.

 페르소나 수는 가능한 한 적게 유지하자. 나는 항상 2~3명 정도의 페르소나를 목표로 한다. 그렇게 하면 꼭 필요한 경우 4~5명 정도를 만들게 되고, 5명 이상으로는 거의 만들지 않게 된다. 5명 이상의 페르소나는 사용자 경험 디자인의 단순성 원칙에 위배된다.

오파 눕의 정반대 페르소나는 빅토르 프로Wiktor, the Pro다. FPS 플레이어 중 가장 성공한 빅토르(Wiktor "TaZ" Wojtas)의 이름을 땄다. 그는 사십만 불 이상의 상금을 받았고, 100개가 넘는 공식 토너먼트에 참가했으며, 우리의 게임에 관심이 있다(혹은 관심이 없을 수도 있지만, 그건 별로 중요하지 않다). 우리는 그가 페르소나와 정확히 일치하길 바라진 않는다. 하지만 이 게임을 프로 토너먼트에서 실제 상금을 주는 e스포츠처럼 바꾸길 원한다. 그런 목표를 통해 최고의 플레이어들의 니즈에 부응해야 한다.

세 번째 알렉산더 소셜라이져Alexander, the Socializer라는 페르소나는 북미 e스포츠 협회인 이블 지니어스Evil Geniuses의 설립자이자 굿게임GoodGame의 CEO인 알렉산더 가필드Alexander Garfield의 이름을 따서 만들었다. 이 페르소나는 주로 다른 플레이어와 상호작용하길 원하는 플레이어들을 대변한다. 여기서 상호작용이란 슈팅뿐 아니라, 길드/클랜/팀 생성, 함께 게임을 하는 것, 음성 채팅, 게임 내 문자 채팅 등을 의미한다. 그들은 포럼, 소셜 네트워크 관련 게시물을 대량으로 작성하고 소셜 미디어에 게임을 공유하며, 가장 중요하게는 게임에 많은 플레이어를 끌어들인다. 우리가 그들의 기대에 부합한다면, 수백만 불의 마케팅 비용을 절약할 수 있다.

마지막 페르소나는 프로처럼 매일 게임을 하는 사람들이 아니라 가볍게 게임을 하는 사람들로, 한 주에 8~10시간 정도만 게임을 하는 사람들을 대변하는 페르소나다. 그들은 약간 사회화된 모습을 보이긴 하지만, 분명 캐릭터를 커스터마이징하는 걸 더 즐긴다. 그들에겐 게임하는 시간이 한정돼 있기 때문에 게임 안에 있는 상점에서 XP 부스트 같이, 시간을 절약할 수 있는 아이템을 구입하기도 한다. 나는 이 페르소나를 수지 캐주얼 Suzy, the Casual이라고 지었다. 그녀는 이전에 암시한 것처럼 우리의 여자 페르소나가 될 것이다.

 디자인과 비즈니스 관점에서의 의사결정에 유용한 페르소나를 제작하자. 페르소나는 사용자가 실제 문제 해결을 위해 여러분의 솔루션을 사용할 것이라는 점을 계속 상기시켜 사용자를 우선적으로 고려하게 만들 것이다. 페르소나는 필요한 만큼만 만들고, 더 나은 커뮤니케이션을 위해 그리고 커뮤니케이션을 저해하지 않도록 최대한 단순하게 유지하자.

주요 페르소나

모든 페르소나를 동등한 비중으로 만들지는 않는다. 앞에서 소개한 오파 눕이 우리의 주요 페르소나primary persona다. 게임은 처음 접했을 때 매우 생소하게 느껴질 수 있는데, 이 시간이 가장 중요하다. 시작할 때의 경험이 끔찍하다면, 대부분의 사람은 게임을 포기할 것이고, 프로젝트는 실패한다.

우리는 주요 페르소나를 염두에 두고 사용자 경험을 만들어 나간다. 그리고 이때 다른 페르소나에게도 적합한지 확인하면서 만든다. 기능의 우선 순위를 정할 때, 항상 주요 페르소나에게 중요한 것이 무엇일지 고민해 이를 토대로 우선 순위를 정한다. 그리고 비즈니스 목표와 이 페르소나의 니즈 사이에서 균형을 잡는다.

HAL 9000은 여러분의 앱을 사용하지 않는다

예전에 시스템 페르소나를 추가한 프로젝트를 본 적이 있다. 당시 이 시스템 페르소나는 〈2001 스페이스 오딧세이$^{2001: A Space Odyssey}$〉에 등장했던 HAL 9000의 위협적인 빨간 카메라 렌즈 사진으로 표현했었다. 분명, 제품 개발 중에는 최종 사용자에게 보이지 않거나, 사용자에게 모호하게 느껴지는 작업이 많다. 몽고DB^{MongoDB}에서 다른 데이터베이스로 전환하는 일이 있다고 가정해보자. 이 일은 어떤 팀원들에겐 가장 시급하고 스트레스가 많은 작업일 수 있다. 하지만 사용자 스토리 지도에 이와 관련된 내용을 추가하는 것은 도움이 되지 않는다. 비즈니스 이해관계자와 대부분의 UX 전문가는 그게 실제 무엇을 의미하는지 알아채지 못할 것이다. 데이터베이스 전환이 모든 스테틱 애셋을 아마존 S3 버킷에 저장하는 일보다 우선 순위가 더 높은 일인가? 이렇게 실제로 물을 수도 있겠지만, 사용자 여정 지도로 답변할 수 있는 성격의 내용이 아니다. 이러한 작업은 때때로 개발 시간을 효율적으로 쓰려는 사람 또는 업무 프로세스를 군이 수치화하려는 사람들로 인해 백로그에 영향을 미치곤 한다.

실제로 이런 극단적인 상황은 최고의 헌신적인 풀스택 개발자들을 잃게 만들고, 돈만 보고 남을 그런 사람들만 남긴다. 그렇게 되면 제품이 상상할 수 있는 모든 방식으로 비참하게 실패하며, 그러는 동안 개발자들은 자기 업무 시간의 일분, 일초에 관해 약삭빠르게 설명해댈 것이다. 여러분은 개발자와 직접적으로나 간접적으로 함께 일하는 사람으로서, 그들의 일에 대해 어느 정도 이해할 줄 알아야 하고 존중해야 한다. 그들에게 자유도와 유연성을 보장해주자. 그 일에 적합한 사람이라면, 성공적인 결과가 뒤따를 것이다.

■ 스매플리로 페르소나 문서 만들기

페르소나를 문서로 작성하기 위해, 스매플리(smaply.com)를 사용할 것이다. 이 서비스는 오스트리아 인스브루크에 있는 작지만 굉장한 스타트업이 만든 도구다.

페르소나 문서의 작성 도구로 MS워드와 파워포인트가 널리 사용된다. 하지만 스매플리는 이 프로그램들보다 더 쉽고 빠르게 작업할 수 있다. 리차드 캐딕(Richard Caddick), 스티브 케이블(Steve Cable)은 저서 『Communicating the User Experience: A practical guide for creating useful UX documentation(사용자 경험 커뮤니케이션: 유용한 UX 문서 저작을 위한 실용 가이드』(Wiley, 2011)에서 워드와 파워포인트를 활용한 좋은 튜토리얼을 제공한다.

회원 가입을 하고, 화살표가 가리키는 **Create a project**프로젝트 생성을 클릭해 첫 스매플리 프로젝트를 생성해보자.

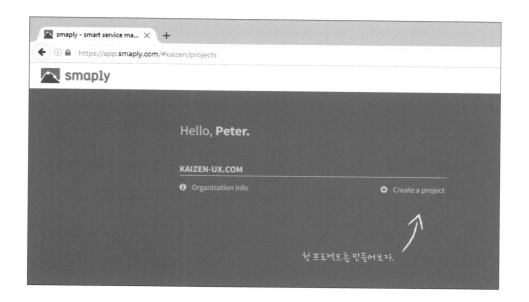

NAME이름 입력 필드에는 유의미한 프로젝트 제목을, **DESCRIPTION**설명 입력 필드에는 기회를 적어 넣자. 3장에서는 페르소나뿐 아니라 프로젝트를 하나 만들어 계속 사용할 예정이다. 즐겁게 만들 수 있는 내용으로 프로젝트를 생성해보자.

프로젝트가 준비되면, 화면 오른쪽에서 다른 사용자들을 초대할 수 있다. 또한 화면 아래에서 PERSONAS^{페르소나}, STAKEHOLDER MAPS^{이해관계자 지도}, JOURNEY MAPS^{여정 지도}를 만들 수도 있다. 이해관계자 지도는 10장 '생태계 지도 – 거시적 관점'에서 다시 소개할 예정이다.

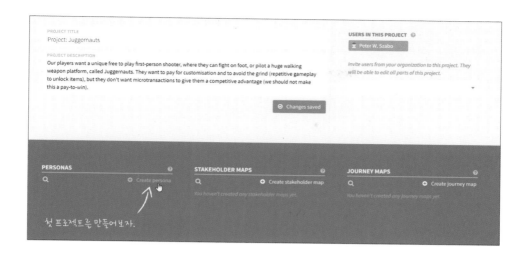

먼저, 페르소나 생성부터 시작해보자. 페르소나는 좋은 여정 지도 제작에 필수적이다. Create persona^{페르소나 생성} 버튼을 누르면, 첫 페르소나의 이름을 입력하는 창이 나타난다.

나는 우리의 주요 페르소나인 오파 눕처럼, 페르소나에 의미를 담은, 긴 이름을 붙이는 경향이 있다. 여러분이 따라 적는다면, 짧게 부를 수 있는 이름도 SHORT NAME 짧은 이름 입력 필드에 적어 두는 게 좋겠다. 페르소나를 부를 때 짧은 이름을 사용하면, 많은 공간을 절약하고 어수선하지 않게 정돈하는 데 도움이 된다.

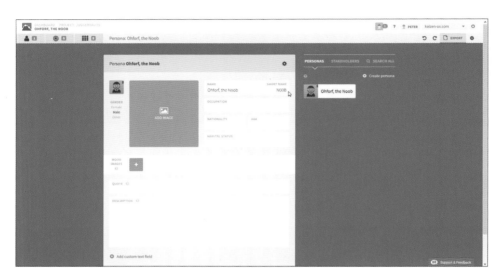

페르소나의 구체적인 정보

ADD IMAGE 그림 삽입 추가 영역을 클릭해 간단하게 페르소나의 이미지를 추가할 수 있다.

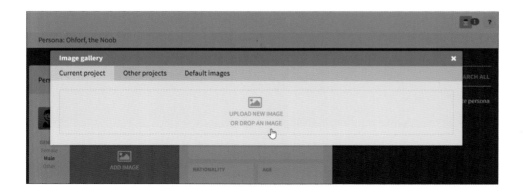

앵커 포인트(점선 위의 작은 사각형)를 드래그해 이미지를 자를 수 있다. 정사각형 이미지를 꼭 찾아야 한다거나 포토샵에서 미리 이미지를 잘라서 갖고 오지 않아도 된다.

페르소나 이미지를 업로드한 후 페르소나 아바타 아이콘을 정한다. 작은 아이콘은 페르소나 이미지의 크기가 조정된 것일 수도 있고 그래픽 이미지일 수도 있다. 다시 이야기하지만, 페르소나는 우리가 여정 지도를 제작할 때 도움이 된다. 페르소나는 본인이 쉽게 알아보기 좋은 이미지로 선택해야 하고, 색상 코딩 또한 중요하다. 각 페르소나에 다른 색상을 코딩한다고 했을 때, 가장 논리적인 색상 선택이 무엇일지 생각해보자. 나는 녹색이 일반적으로 미숙함을 의미한다고 여겨서, 눕의 색상으로 녹색을 선택했다.

페르소나를 정의할 때, 페르소나의 말로 적는 것이 중요하다. 페르소나의 말로 적으면, 페르소나에 공감하게 되는 측면이 있으며 페르소나를 현실에 기반을 두는 존재로 만든다. 또한, 페르소나의 페인포인트(pain point, 불편점)를 강조할 수도 있다. 오파는 다음과 같은 말을 할 수 있을 것이다. "그래, 이건 포병을 의미하지 않아. 내 생각에 '예술이 없다'는 건 그림이나 동상이 없다는 의미일거야."

QUOTE ⑦
"그래, 이건 포병을 의미하지 않아. 내 생각에 '예술이 없다'는 건 그림이나 동상이 없다는 의미일거야."

DESCRIPTION ⑦

페르소나에 대한 설명을 길게 적으면, 전혀 읽히지 않아서 때로는 그냥 지나치게 된다. 여기선 여러 개의 글머리 기호로 충분하다. 가장 중요한 것은 리서치 단계에서 확인된 **핵심 목표와 행동 경향**을 나열하는 것이다. 미리 알고 있어야 하고, 꼭 만들어 둬야 하는 사항들도 포함할 것이다. 그리고 개발 중 만들면 안 되는 내용들도 표시해두자. 보통 설명은 서너 가지의 주요 키워드를 중심으로 구성된다(일부 전문가들은 목표와 행동을 분리하기도 한다). 스매플리에서 주요 키워드로 변환할 텍스트를 선택하고 **제목 아이콘**^{heading icon}(Ⓣ)을 클릭한다. 그 다음, 글머리 기호 아이콘^{bullet list icon}(▤)을 사용해 제목 아래에 목록을 만든다. 텍스트의 특정 부분을 강조하기 위해 볼드체로 바꾸고 비슷한 스타일로 하이라이트 표시를 한다(선택, 클릭).

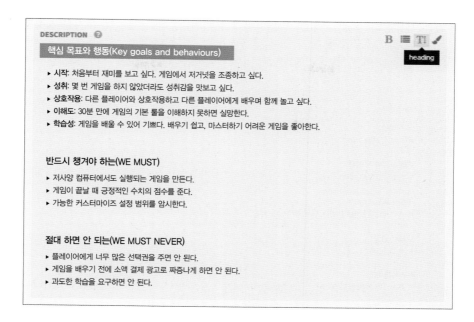

다음은 **사용자 정의 텍스트 필드 추가**^{Add custom text field}(⊕ Add custom text field)라는 링크에 대해 설명한다. 이 링크는 각 페르소나에 대한 행동 가능성^{behavior likelihood} 수준을 표시할 때 유용하다. 사용자 정의 텍스트 필드는 설명과 비슷한 방식으로 동작한다.

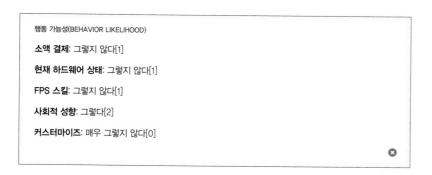

스매플리가 숫자 코딩을 더 효과적인 시각물로 표현하면 좋겠지만, 우린 오래된 ASCII 문자(또는 UTF-8 문자)를 사용할 수 있다. 이 예제에서는 U+25FB나 U+25FC 유니코

드 문자를 사용했다. 키보드의 O, * 문자를 사용하거나, 더 쉽게 _, # 문자를 사용할 수
있다.

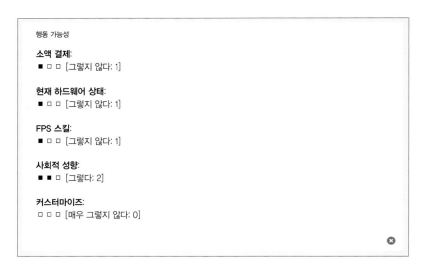

이것으로 주요 페르소나 작성을 마친다. 이 내용을 PDF로 변환해 이해 관계자와 공유할
준비가 됐다. 페르소나 아래에 있는 Export as PDF^{PDF 변환}(Export as PDF)을 클릭해보자.

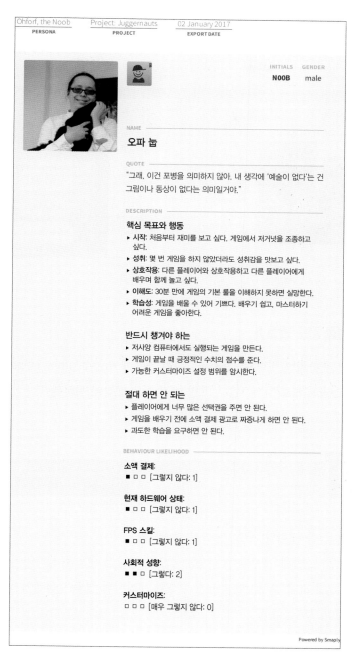

주요 페르소나

이제 남은 페르소나도 만들어야 한다. 주요 페르소나를 사용하면 좋은 점은 시간이 없는 경우에 남은 페르소나들의 세부적인 내용을 다 채워 넣을 필요가 없다는 점이다.

스매플리로 여정 지도 만들기

페르소나 제작을 마치면 이어서 스매플리 화면 좌측에 있는 Journey maps^{여정 지도}(▦) 탭을 선택한다. Create new^{생성} 버튼을 누르면 여정 지도 제작이 시작된다.

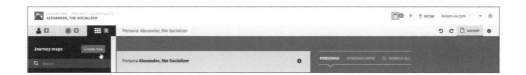

여정 지도의 이름을 정한다. 규모가 크고 복잡도가 높은 프로젝트에는 여정 지도가 많이 필요할 수 있다. 아래 예제에서는 가장 중요한 여정인 새로운 플레이어의 첫 경험에 집중할 것이다. 첫 소액 결제(바뀐 목표)가 발생할 때까지의 새로운 플레이어와 게임의 첫 상호작용 과정이 포함된다.

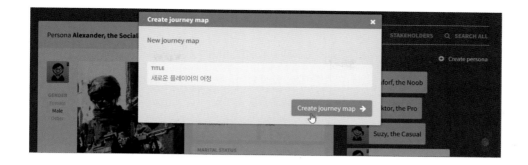

이제, **ADD PERSONA**^{페르소나 추가} 버튼을 클릭해 앞에서 생성한 페르소나를 추가한다.

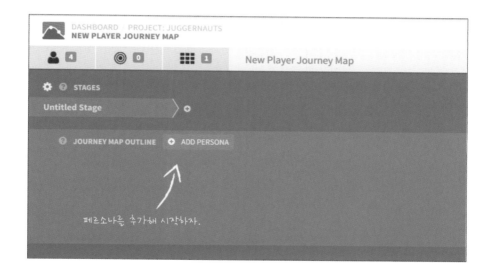

스매플리로 여정 지도와 과업 모델을 만들 수 있다. 하지만 나는 스매플리의 제약적인 작업 환경 때문에 어도비 일러스트레이터 프로그램을 사용한다. 스매플리로도 따라 할 수 있다. 스매플리로 만들어, 나(저자)에게 결과를 공유할 수도 있다(트위터 계정: @wszp).

▋ 과업 모델

과업 모델^{task model}은 여정의 각 마일스톤에서 페르소나가 하는 행동에 대한 이야기다. 사용자 여정 지도는 과업 모델을 기반으로 작성되며, 제품에서 솔루션을 특정 경로로 제공한다. 즉, 과업 모델은 페르소나가 묻는 질문이며, 우리는 사용자 여정 지도를 통해 이 질문에 답할 것이다.

이전 절에서 페르소나를 만드는 데 사용한 리서치 자료를 바탕으로 해당 페르소나를 위한 과업 모델 다이어그램을 디자인할 것이다.

어도비 일러스트레이터 프로그램에서 과업 모델 만들기

소프트웨어 프로그램을 켜면, 새 문서인 빈 캔버스로 시작한다. 페르소나 없는 과업 모델을 만들 수는 있지만, 대개 너무 복잡하거나 일반적이거나 또는 둘 다 해당되는 상태가 되곤 한다.

저자는 일반적으로 헤더^{Header}가 있는 과업 모델로 시작한다. 여기에는 페르소나, 프로젝트 제목, 과업 모델 제목, 그리고 가능하다면 프로젝트 로고 또는 로고를 표시할 자리가 포함된다. 어도비 일러스트레이터, 포토샵 등 레이어 기반 소프트웨어 프로그램을 사용한다면, 지도의 모든 주요 요소에 대해 설명적인 이름을 달아 서로 다른 레이어로 관리하는 게 좋다.

136

보통 어도비 일러스트레이터를 사용해 과업 모델을 만든다. 이 책의 예제에서는 어도비 일러스트레이터 CC 2017(버전 21)을 사용한다. MS워드, 어도비 포토샵, 무료/오픈소스 GIMP 등 어떤 프로그램이든 사용할 수 있다. 아이디어는 다르게 표현될 수도 있고, 마일스톤에서 사용자가 가진 생각과 관련 없이 정리할 수 있다.

과업 모델은 과업들로 이뤄진 지도로, 사용자의 사고 프로세스에 대한 이해를 바탕으로 솔루션을 설계하는 데 유용하다. 우리는 각 과업을 원으로 표현한다. 사용자의 멘탈 프로세스를 표현하는 인터페이스 요소는 사각형 형태이기 때문에, 이런 원칙은 여정 지도를 만들 때 도움이 된다.

마일스톤

마일스톤^{milestone}(주요 시점, 단계)은 같은 목표로 이어지는 이벤트들을 그룹핑한다. 기회에 도달하기 위한 과정에서 각기 성취되는 결과가 마일스톤이다. 마일스톤은 여정 지도에 구조를 부여하고 보다 쉬운 정리, 의사 소통을 가능하게 한다.

사용자 스토리 지도를 작성하는 경우(2장 '사용자 스토리 지도 – 협업, 포스트잇으로 도출하는 요구 사항' 참고), 항상 제품 관련 마일스톤이 있어야 한다. 하지만 과업 모델에서의 모든 마일스톤이 제품 마일스톤인 것은 아니다.

 어떤 소프트웨어 제품(예: 스매플리)에선 마일스톤을 단계(stage)라고 부르고 어떤 사람들은 활동(activity)이라고 부른다. 그 용어들은 보통 같은 의미로 사용되고 있으며, 사용자 경험 관련 용어들은 계속 진화하고 있다. 몇 년 안에 사용자 경험 분야에서 의미가 명확하면서도 통일된 용어로 정리될 것이라 기대한다.

배경에 대한 이야기

경험 관점에서 언제나 큰 그림으로 보도록 하자. 과업 모델에서 페르소나의 첫 인터랙션을 솔루션과 함께 적어나가기 보다는 마일스톤으로 시작하는 것이 좋다. 첫 마일스톤은 스토리의 근원, 배경에 대한 이야기(origin story로, 페르소나가 솔루션이 필요한 상황, 대개는 문제 또는 아이디어에 관한 내용이다.) 알렉산더 소셜라이져SOC는 친구로부터 새로운 F2P FPS에 대해 듣게 된다. 그는 친구와 함께 할 수 있는 게임만 한다. 그의 친구 중 일부가 이미 게임을 했다면, 그가 게임을 시도할 좋은 계기가 된다. 수지 캐주얼CAS은 하고 있던 게임에 지루해하며 뭔가 새로운 것을 시도하고 싶어 한다. 돈은 쓰지 않으면서 말이다.

 배경에 대한 이야기는 페르소나가 처음에 솔루션을 사용하는 모습을 보여준다. 이는 페르소나가 왜 우리의 제품을 사용하는지에 대한 답이기도 하다. 대개 이 이야기가 과업 모델의 첫 마일스톤이 된다.

스토리의 배경은 깊이 있게 다룰 수도 있지만, 단순성을 유지하기 위해 페르소나(exposition, 발단)의 현재 상태, 감성적 트리거 요인, 직면하고 있는 문제에서 시작한다. 그럼, 감성적 트리거의 결과로 페르소나가 어떤 행동을 하는지 살펴보자. 그들은 어떻게 문제를 해결하려 할까? 도나 리쇼Donna Lichaw는 이것을 라이징 액션rising action(전개)이라고 부른다.

라이징 액션은 다양한 형태로 나타날 수 있는데, 친구 또는 소셜 미디어에 묻거나 들을 수도 있고, 구글을 검색할 수도 있으며, 광고를 보거나 리뷰를 볼 수도 있다. 어떤 페르소나는 이 단계에서 많은 행동을 취할 것이다. 예를 들어, 빅터 프로PRO는 스팀Steam1의 투데이 핫딜 코너에서 우리의 게임을 만나게 될 것이다. 그는 리뷰를 확인하고 자신의 e스포츠 클랜 멤버가 우리의 게임을 한 것을 본 다음에야 다운로드하기로 마음 먹는다. (클랜은 조직적으로 함께 노는 플레이어 그룹을 의미한다.)

---

1 다양한 게임을 배포하는 디지털 플랫폼 – 옮긴이

마일스톤의 최종 결과는 우리의 솔루션을 접하는 페르소나다. 이는 랜딩 페이지가 될 수도 있고 홈페이지가 될 수도 있으며 스팀에서 우리 게임을 소개하는 페이지일 수도 있다.

 저자 제스몬드 알렌(Jesmond Allen)과 제임스 처들리(James Chudley)는 배경에 대한 이야기를 엔트리 포인트(entry point)라고 부른다.

배경에 대한 스토리를 지도로 만들 수 있지만, 과업 모델에선 이 스토리를 지도의 첫 랜드마크로 개괄하려 한다.

과업 모델의 마일스톤

간단하지만 여러 기능이 매핑된 **문자 도구**^{Type Tool}(T.)를 사용해 지도에 마일스톤을 추가하는 것을 선호한다. 우리는 배경에 대한 이야기에서 시작한다. 그리고 리서치 과정에서 발견한 관련 마일스톤들(리서치 과정에서 바뀐 목적 등)을 추가한다. 오파 눕이 제품에서 처음 만나는 마일스톤은 아래와 같다.

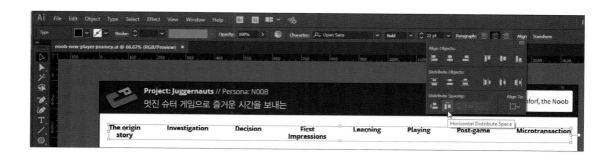

스크린샷처럼 정렬^{Align}의 Horizontal Distribute Space^{가로 간격 동일하게} 기능을 사용해 마일스톤 제목 간 간격을 균일하게 만든다. 이러려면 먼저 Selection Tool^{선택 도구}(▶)로 마일스톤 제목 위로 마우스를 드래그해 모든 제목을 선택해야 한다.

평가

페르소나가 서로 다른 니즈를 가질 때 해당 페르소나들을 평가[^evaluation]하게 되는데, 이는 마일스톤을 통해 진행한다. 판단 기준이 '예, 아니오' 또는 '진행, 포기' 방식처럼 2진법으로 결정되는 것이 아니라 복잡한 경우에 평가를 한다. 이는 사용자가 의식적 행동을 하는 지점에 대한 것으로, 우리는 여정 지도에서 그 행동들을 지원해야 한다. 과업 모델의 경우, 평가를 통해 사용자의 사고 프로세스를 확인한다.

평가 결과는 대개 의사결정 프로세스에 필요한 감성적 니즈와 콘텐츠 요구 사항을 포괄하는 폭넓은 관계도로 표현된다. 평가 과정에서 우리가 한 가지의 솔루션만 제공하더라도 솔루션에 이르는 모든 사고 프로세스에 대해 생각해야 한다. 이렇게 하면 사용자를 이해하는 데 도움이 된다. 절대 모든 사용자가 만족할 수 있는 솔루션이 되기를 바랄 수는 없지만, 일부 사용자의 경우에 왜 그들에게 맞는 솔루션을 제공하지 않는지 이해하고 있어야 한다. 그리고 과업 모델은 여러 번의 평가를 포함할 수 있지만, 각 마일스톤에 평가 핀을 여러 개 꽂으면 안 된다.

평가에 대한 예시로, 저거넛을 선택해보자. 사용자는 각 저거넛의 수치화된 상태, 생김새, (클랜 멤버와 다른 플레이어들이 제안하는) 게임 플레이 스타일을 고려하고 인터넷에서 (포럼, 가이드, 스트리머가 제안하는) 답변들을 검색할 수 있다. 우리는 게임 디자이너로서, 플레이어가 본인의 게임 스타일을 기반으로 저거넛를 선택하고, 그 저거넛을 멋지게 꾸미길 바란다. 게임 스타일은 플레이어의 게임 성향이나 게임 안에서의 역할에 의해 정의될 수 있다. 가령 넓은 공간이 좋은지, 아니면 좁은 공간 안에서 하는 게 좋은지? 대포 사격? 아니면 고정밀 레이저가 좋은지? 이동성 좋은 게 좋은지, 아니면 무거운 갑옷이 좋은지? 이러한 모든 생각들을 플레이 스타일로 묶는다. 저거넛의 상태 정보를 수치화해서 표시할 때, 어떤 저거넛도 압도적이지 않도록(압도[^Overpowered]는 게임 슬랭으로, OP로 부르기도 한다) 균형 잡힌 상태 수치, 많은 테스트가 필요하다. 물론, 어떤 플레이어는 항상 최고, 최상의 OP 변종을 찾아낸다.

평가 다이어그램 만들기

먼저, Ellipse Tool^{원형 도구}를 선택한다. 커서를 드래그하는 동안 Shift 키를 누르고 있으면 정원이 만들어진다.

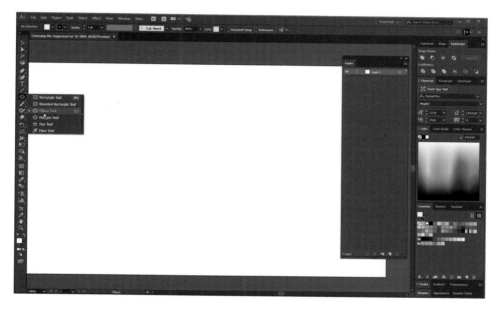

원형 도구 선택

이제, 평가의 제목 텍스트를 입력하기 위한 패스를 만들기 위해, 이미 만들어 놓은 원의 축소판을 만들어 보자. 원을 선택하고, Object^{오브젝트} 메뉴를 누른다. 그 다음, Transform^{변형} > Scale…^{크기 조절}을 선택한다.

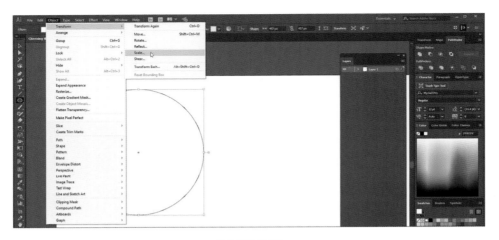

원의 크기 줄이기

원하는 제목 텍스트의 크기를 정한 후, 그 크기에 따라 원본 원의 약 70-80% 정도로 가로, 세로 Uniform^{균일} 비율로 설정한다.

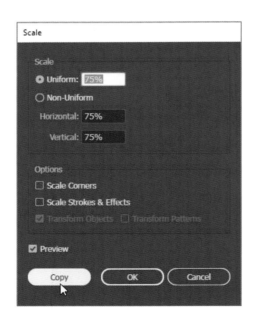

이제 Type on a Path tool^{패스 상의 문자 도구}를 눌러, 안쪽 원에 텍스트를 추가하자.

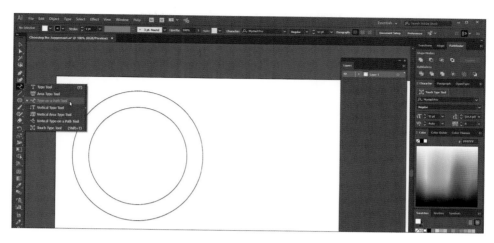

텍스트 추가를 위해 패스 상의 문자 도구를 이용

포인터를 패스 위에 놓고 클릭한다. (일러스트레이터에선 패스에 따라 텍스트 입력하면 패스로 사용된 도형은 자동으로 도형 속성이 사라지므로, 도형을 별도로 삭제하지 않아도 된다.) 평가 제목을 직접 입력하거나 붙여 넣어 보자.

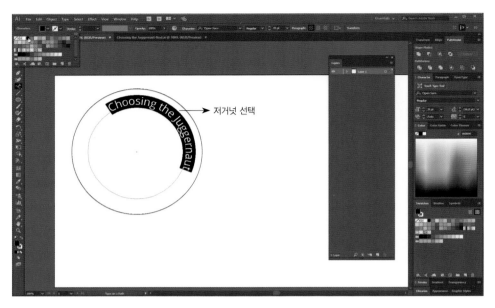

패스를 따라 텍스트 입력

텍스트 색상은 텍스트 색상 선택창, 색상 견본, **Color panel**^{색상 패널}(Eyedropper tool^{스포이드 도구} (✏️)를 사용)에서 선택할 수 있다. 텍스트는 패스 위에서 적절한 위치에 있지 않을 수 있다. 이 문제를 해결하려면 패스를 따라 텍스트를 이동(또는 뒤집기)해보자. 텍스트가 있는 패스를 선택하면, 수직선(괄호)이 텍스트의 시작, 끝, 시작과 끝의 중간에 나타난다. 마우스 커서를 텍스트 가운데의 괄호 위로 이동하면 작은 아이콘(▶)이 나타난다. 텍스트를 원하는 위치로 옮기기 위해, 중간점을 드래그한다. **Ctrl** 키를 누르고 있으면(macOS 에선 Command 키), 패스의 반대쪽으로 텍스트가 뒤집히지 않도록 해주면 작업이 쉬워진다.

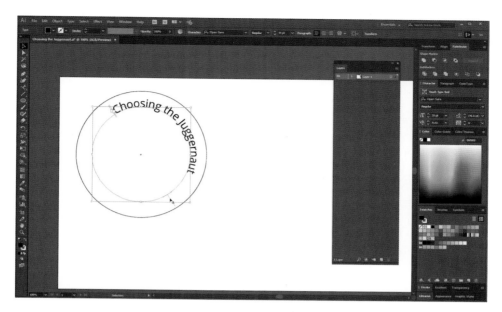

텍스트를 원 안의 원하는 위치에 배치하기

걱정하지 말자. 이 부분이 이 책에서 일러스트레이터로 하는 가장 고난이도 작업이다. 여기서의 목적은 여러분을 어도비 일러스트레이터 전문가로 만드는 것이 아니라, 다른 소프트웨어로도 간단한 명령, 일반 기능을 사용해 어떻게 멋진 지도를 만드는지 보여주고자 함이다.

다음으로는 원에 다른 생각이나 결정 기준을 담기 위해, 큰 원 안에 작은 원을 추가한다. 앞에서 했던 것처럼 Ellipse Tool^{원형 도구}을 사용할 수도 있다. 이번엔 안쪽의 원이 바깥쪽 원과 크기가 같아야 하므로 원을 복사하는 데 더 빠른 방법을 사용한다. Layer panel ^{레이어 패널}이 열려 있어야 한다. 레이어 패널이 열려있지 않으면 Window^{윈도우} 메뉴로 이동해 Layer^{레이어}를 선택한다.

또는 키보드의 **F7** 키를 눌러, 레이어 패널을 나타나게 할 수 있다.

레이어 이름 앞에 있는 화살표(❯)를 클릭해 현재의 레이어를 확장해야 하는 경우도 있다. 레이어를 확장하면 레이어의 내용들을 볼 수 있는데, 새로 추가된 현재 레이어까지 보인다. 새로운 오브젝트가 생성될 때는 맨 위의 레이어에 생성되기 때문에, 새로운 오브젝트는 맨 위에 있는 오브젝트다. 이 레이어를 레이어 패널 하단에 있는 레이어 생성 아이콘(▦) 위로 드래그앤드롭한다. 이 방법은 오브젝트를 원본과 같은 위치에 복사하고자 할 때 사용하는 가장 빠른 방법이다.

오브젝트를 복사하기 위한 레이어 패널 사용

이제 Area Type Tool^{영역 문자 도구}을 선택하고 패스를 클릭한다(원 안쪽이 아니라, 원의 경계선을 클릭한다).

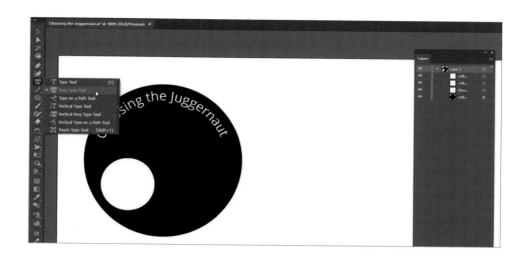

여기에 적고자 하는 내용을 입력한다. 사용자의 선택에 영향을 미치는 것은 무엇인가?

자동 하이픈 삽입 기능은 텍스트를 사각형이 아닌 도형에 맞출 때 도움 된다. 이 기능은 Paragraph^{단락} 패널에서 활성화할 수 있다(Window^{윈도우} 메뉴 ▶ Type^{문자} ▶ Paragraph^{단락}, 또는 Alt + Ctrl + T 키).

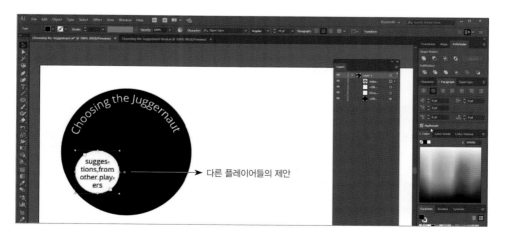

콘텐츠를 원 안에 입력

이 방법으로 평가 다이어그램을 마무리한다. 이 다이어그램은 저자의 스타일로 작성됐지만, 여러분이 원하는 대로 더 좋게 바꿀 수 있을 것이다. 나는 대개 페르소나의 가장 중요한 요인을 강조한다. 오파 눕의 경우, 저거넛은 아래의 그림처럼 보여진다. 그는 저 마일스톤에서 많은 시간을 보내고 싶어하지 않지만, 전장에서 가장 멋져 보이는 외관을 원한다.

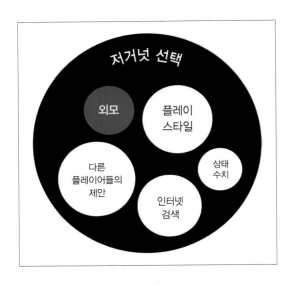

이 평가 다이어그램은 다른 페르소나에게 재사용할 수 있지만, 오직 출발점으로만 사용할 수 있다. 예를 들어, 빅토르 프로는 저거넛을 고르는 데 어려움을 겪는다. 빅토르에게 생김새는 거의 무의미하며 다른 네 가지 사고 프로세스가 훨씬 중요하므로, 다이어그램에서 외모 부분을 흐리게 하거나 심지어 삭제한다. 빅토르에게는 자신의 플레이 스타일에 가장 적합한 상태 수치 정보를 보여주는 저거넛을 찾는 것이 중요하다. 그는 결정을 내리기 전, 수치 정보와 플레이 스타일 간의 관계를 고민하는 데 시간을 쓴다. 나는 Line Segment Tool 선분 도구(／)를 사용해 두 원 사이에 선을 긋고, 둘의 연관 관계를 나타낸다.

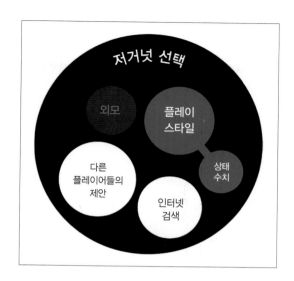

평가 다이어그램을 만들 때 배운 간단한 방법은 과업 모델, 여정 지도 제작 전반에 사용할 수 있다. 아래 사례는 과업 모델의 가장 복잡한 부분이다. 나머지는 훨씬 쉬울 것이다. 아래와 같이 원을 그리고 텍스트를 입력해보자.

완성된 과업 모델

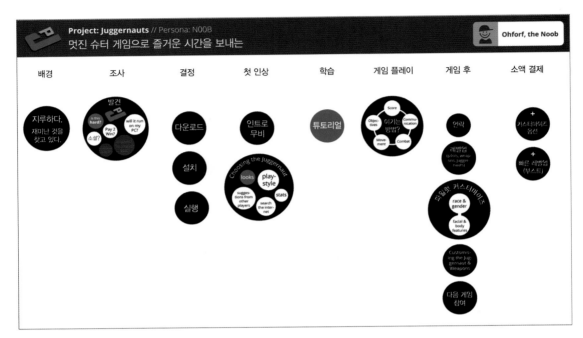

과업 모델 지도

어떤 저자는 서로 다른 과업 간 연결 관계를 표시하라고 한다(보통 화살표로 표시한다). 물론, 전자상거래 사이트의 결제 프로세스 같은 선형 과업 모델에선 괜찮지만, 이런 표식은 시각적 혼란만 가중시킨다. 우리 게임처럼 복잡한 시나리오의 경우, 과업은 거의 선형으로 발생하지 않으며, 항상 이런 표식이 필요한 게 아니다. 예를 들어 다운로드, 설치, 실행은 반드시 순차적으로 이뤄져야 하지만, 플레이어는 각 게임이 끝난 다음에 항상 레벨업하거나 새로운 것을 언락하는 것은 아니다. 사용자는 파일럿을 커스터마이즈하는 화면을 시작하고 소액 결제 화면으로 이동한 다음, 새로운 위장 장비를 구입하고 커스터마이즈 설정 화면으로 돌아갈 수 있다.

완성된 과업 모델은 여정 지도로 커뮤니케이션될 사용자 여정 디자인의 토대가 될 것이다.

▌ 사용자 여정 설계

시스템을 경험하는 경로가 사용자의 여정이다. 이 경로는 많은 상호작용으로 구성되는데, 이는 산출물은 최소화하면서 기회를 극대화하도록 설계돼야 한다.

대개는 개발 코드를 작성하기 전에, 인터페이스 요소가 디자인되기 전에, 빨리 첫 여정 지도를 디자인한다. 그런 다음엔 여정을 이따금 재방문하고, 개선하거나 심지어 재설계해서 항상 관련성이 있고 생생한 상태로 유지시켜야 한다.

> ℹ 시각적인 표현을 통해, 사용자의 여정은 페르소나의 행동을 반영하고 여정 지도로 정제된다.

과업 모델을 만드는 이유 중 하나는 사용자 여정의 기본 토대 역할을 하기 때문이다. 이전 섹션에서 만든 과업 모델 위에 여정 지도를 작성할 것이다.

이렇게 하려면, 과업 모델이 열려 있는 상태에서 **레이어** 패널도 연다(윈도우 › 레이어). 이제, 패널 아래쪽에 있는 **Create New Layer** ^{레이어 생성 버튼}()을 클릭한다. 처음에는 레이어 2 또는 이와 비슷한 이름으로 자동 지정되지만, 레이어의 이름을 두 번 클릭해 바꿀 수 있다.

이제, 헤더 또는 마일스톤의 일부가 아닌 모든 요소를 이 레이어로 이동시킨다. 전체 오브젝트들을 선택하고, 이어서 **레이어** 패널에서 원하는 레이어의 이름을 클릭한다. 그런 다음 상단 메뉴에서 **Object** ^{오브젝트} › **Arrange** ^{정렬} › **Send to Current Layer** ^{현재 레이어로 보내기}를 선택한다. 또는 아래의 스크린샷에서 보여지는 것처럼 오브젝트를 한 레이어에서 다른 레이어로 드래그해 끌어다 놓을 수 있다.

모든 것을 레이어로 배열한 후, 여정 지도를 위한 새로운 레이어를 만든다. 전체 레이어를 **레이어 생성 버튼**(▣)으로 드래그해 마일스톤들을 복사할 수 있다. 그런 다음, 레이어 이름 앞에 있는 눈 아이콘(◉)을 클릭해 과업 모델과 원래의 마일스톤 레이어를 숨길 수 있다. 큰 모니터를 사용하는 경우, 과업 모델을 계속 표시하고, 그 아래에 여정 지도를 만들 수 있다. 스크린샷 이미지에선 혼란스럽지 않게 하기 위해 과업 모델을 숨겨 놨지만 일러스트레이터에서 PNG 내보내기는 열어 됐다.

마일스톤은 왜 복제해야 하는가? 여정 지도의 마일스톤은 과업 모델의 마일스톤과 다를 수 있다. 그렇지 않더라도 다음에 나올 요소가 달라져서 배치가 상당히 달라진다. 예를 들어, 직사각형 안의 텍스트는 과업 모델의 원형 요소에 비해 공간이 좁기 때문에 여정 지도의 폭이 다를 수 있다.

인터랙션

인터랙션interaction은 여정 지도의 기본 구성 요소다. 의사소통을 쉽게 하기 위해, 대부분 여정 지도에서 페이지 또는 뷰 화면을 인터랙션으로 매핑한다(버튼을 누르거나 입력 필드에 텍스트를 입력하는 것처럼 작은 단위의 인터랙션이 아니다).

UX 디자인 관례에 따라, 인터랙션을 시각화하기 위해 직사각형을 사용한다. Rectangle Tool사각형 도구()가 유용할 것이다. 사각형을 그리려는 위치를 클릭한다. 사각형이 생기면, 사각형을 선택한 다음 드래그해 크기를 조정한다.

> **TiP** 도형을 완성하기 전에 스페이스 키를 누르면 사각형을 움직일 수 있다. 이 트릭은 일러스트 레이터의 선과 모양 도구에서 동작한다.

과업 모델의 배경 이야기부터 시작해 오파 눕이 지루해할 때 어떤 일이 일어날지 생각해보자. 어떻게 그의 관심을 끌까?

디지털 광고를 한다고 해보자. 디지털 광고는 종종 다양한 채널, 광고 소스, 캠페인 등으로 분리된다. 배경에 대한 이야기로만 여정 지도로 만들 수도 있겠지만, 모든 내용을 하나의 보드에 담길만한 인터랙션 범주로 단순화해 정리한다. 오파 눕은 게임에 대한 디지털 광고를 본다. 소셜 미디어 게시물, 구글 유기적 검색, 게임을 보여주는 트위치 스트림 등은 오파 눕의 호기심을 자극하는 기폭제가 된다.

우리가 매핑한 모든 내용이 우리가 만들어낼 수 있다거나, 직접 영향을 줄 수 있는 건 아니다. 예를 들어, 오파 눕은 친구와 이야기를 한다. 또한 여러 마일스톤에 걸쳐 다양한 주요 인터랙션을 하는 것도 지극히 정상적인 일이다. 앞 문장에서 예를 든, 오파 눕이 친구와 이야기하는 것은 배경에 대한 이야기일 수도 있고 조사 단계에 일어나는 일일 수도 있다. 그는 친구의 말만 듣고도 게임을 다운로드하고 게임을 시작할 수 있을 만큼 친구를 신뢰한다. (입소문은 새로운 사용자를 확보하는 강력한 방법이다.)

> 나는 포괄적인 인터랙션을 표현하기 위해 필요한 모든 마일스톤을 아우를 수 있도록 충분히 넓은 직사각형을 그린다. 대부분의 인터랙션이 두 마일스톤을 포괄한다면, 마일스톤을 하나로 병합하는 안을 고려해야 한다.

이 일을 시작한 경력 초반에는 오직 5개의 인터랙션과 3개의 마일스톤만 포함된 여정 지도를 제작했다. 그런 다음, 이틀 동안 추가적인 인터랙션과 마일스톤을 찾아내려고 노력했다. 노력 끝에 10개의 인터랙션과 2개의 마일스톤을 더 추가할 수 있었다. 지도를 PNG로 저장해서, 클라이언트에게 보냈다. 운이 좋았거나 무의식적인 영향 때문이었는지, 한 장에 다섯 인터랙션 정도만 담아 첨부했다. 클라이언트는 이 단순함을 무척 좋아했다. 그리고 우리는 그 여정 지도를 기반으로 곧바로 사용자 경험을 만들어냈다. 그렇다. 클라이언트에게 보여준 적 없는 무언가를 고민하느라 이틀 동안 낭비했지만, 여정 지도 제작에 대해 중요한 것을 배웠다. 단순함은 프로젝트에 쏟아 부은 작업량으로 클라이언트를 기쁘게 만들고자 하는 그 어떤 노력보다 낫다. 인터랙션의 이상적인 개수는 없다. 특히 최대, 최소라는 건 없다. 하지만 절대 클라이언트를 기쁘게 하려고 인터랙션을 추가하지 말자. 계속 간단하게 유지하자!

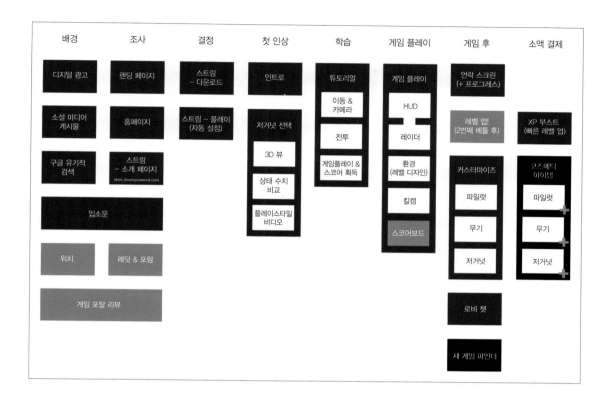

| 배경 | 조사 | 결정 | 첫 인상 | 학습 | 게임 플레이 | 게임 후 | 소액 결제 |

화살표를 추가하는 것은 마지막 선택 사항으로, 페르소나가 우리가 제안하는 디자인에 따라 행동할 경로를 표시한다. 우리는 Line Segment Tool^{선분 도구}(⟋)를 사용해 선을 그릴 수 있다. Shift 키를 누르고 있으면 선을 똑바른 가로 또는 세로 선을 만들 수 있다.

선이 그려져 있으면, Stroke^획 패널을 사용한다(Window^{윈도우} ▶ Stroke^선). 이 패널에서 선의 두께를 설정하고 점선을 만들며 화살촉을 추가할 수 있다. 선택한 화살촉이 너무 크면, 크기를 줄일 수도 있다. 3장의 마지막 지도에선 3pt 선 두께, 50% 축소된 화살표 2 화살촉을 사용했다.

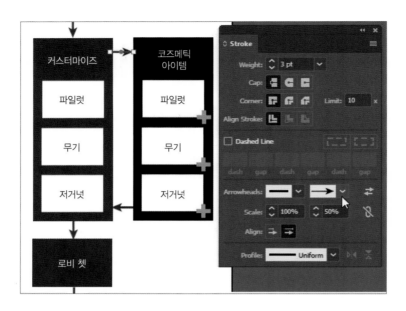

다음은 참고용으로 완성한 여정 지도의 스크린샷이다.

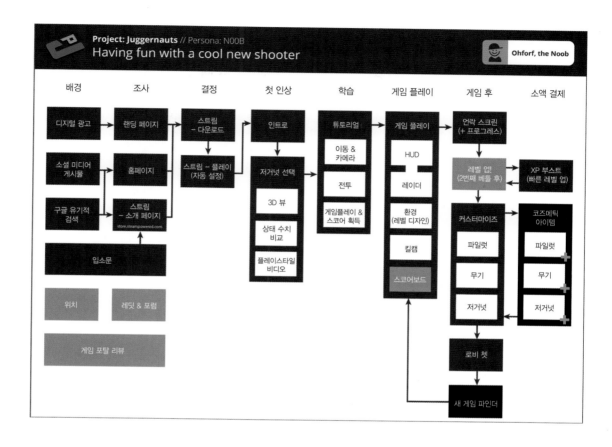

요약

여정 지도는 일련의 인터랙션을 통해 문제를 해결하기 위한 목적으로, 사용자에게 솔루션을 안내하기 위해 만든 계획서다. 이런 경로를 만들려면, 여러 사용자 그룹의 니즈를 이해해야 한다.

사용자의 니즈를 이해하기 위해 우리는 페르소나를 만들며, 페르소나를 만들기 위해, 3i라는 3단계 방법론을 사용한다(3i: 조사[investigate], 발견[identify], 상상[imagine]).

주요 페르소나를 정의한 후, 과업 모델을 만들었다. 배경에 대한 이야기에서 시작해 모든 이벤트들을 마일스톤으로 공통 목표에 해당되는 그룹들로 나눴다. 마지막 과업 모델이 복잡한 평가를 거치면 여정 지도의 기초가 된다.

여정 지도는 다음 장에서 더 복잡한 지도의 토대가 될 것이다. 그 모험에 함께 해보자!

04

와이어플로우 –
제품에 대한 계획을 세워라

여정 지도를 풍부하게 만드는 다음 단계는 주요 인터랙션에 화면 디자인을 추가하는 것이다. 우리는 화면을 디자인하기 위해 와이어프레임wireframe을 사용한다. 이 장의 뒷부분에서 와이어프레임에 대한 더 자세한 내용을 볼 수 있다. 와이어프레임은 와이어플로우Wireflow를 구성하는 기본 요소다.

 와이어플로우는 주요 인터랙션이 관련 화면의 와이어프레임으로 보여지는 여정 지도다. 이플로우는 여러분으로 하여금 인터랙션을 만들어내고 탐색하며, 커뮤니케이션하고 개선하도록 도와준다. 이는 코딩이나 시각적 디자인 작업에 리소스를 투입하지 않고도 오직 지도만으로도 가능하다.

와이어플로우를 만들려면, 다음 항목들이 필요하다.

- 기회를 설정한다. 나는 AI 기반 고객 지원 챗봇을 기회로 선택했다. 여러분은 무엇을 선택할 것인가?
- 와이어프레임을 만든다. 이를 위해, 먼저 와이어프레임의 속성을 이해해야 한다.
  - 컬러 버전을 만들 것인지, 회색 톤의 버전을 만들 것인지
  - 충실도^{fidelity}를 높게 할 것인지, 낮게 할 것인지
  - 발사믹 목업$^{Balsamiq\ Mockups}$을 사용해 와이어프레임을 만드는 방법
- 와이어프레임을 연결해 와이어플로우를 만든다.
- 와이어플로우 개선 워크숍에서 토론하고 개선한다.

나는 10년 동안 와이어플로우를 만들어 왔지만, 최근까지도 링크된 와이어프레임$^{linked\ wireframe}$이라고 불렀다. 2016년 12월 닐슨 노만 그룹$^{Nielsen\ Norman\ Group}$의 페이지 라움하이머$^{Page\ Laubheimer}$는 와이어플로우^{wireflow}라는 용어를 만들었다. 나는 와이어플로우로 부르는 것이 적합하다고 여기며, 그가 내린 정의를 인용하고자 한다.

> 와이어플로우는 와이어프레임과 플로우차트를 조합한 것이다. 동적으로 변화하는 페이지가 거의 없다면, 작업 흐름^{workflow}과 화면 디자인을 문서화할 수 있다.
>
> -페이지 라움하이머(출처: https://www.nngroup.com/articles/wireflows)

▌ 고객 지원 챗봇

다른 장들과 마찬가지로, 여기서도 사용자 경험 지도를 제작해보며 현실에 존재하는 문제를 해결해볼 것이다. 4장에서의 문제는 가능한 한 빠르고 자세하게 고객 지원을 받으려는 니즈와 관련이 있다.

프로페셔널하면서도 항상 쾌활한 고객 지원 담당자들로부터 즉각적인 도움을 받는다고 상상해보자. 긴 줄을 기다리지 않아도 되고, 짧고 이해하기 어려운 멘트를 들을 필요도 없다. 이는 아주 똑똑한 인공지능과 탁월하게 정리된 와이어플로우가 있다면 가능하다. 나는 인공지능을 개발하는 방법을 알지 못하지만, 고객 지원 챗봇용 와이어플로우를 만드는 방법을 보여주고자 한다. 사용 장면 뒤편에서 실제로 어떻게 작동할지는 걱정하지 말자. 지금은 인공지능, 머신 러닝, 신경망 등 최근 주목 받고 있는 것들만 생각하자. 이 기술은 고객 지원 팀의 규모를 줄이고, 고객과 (고객 지원 서비스를 제공하는) 회사를 위해 비용을 절감하게 해준다.

 기회는 사용자가 문제에 대한 유용하면서도 구체적인 지원을, 가능한 한 빨리 받길 기대한다는 것이다. 우리는 고객이 입력한 질문에 빠르게 실행 가능한 솔루션을 제안하는 고객 지원용 챗봇을 만들 것이다.

이전처럼 다른 기회에 대해서도 생각해보고, 4장의 내용을 따라오면서 다른 꿈도 꿔보길 바란다. 실은, 나는 빠르고 간단한 와이어플로우 제작이 가능한 기회를 골랐다. 이전 장의 예제도 와이어플로우로 바꿀 수 있지만, 주요 인터랙션 측면에서 복잡하고 많은 수의 와이어프레임을 제작해야 했다. 이 작업은 재미있지만 오래 걸린다. 여러분이 이 과정을 실습해보길 권하지만, 책을 짧고 간결하게 유지하면서도 강한 인상을 주기 위해 고객 지원 챗봇인 faqAI를 선택했다.

▌ 와이어프레임

계획을 세우고 커뮤니케이션하는 일은 전통적으로 무언가를 그리는 것으로 이뤄졌다. 평면도, 청사진, 엔지니어링 도면을 생각해보자. 사용자 인터페이스를 디자인할 때, 더 넓은 의미로는 디지털 경험을 설계할 때에도 동일하다.

와이어프레임은 디지털 솔루션의 사용자 인터페이스 요구 사항을 정의할 때 사용된다. 이 프레임은 한 번에, 한 페이지에 하나씩 보여주는 UI 구조를 지닌다.

와이어플로우는 디지털 솔루션의 각각의 모든 화면을 다 그릴 필요는 없다. 솔루션의 UI 구조를 추정할 수 있는 주요 인터랙션과 템플릿을 보여주면 된다. 보통은 하나 또는 두어 개의 와이어프레임으로 시작하고, 필요할 때만 더 만든다.

 솔루션을 위한 첫 와이어프레임을 만들어보자.

사용자 경험 또는 UI 디자인에 상대적으로 익숙하지 않더라도, 수많은 앱과 웹사이트, 여러 디지털 솔루션을 봐 왔을 것이다. 강력한 판단력이 있어야 한다. 그동안 조사나 테스트에서 사용자들을 봐왔거나, 스스로의 직감을 신뢰할 수 있으면 더 좋다.

목표는 자리에 앉아서 와이어프레임을 완성하는 것이다. 위원회를 구성해 와이어프레임을 디자인하면, 대개는 실패하며, 시간낭비다. 와이어프레임이 완성되면 최대한 많은 사람들에게 물어볼 필요가 있다. 그리고 실제 사용자를 대상으로 와이어프레임을 검증하자. 프로젝트를 많은 다양한 관점에서 보는 것은 필수적이다. 하지만 오직 보여줄 무언가가 있을 때만 가능할 것이다.

와이어프레임과 색상

어떤 전문가는 회색 톤의 와이어프레임을 권장한다. 특히 UI 디자인을 처음 접하는 사람에게 회색 톤은 나쁘지 않은 선택이다. 숙련된 UI 전문가도 색상을 제한하곤 한다. 와이어프레임에 색을 입히면 색상 선택, 색상 이론, 색상 심리에 대한 토론으로 이어질 수 있는데, 이런 토론은 지금 하지 않는다.

회색 톤의 와이어프레임은 경우에 따라 버튼을 녹색으로 칠하거나 링크를 파란색으로 표시하고자 하는 상황이 생기기도 한다. (이때 의미 없는 파란색 그림자 효과는 나중으로 미뤄 주길 바란다.) 색상으로 힌트를 주면, 분명 와이어프레임을 더 잘 보이게 하고 커뮤니케이션을 하는 데 더 유용하게 작용하기도 한다. (단, 색상이 추가된 콘셉트처럼 보여져야 하며 UI 디자인과 혼동하지 않아야 한다.)

Initiale사에서의 첫 번째 클라이언트 중 한 곳은 새 회사 사이트에 대한 명확한 행동 유도 방안이 필요한 상황이었다. 당시 나는 자급자족해야 하는 상황으로, 이미 두 명의 직원이 있었지만 혼자서 이 프로젝트를 해야 했다. 클라이언트는 이틀 만에 와이어프레임 초안을 보고 싶어했다. 그 작업을 위해 사용자 리서치를 할 만한 시간이나 돈이 없었기 때문에, 나는 직감에 의존해 진행했다. 큰일 날 상황처럼 들리지 않는가? 회의가 시작됐고, 나는 회의를 하는 동안 긴장을 했다. 긴장할 이유가 없지 않았다. 대부분 회색 톤으로 그려진 디자인은 모든 화면에 조그만 보라색 로고와 큰 보라색 버튼을 담고 있었다. 나는 클라이언트에게 대화의 전제로, 이것은 그저 첫 시안이라고 말하고 또 말했다. 클라이언트는 큰 보라색 버튼을 무척 좋아했다. 그리고 2주 후 시각 디자인 초안을 제작해 보여줬다. 버튼은 약간 작아지고 눈에 잘 띄는 주황색 버튼이 되긴 했지만, 화면의 나머지 부분과 어울려 더 잘 보이게 됐다. 하지만 클라이언트는 큰 보라색 버튼을 원했고, 나는 동의하지 않았다. 두 버튼을 비교하기 위한 간단한 AB 테스트를 진행했다. 큰 보라색 버튼이 이겼고, 나는 직감을 믿는 법을 배우게 됐다. 이는 때때로 색상 사용이 와이어프레임에 유용하다는 점을 보여준다. 여러분도 직감대로 실행하고, 결과를 확인해보길 바란다.

어떤 UI 요소에 유의미한 색상 선택이 가능하다면(특히 단순한 스타일이나 색상 선호에 따른 것이 아니라면), 그리고 사용자 경험에서 큰 그림 관점으로 유의미하다면 와이어프레임에서도 그 색상으로 표현할 수 있다.

낮은 충실도의 와이어프레임 vs 높은 충실도의 와이어프레임

여기서는 낮은 충실도[lo-fi: low fidelity]의 와이어프레임과 높은 충실도[hi-fi: high fidelity]의 와이어프레임을 비교해본다. 와이어프레임이 제안된 제품의 모습과 거의 닮지 않았으면 lo-fi 또는 낮은 충실도의 와이어프레임이라고 부른다. 목적이 최종 제품의 모습에 가깝게 시각화해 보여주는 것이라면, hi-fi 또는 높은 충실도의 와이어프레임을 만드는 것이다. 두 사례는 다음의 스크린샷을 참고한다.

이제, 낮은 충실도의 와이어프레임에 대해 자세히 살펴보자.

낮은 충실도의 와이어프레임

낮은 충실도의 와이어프레임은 종종 스케치를 한 듯한 렌더링 이미지로 그려진다. 하지만 이런 이미지 스타일이 꼭 필요한 것은 아니다. 세부 사항과 시각적 디자인 요소가 적으면, 낮은 충실도 와이어프레임으로 정의한다. 와이어프레임을 생성할 때, 때로 시각적 디자인 요소는 자리표시자 정도로 자리만 표시해둔다. 정렬, 간격, 글꼴, 아이콘 선택은 종종 우연히 이루어지며 두드러지게 강조돼야 하는 부분은 없다. 이 와이어프레임은 대개 초반에 만들어지며, 심지어 디지털 솔루션 아이데이션 단계에서 만들어지기 때문에 정교함은 없다. 하지만 그 점이 좋을 수 있다.

낮은 충실도의 명백한 장점 중 하나는 속도다. 토론 중에도 몇 분 안에 뚝딱 충실도 낮은 와이어프레임을 만들 수 있다. 그리고 이런 와이어프레임은 종이, 화이트보드는 물론이고 태블릿이나 노트북에서 디지털 스케치도 할 수 있다. 그리고 와이어프레임 제작은 토론과 병행될 수 있으므로, 여러분은 중요한 구체 사항을 잊지 않고 챙길 수 있으며, 이해관계자는 즉각적인 피드백을 줄 수 있다는 장점이 있다.

낮은 충실도의 디지털 와이어프레임을 그릴 수 있는 프로그램 배우기는 훨씬 쉽다. 내가 좋아하는 낮은 충실도 도구인 발사믹 목업의 사용자 인터페이스를 살펴보자. (다음 스크린 샷은 발사믹 목업 3.5.9 버전이다. 발사믹이 근미래에 프로그램을 더 복잡하거나 배우기 어렵게 만들진 않을 것으로 본다.)

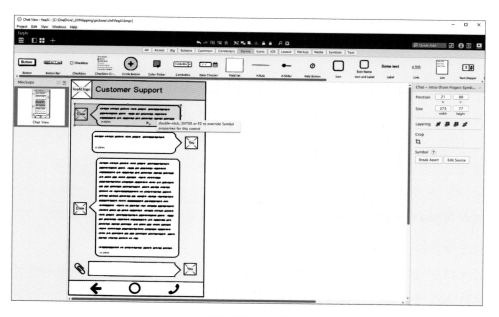

발사믹 목업 3.5.9 버전

대체로 충실도가 낮으면 커뮤니케이션의 이점이 분명하다. 낮은 충실도의 와이어프레임은 세부 묘사나 완성도가 부족하고, 대개 스케치 형태를 띄기 때문에 사람들이 쉽게 평을 하거나 비판을 하고, 또는 완전히 다른 방향을 제안하기도 쉽다. 그리고 이 와이어프레임은 빠르고 쉽게 만들 수 있으므로, 작업하는 사람들이 디자인에 신경을 쓰지 않아도 되며 쉽게 이러저러한 제안을 받아들일 수 있다. 그리고 이런 접근 방법은 여러분의 옵션을 열어 두게 만드는 효과도 있다. 여러분이 시각적 언어, 스타일을 찾고 글꼴을 선택하거나 디자인 요소의 퀄리티를 높이는 데 시간을 허비하지 않는다면, 여러분은 처음부터 무엇이 중요한지(당연히 사용자!) 깨닫고 멋진 사용자 경험을 만드는 데 집중할 수 있을 것이다.

 여러분은 와이어프레임에 실제 콘텐츠를 넣지 않아도 되며, 대신 로렘 입숨(lorem ipsum)을 사용한다. 이 립숨(lipsum)은 자리 표시자에 일반적으로 채워 넣는 더미텍스트를 의미하는 것으로, 키케로(Cicero)의 '최고의 선과 악에 대해서(De finibus bonorum et malorum)'에서 유래했다. 또한 인터넷에서 임의의 텍스트를 복사해 붙여 넣을 수도 있고, 꼬불꼬불한 선으로 표시할 수도 있다. 발사믹에서는 텍스트 블록과 텍스트 라인을 후자의 스타일로 표시한다(기본 설정값). 최악의 사례로, 텍스트 블록을 빈 공간으로 남겨 둘 수도 있지만 오해를 불러일으킬 수 있으므로 권장하지 않는다.

누구든 낮은 충실도의 와이어플로우를 제작하거나 그 와이어플로우에 무언가 추가하면서 작업에 참여한다. 심지어 디자인, UX, 소프트웨어 관련 지식이 없는 사람들도 이 와이어플로우를 사용하면 아이디어를 구체화하는 데 도움이 된다. 4장의 와이어플로우 개선 워크샵WIW, Wireflow Improvements Workshop 섹션에서 와이어프레임의 중요성에 대해 살펴볼 것이다. 전에 말했듯이, 나는 첫 와이어프레임은 혼자 제작하는 것을 좋아한다. 하지만 이후 버전에서는 인쇄된 와이어플로우에 사람들이 가볍게 손으로 쓱쓱 아이디어를 그려야 도움이 된다.

낮은 충실도의 와이어프레임은 훨씬 비용이 적게 든다. 따라서 빨리 시도해보고 빨리 실패 여부를 확인하는 페일페스트fail-fast식 접근방법에 더 유용한 측면이 있다. 이 와이어프레임은 보통 색상, 브랜딩 요소를 포함하지 않지만, 항상 그런 것은 아니다.

낮은 충실도의 와이어프레임은 프로젝트의 초기 단계, 아이데이션 단계에 적합하다. 다른 사람들과 커뮤니케이션을 하거나 실험을 하기에 용이하기 때문이다. 종종 팀에선 어떤 디자인 또는 UI/UX 솔루션 유형이 눈에 익을 것이다. 그들은 쉽게 구현하는 방법을 알고 있지만, 이는 사용자에게 최상의 솔루션이 아닐 수 있다. 이 단계에서 낮은 충실도의 와이어프레임은 다양한 접근 방식이나 솔루션을 실험하고 충돌시키기에 완벽한 환경을 제공한다.

낮은 충실도의 와이어프레임은 전반적으로 커뮤니케이션을 명확하게 할 수 있도록 한다는 점이 가장 큰 특징이다. 이러한 접근은 작업자로 하여금 옵션을 열어 두게 만든다. 시각 언어, 스타일을 만들어 나가거나 글꼴을 선택하는 등의 디자인 요소를 미세하게 완성도를 높이고자 시간을 허비하지 않고, 프로젝트 첫날부터 정말 중요한 사용자에 집중할 수 있으며, 훌륭한 사용자 경험을 만드는 일에 집중할 수 있다.

높은 충실도의 와이어프레임

화면에 세부 사항을 계속 추가하고 화면의 완성도를 높이면, 더 높은 충실도의 와이어프레임이 만들어진다. 사실 낮은 충실도와 높은 충실도 사이에 엄격한 구분은 없다. 이 둘은 서로의 극단에 있다. 매우 충실도가 높은 와이어프레임은 완성된 화면처럼 보인다. 높은 충실도의 와이어프레임은 실용적 목적으로 스케치 렌더링을 사용하지 않는다. 대신 선은 선명하게, 경계는 잘 구분되게, 레이아웃이나 정렬은 잘 정리한다. 이 와이어프레임은 일반적으로 회색 톤보다는 다양한 색상을 사용하며, 가능하면 자리표시자로 요소들을 표시하지 않고 브랜딩 요소를 직접 사용한다.

그들은 상당히 많은 시간과 리소스를 투자하며 보통은 제작하기 더 까다롭다. 이 와이어프레임에는 틀림없이 더 많은 기술이 필요하고 때로는 시각 디자이너, UX 디자이너가 브랜드 팀, 프론트엔드 등 다른 팀들과 함께 작업해 제작한다. 또한 좀 더 복잡한 소프트웨어 솔루션이 필요하다. 사람들은 어도비 포토샵, 일러스트레이터, XD^{Experience Design}, 스케치, 액슈어 RP^{Axure RP}를 사용한다.

액슈어 RP(버전 8.0.0.3323)를 사용해 동일한 솔루션을 다시 작성해보자. 높은 충실도의 와이어프레임은 비용이 많이 드는 방식이며, 제작하는 데 많은 시간이 필요하다. 이 섹션에서 높은 충실도 예제를 만드는 것은 낮은 충실도보다 다섯 곱절은 더 걸린다. 아마 AI인 엘리스^{Elise}와 사용자 사이의 대화에 너무나 많은 시간을 할애할 것이고, 그 다음으로 다시 높은 충실도의 와이어프레임 제작에 필요한 구체 사항에 많은 준비가 필요하다.

액슈어 RP 8로 만든 높은 충실도의 와이어프레임 예제

높은 충실도의 와이어프레임을 만들 때, 실제 콘텐츠나 되도록이면 현실에 가까운 콘텐츠를 원한다. 실제 콘텐츠를 얻을 수 없다면, 로렘 입숨을 쓰겠지만, 대부분의 이해관계자는 높은 충실도의 와이어프레임에 실제 콘텐츠(또는 실제 같은 콘텐츠)가 적용된 버전을 선호할 것이다.

높은 충실도의 와이어프레임이 가진 단점이 너무 많은데도, 왜 사람들은 높은 충실도의 와이어프레임을 만들까? 이유는 아마 건축에서의 3D 렌더링과 동일할 것이다. 사람들은 사물이 어떻게 생겼는지 알고 싶어한다. 낮은 충실도의 와이어프레임은 많은 상상력과 시각적 사고가 필요하다. 와이어프레임의 충실도가 높으면, 그 와이어프레임을 클라이언트에게 이메일로 보내 실제 모습은 이와 같을 것이라고 이야기할 수 있다. 상상의 여지가 없다. 이 와이어프레임은 커뮤니케이션을 수월하게 할 것이고, 기술을 잘 모르는 사람들은 높은 충실도의 와이어프레임을 본 후에 프로젝트에 리소스 투입 결정을 내릴 가능성이 훨씬 높다.

높은 충실도의 와이어플로우는 프로젝트 후반에, 래피드 프로토타이핑(rapid prototyping) 전에 만드는 게 가장 좋다. 액슈어 RP 같은 래피드 프로토타입 소프트웨어를 사용하면 높은 충실도의 와이어프레임을 높은 충실도의 프로토타입으로 변환시킬 수 있다. 와이어프레임과 프로토타입을 동일한 소프트웨어를 사용해 만들면, 시간도 절약할 수 있고 전환하는 데 많은 노력을 들이지 않아도 된다. 버그, 해상도, 정렬, 텍스트 변환, 색상 차이 등 다른 소프트웨어로 만든 와이어프레임을 가져올 때 발생하는 문제들을 걱정할 필요가 없다.

솔루션에 대한 명확한 이해와 계획이 선제된다면, 높은 충실도의 와이어플로우는 훌륭하게 제작된다. 하지만 충실도에 상관 없이, 항상 사용자에게 초점을 맞추고 뛰어난 경험을 제작해야 한다.

예전에 일정이 매우 촉박하면서도 중요한 앱 프로젝트를 수행한 적이 있다. 당시 함께 작업했던 개발 팀 리더는 충실도 수준이 높은 와이어프레임과 프로토타입을 제작하자고 했다. 사실, 긴급하지 않거나 중요하지 않은 프로젝트는 없다. 하지만 그 프로젝트는 진짜 시급을 다투는 프로젝트였다. 우리는 평소 했던 것처럼 사용자 스토리 지도를 시작했다. 빨리 받아들여질 수 있는 페르소나, 과업 모델, 여정 지도를 만들었다. 그리고 회의에서 나는 충실도가 낮은 와이어프레임을 보여줬다. 그때 프로젝트 마감이 5주 밖에 안 남았음에도, 그는 내게 언제쯤 진짜 앱을 볼 수 있는지 물었다.

나는 항상 고객을 기쁘게 하기 위한 장기적 관점에서의 가치를 희생하지 않으려 최선을 다한다. 개발 팀 리더가 UI 디자인이 빨리 나오길 바란 것은 분명했다. 시간이 충분히 남았다고 생각됐기 때문에, 나는 팀원들에게 다음 회의를 위해 (프로젝트에서 수용된 낮은 충실도의 와이어프레임을 기반으로) 높은 충실도의 와이어프레임을 제작해달라고 요청했다. 이 와이어프레임은 '변경 A' 버전이 됐다. 다행히 마감일은 꽤 남았기 때문에(우리 분야에선 5주면 넉넉한 일정이다), 낮은 충실도의 와이어프레임 작업을 계속해 나갔다. 우리는 이 프로젝트를 '포크 B'로 불렀다. 우리는 '포크 B' 프로젝트에 많은 공을 들였다. 실제 사용자들을 테스트하고 경쟁사 분석을 하고 맥락적 리서치를 진행해, 사용자에게서 발견한 것들을 발견할 때마다 지속적으로 낮은 충실도의 와이어프레임을 개선해나갔다. 우리는 사전에 프로젝트 예산에 동의했고, 그래서 개발 팀 리더는 이런 접근 방식에 약간은 의아해했다. 그래서 그는 나를 개인적으로 불러, 내 기준이 지나치게 높고 스타트업 같지 않다고 말했는데, 나는 이 말을 칭찬으로 받아들였다.

그는 마감 3주 전에 '변경 A'에 대한 작동하는 프로토타입을 받았고, 정말 좋아했다. 초반의 강한 판단력과 좋은 직감은 사용자 경험을 위한 수용 가능한 UI로 이어졌다. 그러나 마감일 전에 훨씬 나아진 버전을 약속했고, 그는 '포크 B'의 낮은 충실도로 작업중인 와이어프레임과 '변경 A'의 높은 충실도로 완성된, 클릭 가능한 프로토타입을 비교했다. '변경 A'가 이겼다. 그때 개발 팀 리더는 설득이 어려운 벽창호 같았다. 그는 작업을 시작하길 원했고, 그의 팀은 곧 '변경 A' 솔루션을 기반으로 프로젝트 작업을 시작했다. 마감일 하루 전, 나는 전설적인 '포크 B'의 충실도가 높은 와이어프레임을 그에게 선물했다. 그는 나에게 감사의 인사를 했고, 버려진 프로젝트의 무덤 같은, 어둡고 습기 찬 폴더에 파일을 사장시켰다. 낮은 충실도의 와이어프레임이 우수한 사용자 경험을 제공하더라도, 높은 충실도의 와이어프레임을 능가할 수 없다는 것을 깨달았다. 이게 이 이야기의 끝일 수도 있다.

하지만 첫 번째 앱이 성공적으로 출시된 후, '포크 B'는 기적적으로 어둠의 폴더에서 풀려났다. 그는 앱의 두 번째 버전에 대한 개발을 시작했다. 이 버전은 '포크 B'를 기반으로 진행했으며, 첫 번째 버전에서 학습된 내용도 반영했다.

▌ 발사믹 목업으로 와이어프레임 제작하기

발사믹 목업$^{Balsamiq \ Mockups}$은 스케치처럼 생긴, 낮은 충실도의 와이어프레임을 제작하는 데 사용되는 훌륭한 디지털 도구다. 레이아웃, 콘텐츠, 이미지, 내비게이션, 기술 이슈 사이에서 길을 잃지 않고, 비전과 우선 순위에 집중할 수 있다. 아마 손으로 그린 스케치 와이어프레임 형태와 가장 가깝게 (회의 중에서 만든 것이나 술집에서 냅킨에 적은 것처럼) 디지털 버전을 만드는 도구일 것이다.

일반적인 UI 요소들은 화면 상단의 UI 라이브러리에서 찾을 수 있다. UI 요소들이 들어있는 패널을 찾지 못하면, Show UI Library$^{UI \ 라이브러리 \ 표시}$(🔲) 버튼을 클릭하거나 Ctrl + L (mac의 경우 command + L) 키를 눌러, UI 라이브러리를 표시하거나 숨기면 된다.

발사믹에는 기본적인 UI 요소들을 제공하고 있으며, 필요한 경우 **목업투고**$^{Mockups \ To \ Go}$ (https://mockupstogo.mybalsamiq.com)에서 다른 컴포넌트들을 추가로 다운로드할 수 있다. 목업투고는 발사믹 목업에서 사용할 수 있는 여러 인터페이스 라이브러리와 템플릿이 저장된 공간으로, 커뮤니티에서 제작된 콘텐츠들이 공유된다. 여러분 또한 기본 빌딩 블록으로 재사용할 수 있는 심볼을 만들 수 있다(곧 경험하게 될 예정). 가장 기본적인 요소는 Rectangle$^{Canvas, \ Panel}$(사각형$^{캔버스, \ 패널}$)이다.

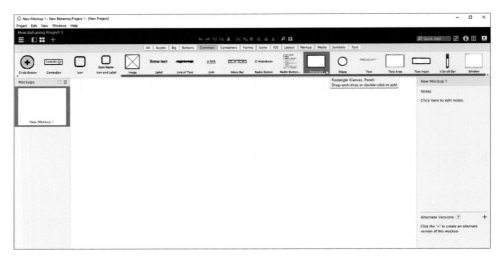

Rectangle(사각형) 요소 추가하기

시작 화면으로 faqAI 버튼을 표시하기 위해 사이트 전체를 모형으로 만들 수도 있고, 버튼을 먼저 만들고 뒤에 사이트를 제안할 수도 있다. 커뮤니케이션을 단순하게 유지하기 위해, Window^{윈도우} UI 요소를 사용해 웹사이트를 간단히 그린다. Common^{일반}이라고 적힌 UI 요소들 중에 해당 요소를 찾을 수 있으며, 또는 인터페이스의 우측 상단에 있는 Quick add^{빠른 추가} 입력창에 Window를 타이핑해 넣을 수도 있다. 모든 인터페이스 요소는 발사믹 윈도우 우측에 있는 속성 관리자에서 옵션을 변경할 수 있다. 속성 관리자가 열려 있지 않으면, 상단의 View^뷰 메뉴로 가서 Inspector^{속성 관리자}를 선택한다. Window^{윈도우}를 그린 다음, 세로 스크롤 바, 버튼, 드래그 핸들, 제목 등을 Window 위에 추가할 수 있다.

172

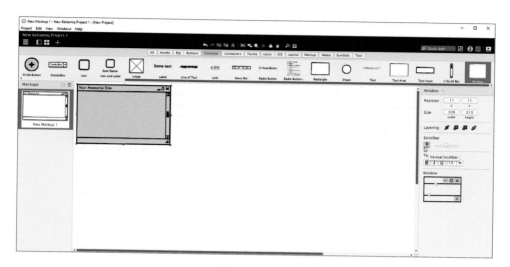

Window(윈도우) 옵션을 변경하기

앞서 언급했듯, 사이트에 어떤 버튼이 있고 그 아래 콘텐츠가 있다고 간단히 표시만 할 것이다. 채팅 버튼을 추가할 때 기술적 측면에 관심이 있다면, 그 버튼을 맨 아래 오른쪽에 배치하고 Z-인덱스를 999로 해 맨 앞에 고정시킨다. 그러면 그 버튼은 항상 보여지게 된다. 먼저, 뒤에 콘텐츠가 있는 것처럼 표현하기 위해 Scratch-Out^{스크래치아웃}(UI 라이브러리에서 Markup^{마크업}을 눌러 쉽게 찾을 수 있다)'을 추가한다. Scratch-Out이 선택된 상태에서, 투명도 슬라이더를 사용해 Scratch-Out의 투명도를 거의 보이지 않게 설정한다.

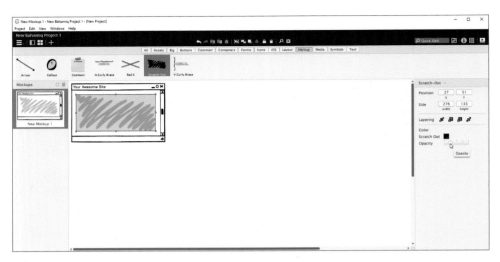

Scratch-Out(스크래치아웃) 사용하기

그 다음, 일반 버튼 하나를 추가한다. UI 라이브러리의 Buttons^{버튼}을 눌러 여러 버튼을 확인할 수 있다.

속성 관리자에서 새 버튼에 넣을 아이콘을 찾을 수 있다. 발사믹은 Font Awesome Icon Set^{글꼴 아이콘 세트}에서 다양한 아이콘을 카테고리별로 제공한다. 어떤 아이콘을 넣어야 할지 찾기 어렵다면, 화면 하단에 채팅 같은 일반 용어를 입력해 아이콘을 찾을 수도 있다. 아이콘을 선택한 다음, 하단에 있는 슬라이더를 사용해 해당 아이콘의 크기를 XS^{엑스트라 스몰}에서 XXL^{엑스트라 엑스트라 라지}까지 설정한다.

특정 요소가 선택된 상태에서 **F2** 또는 **Enter** 키를 눌러 해당 요소의 텍스트를 편집할 수 있다. 대부분의 경우는 요소를 두 번 클릭해 텍스트를 편집할 수 있는데, 어떤 요소의 경우 두 번 클릭하면 다른 기능으로 동작하는 경우도 있다. 예를 들어, 이미지 요소는 두 번 클릭하면 이미지가 선택된다.

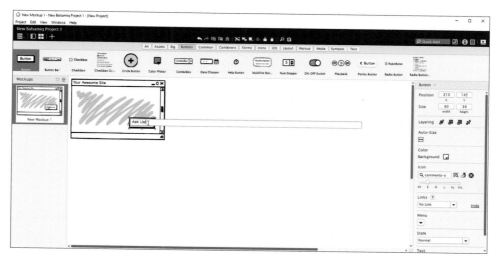

특정 요소의 텍스트 편집하기

발사믹에서 버튼 같은 항목을 선택하면, 테두리 주위에 여덟 개의 작은 사각형 핸들이 생긴다. 그 핸들은 항목의 크기를 조정하는 데 사용되며, 핸들 중 하나를 클릭하면 커서가 변경된다. 발사믹에선 항목을 이동하거나 크기를 조정할 때 스마트 가이드가 동작해 캔버스의 다른 객체를 기준으로 선택한 항목을 자동으로 맞춰준다. 이 가이드는 항목들의 정렬을 맞출 때 매우 도움 되며, 이로 인해 더 나은 레이아웃이 만들어진다.

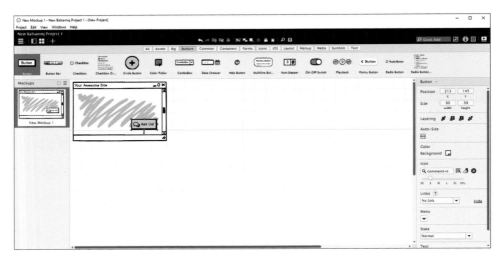

요소 위치 및 크기 조정

그러나 때로는 항목을 자유롭게 이동하거나 크기를 조정하고 싶을 수 있다. 항목을 이동하거나 크기를 조정할 때 **Ctrl** 키(mac의 경우 command 키)를 누른 채 움직이면 일시적으로 스마트 가이드를 해제할 수 있다.

첫 번째 와이어프레임을 지나서

일반적으로 와이어플로우를 작성할 때는 각 와이어프레임당 하나의 목업을 만들어 마지막 목업까지 하나씩 제작해 나간다. 이렇게 하려면 먼저 **New Mockup 1** 이름을 변경해야 한다. 화면 왼쪽에 모든 목업이 나열된 탐색기가 있다. 활성 목업을 두 번 클릭하면 이름 바꾸기 창이 나타난다.

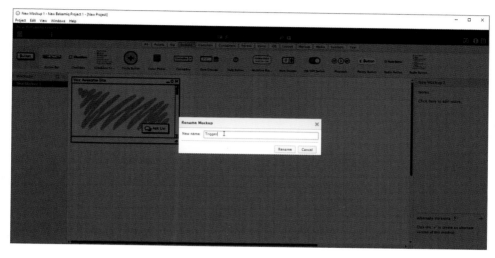

목업 이름 변경하기

프로젝트는 본질적으로 목업, 애셋, 심볼들의 모음이다. 프로젝트를 저장해야 한다는 것은 말할 필요도 없다. Project^{프로젝트} › Save Project^{프로젝트 저장} 또는 Ctrl + S(mac의 경우 command + S) 키를 눌러 저장할 수 있다. Project^{프로젝트} 메뉴에 Auto Save Every Change ^{변경사항 발생 시 오토 세이브} 기능이 있는데 이 기능을 체크해 활성화시켜 두자. 노트북 배터리가 꺼지거나 키우던 고양이가 8초 동안 전원 버튼을 밟아 작업한 내용을 날리지 않도록 해준다.

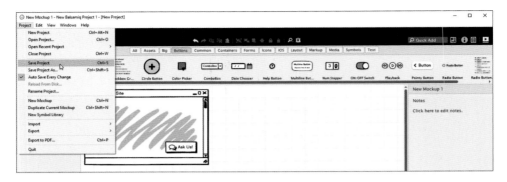

프로젝트를 저장하자!

프로젝트를 저장한 다음, 와이어플로우의 다음 와이어프레임에 필요한 새 목업을 추가한다. Project^{프로젝트} ➤ New Mockup^{새 목업} 또는 Ctrl + N(mac에서는 command + N) 키를 눌러 새 목업을 추가할 수 있다.

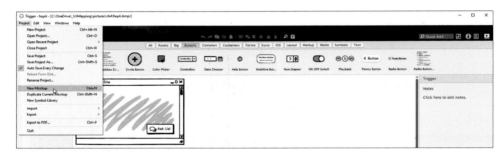

새 목업 만들기

채팅 뷰 화면을 구체화한 와이어프레임의 경우, 새로운 요소 유형인 Image^{이미지}가 필요하다. 이 요소의 디폴트는 안에 X가 있는 상자 모양이다. 어떤 콘텐츠가 안에 담길 것인지에 관해 설명할 수 있는 텍스트를 추가할 수 있다. 텍스트를 편집하려면 Enter 키 또는 F2 키를 누른다.

채팅 뷰 와이어프레임 시작하기

Image^{이미지} UI 요소의 가장 큰 특징은 실제 이미지를 삽입할 수 있다는 점이다. 속성 관리자에서 Import from Disk...^{디스크에서 가져오기} 버튼을 클릭하거나 캔버스에서 요소를 두 번 클릭해 이미지 파일 선택창에서 특정 파일(예: 앱 로고)을 선택할 수 있다.

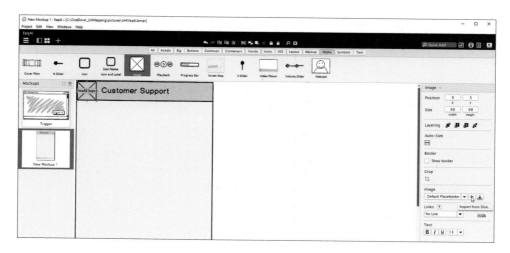

이미지 요소 추가하기

이렇게 하면 X자 표식이 있던 사각형이 방금 선택한 이미지로 대체된다. 투명한 배경을 가진 로고를 가져오려면 PNG 파일로 저장된 파일을 사용한다.

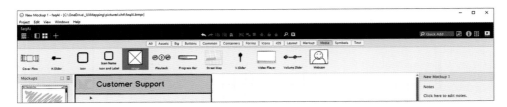

X자 표식을 실제 이미지로 바꾸기

이제 다채로운 색상의 고해상도 로고가 스케치 모양의 회색 톤 와이어프레임 위에 얹어졌다. 하지만 로고가 와이어프레임과 어울리지 않는데, 이 문제를 해결하기 위해 속성 관리자 안의 **Sketch it!**^{스케치하기} 체크박스를 클릭해 이미지를 스케치 모양의 회색 톤 이미지로 변환한다.

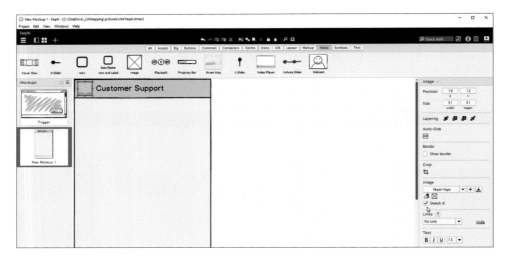

이미지를 회색 톤으로 변환하기

다른 UI 요소로도 실험해보자. 예를 들어, 상단 iOS 안의 Popover^{팝오버}를 눌러 말풍선 요소를 추가하고, 속성 관리자에서 말풍선 전체와 말풍선 꼬리 부분의 위치에 대한 설정을 한다. 낮은 충실도의 와이어프레임을 사용하는 목적은 보는 사람에게 정확한 디자인이나 레이아웃을 보여주는 게 아니라 우리가 달성하고자 하는 바를 보여주는 것이다.

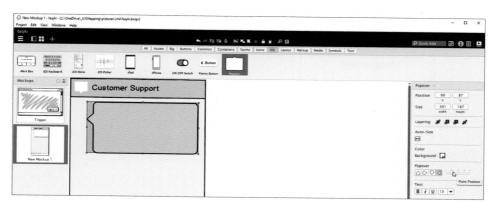

Popover(팝오버) 요소를 사용해 말풍선 추가하기

충실도가 낮은 와이어프레임의 장점 중 하나는 실제 콘텐츠를 추가하지 않아도 된다는 점이다. 나는 로렘 입숨이 아닌 발사믹의 꼬불꼬불한 선 모양을 선호한다. 우리가 실제 내용이 담긴 텍스트를 추가하지 않으면 Block of Text^{텍스트 블록}의 기본 형태, 꼬불꼬불한 선 모양은 계속 유지된다.

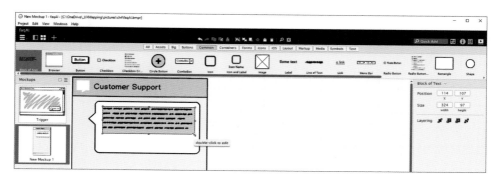

Block of Text(텍스트 블록) 사용하기

여러 줄이 아닌 한 줄 텍스트를 입력하려면, 대신 Line of Text^{한 줄 텍스트} 요소를 사용한다.

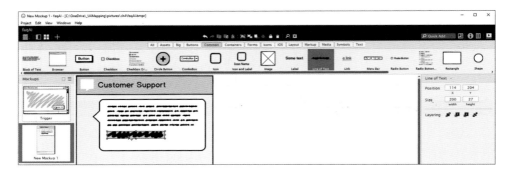

한 줄 텍스트 넣기

나중에 해당 요소에 실제 텍스트를 추가하고 싶다면, 해당 요소를 두 번 클릭하거나 Enter 키 또는 F2 키를 눌러 편집한다. 편집하면 꼬불꼬불한 선 대신 입력한 텍스트가 표시된다. 이 기능은 우리의 와이어프레임이 지속적으로 개선되면서 매우 적절하게 사용된다.

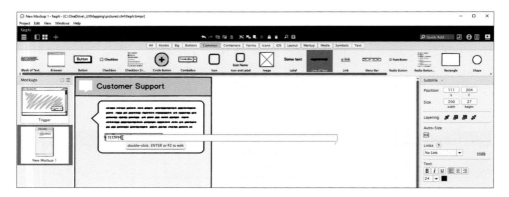

실제 텍스트를 추가하기

그래픽 요소가 들어갈 자리표시자를 추가하려면, Icon^{아이콘} UI 요소를 사용한다. Inspector^{속성 관리자}에서 추가할 항목을 검색하고 기본 모양을 모서리가 둥근 사각형에서 아이콘으로 변경할 수 있다. 90° 회전 버튼(🔄)을 사용해 아이콘을 회전할 수도 있다. 회전 기능은 당연히 있을 것 같은 기능이지만 발사믹에서는 그렇지 않아서, 언젠가 발사믹도 어도비 일러스트레이터나 액슈어 RP처럼 모든 요소를 자유 회전할 수 있도록 만들었으면 한다.

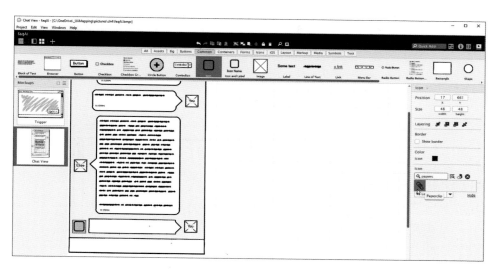

아이콘 UI 요소

대부분의 와이어플로우는 약간의 차이점을 제외하고는 거의 비슷한 와이어프레임으로 구성돼 있다. 여기서 Duplicate복제 옵션이 유용하게 사용된다. Mockups목업에서 마우스 오른쪽 버튼으로 클릭해 와이어프레임을 복사하고, 수정할 수 있다.

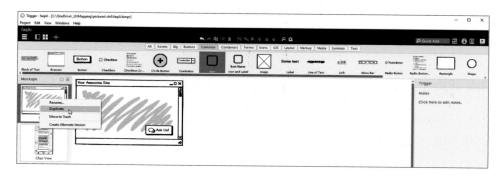

와이어프레임 복사하기

예를 들어, 사용자가 잘 알아볼 수 있게 하는 보조적인 트리거도 쉽게 만들 수 있다. 첫 몇 초간은 가만이 있다가 곧 정보를 보여준다. 사이트에서 같은 경로를 계속 뺑뺑 돌거나, 탭 사이를 왔다갔다하거나, 몇 번 위아래로 스크롤하는 등 사용자에게 도움이 필요한 상황에서 동작 방식에 대한 단서를 찾을 수 있게 하는 것이다. 이 트리거의 크기는 더 크게 제공될 수 있으며, 트리거는 행복하고 친절한 표정의 사람 얼굴, 큰 버튼, 닫기 옵션으로 구성된다. 행복한 얼굴 이미지 삽입을 위해 Media ^{미디어} ❯ Webcam ^{웹캠} UI 요소를 사용한다.

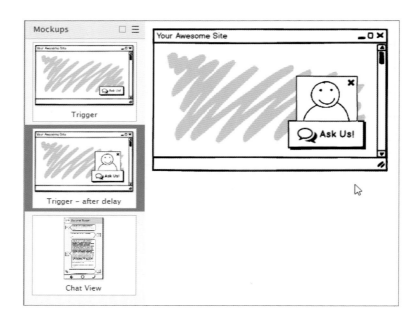

심볼 만들기

심볼은 재사용 가능한 요소들의 그룹으로, 와이어프레임 제작 속도를 높이기 위해 만든다. 심볼은 이 기능을 일컫는 일반적인 이름이지만, 어도비 애니메이트 CC 2017 같은 일부 소프트웨어 프로그램에서는 심볼이 다르게 동작하기 때문에 오해의 여지가 있다.

그리고 그 심볼들은 더 강력하고 중첩 가능하며 여러 유형으로 나뉜다. 반면, 발사믹은 단순함이 강점이며, 이는 심볼도 마찬가지다.

와이어플로우를 만들기 위해 보통 각 와이어프레임을 심볼로 변환한다. 이렇게 하려면 먼저 마우스를 한쪽 모퉁이에서 반대쪽 모퉁이로 드래그해 와이어프레임의 모든 항목을 선택한다.

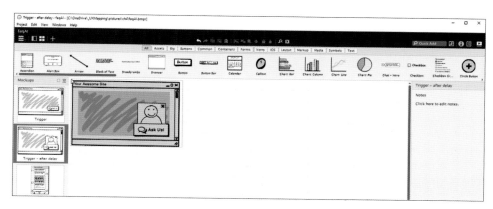

와이어프레임 콘텐츠들을 선택하기

모든 항목을 선택했으면, 와이어프레임의 선택된 내용들을 그룹화해야 한다. Edit^{편집} ❯ Group^{그룹}을 선택하거나 Ctrl + G(mac에서는 command + G) 키를 누른다.

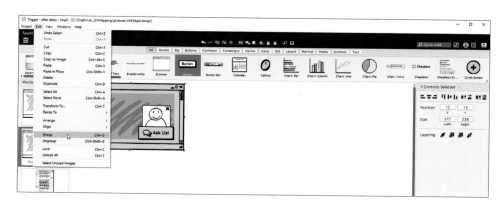

내용들을 그룹핑하기

그룹핑되면 푸른색으로 변한다. 속성 관리자에서 새 그룹의 이름을 지정한 다음 Convert To Symbol^{심볼로 변환}을 클릭한다.

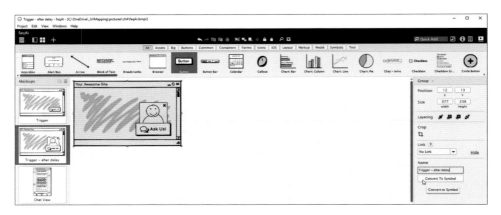

그룹핑된 내용들을 심볼로 변환하기

심볼로 변환하면, 심볼은 푸른색 대신 초록색을 띠게 된다. 아래 예제를 보면, UI 라이브 러리에 심볼들 중 해당 심볼을 볼 수 있다(아마 처음 심볼을 변환한 것이라면, 심볼 중 첫 번째 이자 유일한 심볼일 것이다).

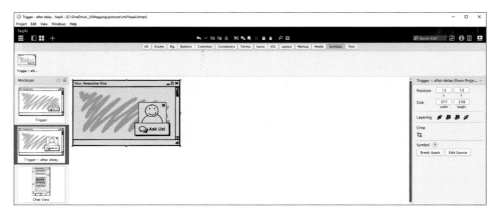

심볼로 변환된 와이어프레임

채팅 설문 조사

와이어프레임을 제작하는 데 있어 또 다른 중요한 단계는 채팅 설문 조사 단계다. 솔루션을 개선하기 위한 목적으로 채팅을 통해 사용자들로부터 피드백을 받는다. 사람들은 설문 조사를 길게 하면 싫어하기 때문에, 쉽고 빠르게 그리고 설문 조사 같지 않게 진행해야 한다. 설문의 또 다른 목적은 faqAI가 사용자 문제를 해결하지 못했을 때를 대비해 인적 지원 차원에서 대비책을 마련하기 위함이다.

사람들은 실제 생활, 디지털 리뷰 등 많은 곳에서 별표 평점을 접하고 있고, 이 원리를 이해한다. 그래서 우리는 1–5점 척도로 진행한다. Icon^{아이콘} 요소로 5개의 별을 생성한다. 별들의 간격을 수동으로 조절하는 건 상당히 어렵겠지만, 다행히 5개를 모두 선택하면 속성 관리자에서 정렬 옵션을 볼 수 있다. 여기에서 가장 유용한 것은 Space Out Horizontally^{가로로 동일 간격 맞추기} 기능이다.

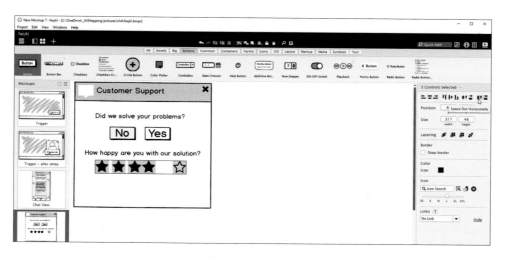

가로로 동일 간격 맞추기

발사믹은 대부분의 요소(버튼 등)에 투명도 조절 기능을 지원하지 않는다. 버튼을 흐려지게 만들려면, 흰 직사각형을 만들고 직사각형의 속성 관리자에서 투명도 슬라이더를 드래그해 투명도를 75%로 설정한다.

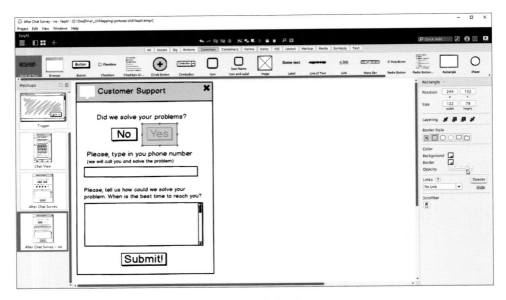

버튼 흐려지게 만들기

특히 심볼을 중첩시켜 제작할 수 있는 소프트웨어에 익숙한 사람들에게 공통적으로 발견되는 문제는 Convert to Symbol^{심볼로 변환} 버튼이 비활성화되는 상황이다. 이 문제를 해결하려면 그룹을 두 번 클릭해 내용을 편집해야 한다.

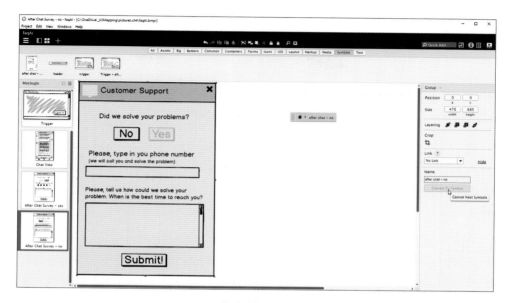

그룹의 내용 편집하기

그룹의 내용을 편집할 때, 안에 있는 모든 심볼을 찾아 선택한 후 **Break Apart**^{분리} 버튼을
클릭한다. 그룹 안에 심볼이 없어야 그 그룹을 심볼로 변환할 수 있다.

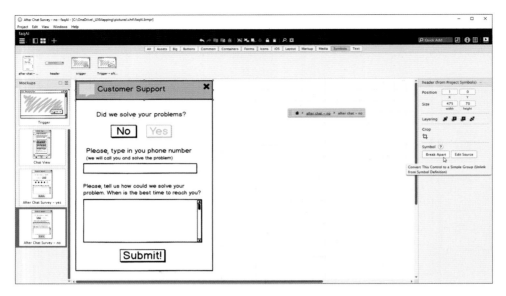

심볼들을 분리하고 하나의 그룹으로 변환하기

와이어플로우 만들기

이제 와이어프레임들을 마련했다. 다음으로 솔루션으로 사용자를 유도할 경로를 만들어야 한다. 각 와이어프레임의 내용이 담긴 심볼들이 준비됐으면, 심볼들을 모두 모아 경로를 만든다.

전체 와이어플로우를 보려면 메뉴에 있는 Zoom^{보기 비율 조정} 기능을 사용해 Zoom out^{축소}해야 한다. View^{보기} ❯ Zoom^{보기 비율 조정} ❯ Zoom Out^{축소} (아래의 스크린샷 참고) 또는 Ctrl + − 키보드 단축키(macOS에서는 command + −)를 누른다.

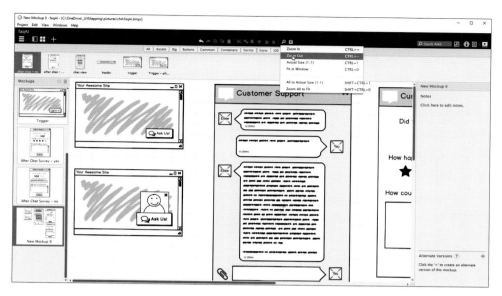

전체 와이어플로우를 보기 위해 축소 기능 사용하기

심볼을 정렬한 후 Markup^{마크업} UI 필터 그룹의 Arrow^{화살표}를 사용해 심볼들을 연결할 수 있다. 획 스타일, 투명도, 레이블 추가, 화살촉 등을 설정할 수 있다. 화살표를 그리면 3 개의 핸들이 나타난다(시작, 끝, 중간 지점). 중간 지점의 핸들은 화살표에 곡률을 추가하는 데 유용하다.

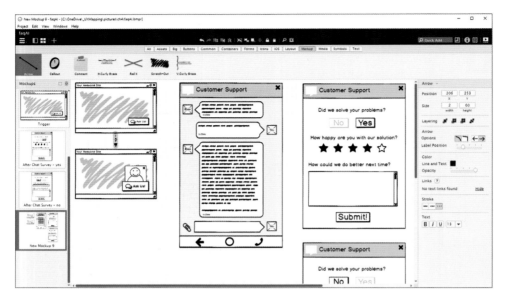

화살표 추가하기

때때로 와이어플로우에 주석을 달면 이해하기 쉽다. 예를 들어, V.Curly Brace세로 중괄호를 사용해 트리거가 눈에 잘 띄게 변환하는 시점을 구체적으로 적는다. 세로 중괄호 외에도 Comment코멘트 달기 기능과 Callout호출하기을 사용해 와이어플로우에 주석을 달 수 있다.

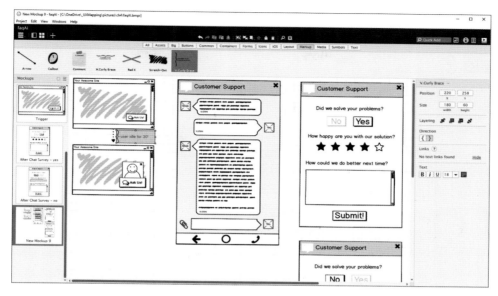

와이어플로우에 대한 주석

마지막으로 화살표를 만들 때, 모든 화살표를 선택하고 속성 관리자의 색상 피커 기능을
사용해 특정 색상으로 지정할 수 있다. 이 기술은 몇 번의 클릭만으로 많은 요소의 스타
일을 변경하는 데 사용된다.

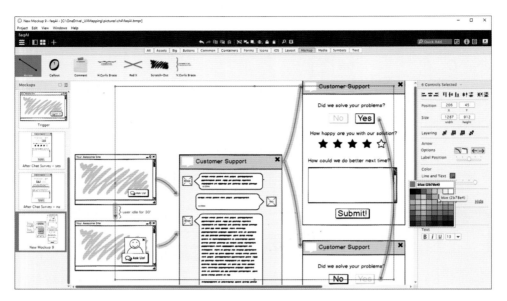

화살표 색칠하기

이제 솔루션을 위한 최종 와이어플로우를 완성했다. 다음으로 제품을 계획해야 한다. 제품을 탐구하고 의논하고 창조할 만반의 준비가 됐다.

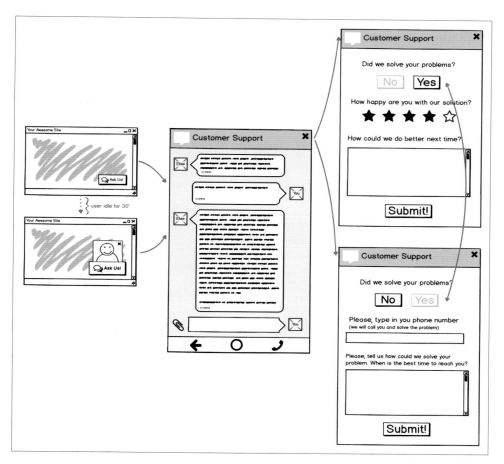

완성된 와이어플로우

여러분이 덜 단순한 모양으로 만들기로 했다면, 높은 충실도의 와이어플로우로 다듬어야 한다. 발사믹의 렌더링 스타일을 Project Information^{프로젝트 정보} 페이지에서 변경할 수 있다. 발사믹 창의 오른쪽 상단 모서리에 있는 Show Project Info^{프로젝트 정보 표시} 아이콘(▤)을 클릭해 볼 수 있다. 또는 메뉴에서 View^{보기} ❯ Project Information^{프로젝트 정보}을 선택해 볼 수도 있다. 이 패널을 사용해 프로젝트 설명을 추가하고, 기본 글꼴 종류와 크기를 설정하며, 링크와 색상을 지정할 수 있다. 그러나 이제는 와이어프레임의 Skin^{스킨} 또는 렌더링 스타일을 설정한다. 이렇게 저렇게 한번 해보자. 여러분은 어떤 스타일이 이해관계자들의 반향을 불러 일으킬지 알아야 한다.

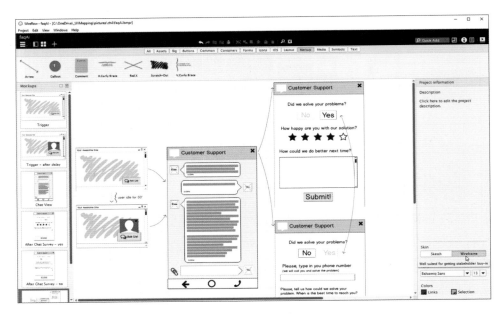

프로젝트 정보 패널

마지막으로 와이어플로우 단계를 마무리하는 의미에서 와이어플로우 목업을 외부 파일로 변환해 내보낸다. PNG 포맷을 권장한다. Project^{프로젝트} ❯ Export ^{내보내기} ❯ Current Mockup to PNG^{현재 목업을 PNG로 변환하기} 기능을 사용한다. 또는 Ctrl + R 키나 command + R 키를 누른다.

▌ 와이어플로우 개선 워크샵

와이어프레임을 위한 최상의 검증, 개선 방법은 실제 사용자를 테스트하는 것이다. 5장에서는 테스트 설계를 하고 실제 사용자를 대상으로 테스트할 것이다. 때로는 원하는 만큼 사용자 테스트를 할 수 없다. 사용자 테스트에는 많은 자원, 시간, 비용이 소요된다. 자원이 제한적인 상황에서는 와이어플로우 테스트를 건너뛰거나, 아니면 최소 한 번 정도의 이터레이션 리뷰 과정을 거친 후, 대신 와이어플로우 개선 워크샵WIW, Wireflow Improvement Workshop을 수행한다. 실험실 또는 원격 사용자 테스트를 수행할 수 있으면 워크샵의 기본 자료로 활용된다. 인사이트는 오직 이런 이벤트에서 얻어져야 한다.

와이어플로우 개선 워크샵은 와이어플로우를 상당히 개선시킬 목적으로 관련 담당자가 함께 참여하는 회의다. 회의가 진행되는 동안 와이어플로우의 이터레이션 리뷰에 집중한다. 또한 많은 개선 아이디어를 공유, 토론하고 평가할 수 있는 커뮤니케이션 활동이기도 하다.

와이어플로우 개선 워크샵을 왜 해야 할까?

와이어플로우 개선을 통해 프로젝트를 완전히 바꿔 놓을 수 있으며 사용자 환경도 향상시킬 수 있다. 5분 정도의 채팅이라도, 토론을 하면 도움이 된다. 하지만 진정 다음 버전을 위한 영감을 얻고자 한다면 와이어플로우 개선 워크샵을 제안한다. 이 워크샵을 통해 합의를 도출할 수 있으며, 워크샵 참가자는 자신의 의견과 아이디어가 경청된다고 느껴서 프로젝트에 더욱 전념하게 된다.

확실한 커뮤니케이션의 이점으로 인해, 그리고 특히 비용이 저렴하기 때문에 이 워크샵을 진행하지 않을 이유가 없다. 그저 프린터, 펜 몇 개, 방만 있으면 된다. 또한 일부 내용을 조정해 온라인으로 진행할 수도 있다.

와이어플로우 개선 워크샵 실행

와이어플로우 개선 워크샵을 기획하고 진행하는 일은 꽤 재미있고 쉽다. 여러분이 외부 컨설턴트나 계약자인 경우에도 마찬가지다. 이제 워크샵을 위한 체크리스트를 소개할 것이다. 여러분은 이 체크리스트를 따를 수도 있고 아니면 완전히 자유 형식으로 진행할 수도 있다. 하지만 가장 중요한 것은 커뮤니케이션이 활발하게 일어나고 새로운 아이디어를 쉽게 낼 수 있도록 분위기를 조성해야 한다.

1. **참가자 초대하기** 적어도 2장 '사용자 스토리 지도 – 협업, 포스트잇으로 도출하는 요구 사항'에서 설명했던 4인조 회의의 핵심 인물들은 꼭 초대해야 한다. 참석자에 비즈니스 대표, 개발자, 테스터, UX 전문가가 포함돼 있는 경우, 더 많은 사람들을 초대하자. 물론, 사람이 많아지면 더 많은 아이디어를 얻을 수 있지만 회의를 잡기 어렵고 오래 걸린다. 그리고 이왕이면 신선한 관점을 가진 사람 (대개는 프로젝트에 참여하지 않은 사람, 인턴도 괜찮다) 위주로 초대하는 게 낫다. 10명 이상이면, 모든 사람을 참여시키기 어렵다. 워크샵 인원에 대한 이상적인 숫자는 7명이지만, 여러분 생각에 6명 또는 9명이었을 때 더 낫다고 느낀다면 그 숫자로 진행해도 상관 없다.

2. **와이어플로우 준비하기** 모든 참석자에게 와이어플로우 복사본을 이메일로 보내고 한 사람당 최소 2부씩 인쇄하자. 사람들은 이메일을 통해 미리 와이어플로우를 확인할 수 있으며, 출력물들은 워크샵에 이용된다. 삼림 훼손에 일조하려는 것은 아니지만, 믿어주길 바란다. 각 참가자마다 2부씩 필요하다. 너무 당연하지만, 여러분은 적는 도구도 나눠주려고 준비하고 있을 것이다. 이땐 펠트 펜이 최고이며, 특히 와이어플로우가 회색 톤이라면 컬러 펜이 좋다. 와이어플로우에 없는 색상으로 준비하자. 아니면 펜을 다량으로 준비해서 사람들로 하여금 좋아하는 색상을 고르게 할 수도 있다.

3. **소개하기** 잘못된 답은 없다고 알려주고, 모두가 가능한 한 많이 참여하고 커뮤니케이션해야 한다. 우리는 공통된 목표를 갖고 워크샵을 하는 것이므로, 기회를 다시 한 번 설명한다. 화이트보드가 있다면 큰 글씨로 기회를 써두자. 이 단계쯤 되면, 대부분의 사람은 기회에 대해 몇 번은 들었을 것이다. 하지만 다시 알려주면, 워크샵이 기회에 단단히 기반을 두고 진행될 수 있다. 또한 이 워크샵이 생소한 사람들에겐 워크샵이 어떻게 진행되는지 미리 알려주자.

4. **주요 과업** 사람들에게 솔루션으로 수행할 수 있는 과업 중 가장 중요하거나 일반적인 과업을 설명한다. 모든 사람은 각자 솔루션과 인터랙션하는 방법을 종이에 적는다. 이 과정은 모든 사람에게 쉽고 빠르게 진행돼야 한다. 사람들이 자신이 뭔가 하는 행동에 당혹스러워 한다면 그 단계의 인터랙션이 개선돼야 한다는 신호다. 와이어플로우를 만든 사람에겐 쉽고 간단하게 보이는 것도 사용자에겐 이해가 가지 않을 수 있고, 이 부분은 개선이 필요하다. 과업의 예는 다음과 같다. '여러분이 정말 원하는 세탁기를 찾고 구입한 다음, 고객 지원 부서에 질문을 한다.' 또는 '발렌타인데이에 꽃을 주문했는데 꽃은 도착하지 않았고, 오늘은 2월 15일이다. 여러분은 환불을 원하는데, 챗봇은 대신 꽃을 다시 보내려 한다.' 과업의 단계들을 표시하는 일은 손가락으로 터치할 곳을 그리는 것처럼 간단할 수 있다. 이것은 가장 중요한 단계가 될 것이며, 이 단계는 와이어플로우를 검증하고 주된 단점을 찾아낼 수 있다.

5. **이차 과업** 이번에는 사람들에게 두 번째로 일반적인 과업에 대해 이야기하고, 아까 적었던 종이에 가능하면 다른 색상으로 인터랙션을 표시해달라고 요청한다. 여러분의 솔루션이 하나의 간단한 과업에 맞춰져 있다면, 여전히 다양한 내용을 추가하거나 종이를 여러 번 돌릴 수 있다. 예를 들어, 결제 프로세스를 개선하려 한다면 다음과 유사한 두 번째 과업을 줄 수 있다. '장바구니를 다시 살펴본 후에 마음이 바뀌어서, 비슷한 셔츠 두 개를 사지 않고 하나만 필요하다고 가정해보자. 여분의 셔츠를 제외하고 모든 물품을 구입해보라.'

6. **인터랙션에 대해 토론하기** 인터페이스가 줄 인상에 중점을 둔다. 모든 참가자에게 인터페이스가 사용자 입력에 어떻게 반응하고 동작하는지 질문들을 해서, 참가자들을 적극적으로 참여시키자. 사용자는 무엇을 기대할까? 인터페이스 디자인은 어떻게 해야 더 명확해지고 구조화될 수 있을까? 기술적인 제약 사항이 있는가? 논의를 통해 누락된 기능, 인터랙션, 화면이 있는지 빠르게 파악한다.

7. **누락된 내용 추가하기** 이제 참가자들에게 와이어플로우의 두 번째 인쇄물을 주고 빠진 내용을 추가해달라고 하자. 동일 과업에 더 나은 인터랙션을 디자인할 수 있도록, 어수선하지 않게 정리할 수 있도록, 두 번째 인쇄물에 빠진 내용을 적게 한다.

8. **간소화** 참가자에게 필수적이지 않은 사항들을 없애달라고 하자. 선으로 간단히 그어서 없애면 된다. 하나의 독립된 동작 단계는 일반적으로 7–8단계 정도로 구성됐으면 할 것이다. 각 참가자가 개별적으로 누락된 요소를 추가하고 불필요한 과업을 제거하는 데엔 약 5분에서 10분 정도가 필요하다.

9. **개선 사항에 대해 토론하기** 모든 사람이 개선된 버전을 만들면, 그 버전들을 중심으로 토론을 한다. 사람들에게 180초 동안 본인의 솔루션을 설명해달라고 하자. 시간을 효율적으로 사용하자. 그렇지 않으면 회의가 길어지고 사람들은 이어서 진행하는 다음 워크샵을 피하려 할 것이다. 모든 사람이 차례로 자신이 만든 솔루션에 대해 이야기한 다음, 모든 아이디어를 어떻게 최종 개선 계획에 통합할지 토론한다. 그 자리에서 얼기설기 다 만들 필요는 없다. 나중에 만들어도 괜

찮다. 여기서 만들어진 결과물은 와이어플로우의 다음 버전이 된다.

10. **약속** 가장 중요한 약속은 다음 와이어플로우 버전을 내놓을 날짜와 시간이다. 다음 약속은 제안된 개선 사항, 토론에서 나온 의견들과 관련돼 있으면 한다. 예를 들어, 사람들이 기술적인 가능성에 확신하지 못하면 다음 행동은 기술적 가능성에 대해 조사하는 일이다.

워크샵이 끝나면 종이를 취합해, 다음 와이어플로우 버전의 기초 자료로 사용한다.

실제 와이어플로우 없이 와이어플로우 개선 워크샵을 진행하긴 어렵지만, 첫 번째 이터레이션 과정이 생성되기 전이라면 없이도 진행할 수 있다. 이 경우에는 빈 페이지를 주거나, 브라우저 창이나 휴대폰 화면, 또는 무엇이든 솔루션이 실행될 수 있는 약간의 프레임을 전달하면 된다. 여정 지도, 과업 모델이 작성돼 있다면, 참가자들은 각자 이 지도들을 기반으로 첫 번째 과업을 와이어프레임을 빠르게 스케치한다. 그리고 그들은 스케치를 개선해나간다. 두 번째 과업에도 동일하게 적용된다. 첫 번째 스케치엔 약 10분 정도를 주고, 두 번째 과업을 기반으로 스케치가 향상된 경우라면 약 5분을 정도를 준다.

▌ 요약

와이어플로우는 제품의 계획서다. 그들은 풍부한 여정 지도이며 사용자, 불편점, 행동에 대한 이해를 바탕으로 하고 있다. UI 솔루션을 위한 와이어프레임을 제작하며 이를 화살표로 연결한다.

프로젝트의 초기 단계에서는 낮은 충실도의 와이어플로우를 제작하고 와이어플로우 개선 워크샵을 통해 와이어플로우를 지속적으로 개선해나간다. 나중에 래피드 프로토타이핑을 하기 전에, 솔루션을 실제에 가깝게 보여주려고 높은 충실도의 와이어플로우를 구축하기도 한다.

그러나 사용자를 이해하고 사용자 경험 지도를 향상시키는 가장 좋은 방법은 실제 사용자를 대상으로 테스트하는 것이다. 5장에서는 지도 작성을 위한 원격 및 실험실 테스트를 수행한다. 사용자에게 더 가까이 다가가보자!

05

지도 제작을 위한
원격 & 실험실 테스트

사용자를 잘 이해하려면, 사용자들이 우리의 솔루션(또는 유사 솔루션)을 사용하고 있거나 사용하기 어려워할 때를 관찰해야 한다. 5장에서 살펴볼 기술은 여러분이 사용자 테스트를 설계하고 수행하는 데 유용하다. 테스트 결과를 기반으로 지도를 만들 목적이 아니더라도, 사용자 테스트는 제품 디자인을 개선하는 데 큰 도움이 된다.

 사용자 경험 테스트는 실제 사용자를 이해하는 과정이다. 사용자들이 솔루션과 인터랙션하는 모습을 관찰하며 사용자를 이해하게 된다. 이러한 이해는 더 나은 지도를 제작하게 하고, 더 나은 경험을 제공하게 하도록 돕는다.

5장에서는 다음과 같은 과정으로 진행한다.

- 실제 사용자를 대상으로 테스트를 해 해결할 문제를 명확히 알아본다. 삼성의 영국 웹사이트에 대한 테스트를 진행할 예정이다.
- 테스트 목표를 정의한다. 4인조 회의 형식으로 모여서 테스트 목표를 정의해 본다.
- 실험실에서 할 것인지, 원격으로 할 것인지 또는 게릴라 방식으로 테스트를 하고 싶은지 결정한다. 걱정하지 않아도 된다. UX 게릴라는 정글보다는 술집, 부엌을 선호한다.
- 테스트할 사용자 명수를 정한다.
- 조건에 부합하는 사용자를 찾는다. 기기를 테스트 대상으로 삼을 것이며, 매우 규정하기 어려운 목표 사용자에 관해서도 이야기한다.
- 프라이빗 패널과 사회자가 진행하는 테스트, 그리고 그렇지 않은 테스트에 대해 토론한다.
- 시나리오를 만든다. 사용자 테스트라는 서사적 모험을 위한 배경 스토리를 한 문장으로 작성해 본다.
- 스마트폰 구매 여정을 위한 테스트 스크립트를 작성한다. 스크립트는 몇 가지 과업과 질문으로 구성되는데, 이는 테스트 디자인의 근간이 될 것이다.
- 파일럿 테스트가 무엇이며, 왜 중요한지 알아본다.
- 이 모든 것을 실천하자. WhatUsersDo.com 원격 테스트 플랫폼을 사용해 테스트를 세팅하고 시작해보자.

현대의 제품 개발과 관련된, 근본적인 질문 중 하나로 5장을 시작한다. "더 나은 사용자 환경을 만드는 방법은 무엇일까?" 내 친구인 리 더델^{Lee Duddell}은 이에 대한 완벽한 답을 제시한다.

"사용자 환경을 개선하기 위해, 사람들의 행동을 이해할 필요가 있다. 인사이트
는 우리가 사용자들을 이해하게 돕는다."

- 리 더델

더 강력한 표현을 원한다면, 제이콥 닐슨^{Jakob Nielsen}이 한 말도 들어보자.

"닥치고 사용자의 말을 들어라!"

-제이콥 닐슨

이름에서 암시하는 것과 달리, 사용자 테스트는 사용자를 테스트하는 게 아니다. 사용
자 또한 이 사실을 알고 있어야 한다. 우리는 사용자를 위한 더 나은 제품을 만들기 위해
사용자와 함께 한다. 사용자 테스트는 더 나은 제품을 위한 일 중 하나일 뿐이다. 우리는
일련의 지시를 따라주길 바라면서 사용자들에게 어떤 과업을 시킨다. 그들은 솔루션과
인터랙션할 때 평소처럼 행동한다. 우리는 사용자들이 마음에 떠오르는 생각을 표현해
달라고 요청한다. 그리고 들은 내용과 행동을 주의 깊게 관찰한 결과를 결합하면서, 찾
고자 하는 바를 이해해간다.

> 대부분의 테스트를 시작할 때, 나는 항상 사용자에게 두 가지를 이야기한다. "모든 지시 사항
> 을 따르면서 여러분의 생각을 이야기해주세요. 그리고 우리는 여러분이 아니라 웹사이트를
> 테스트하고 있습니다." 이 문장들은 사용자 테스트가 무엇에 관한 것인지, 우리가 사용자에
> 게 기대하는 바를 알려준다.

사용자 경험 리서치 담당자, 디자인 담당자, 제품 소유주는 사람들이 하는 행동과 왜 그
런 행동을 하는지를 이해하길 원한다. 5장과 6장은 사용자를 이해하는 데 도움이 된다.
우리는 지도를 만들기 위해 테스트하는 것이 아니라는 점을 기억하자. 우리는 테스트 결
과를 이해하고 전달하기 위해, 더 나은 솔루션을 만들기 위해 무엇을 바꿔야 하는지 시
각화하기 위해 지도를 만든다.

▌ 2017년 삼성 웹사이트 재설계

이전 장에서는 처음부터 새로운 것을 만들어 내서 문제를 해결했다. 그러나 이번에는 기존에 있는 사이트를 테스트하는, 완전히 다른 방식으로 접근한다. 그리고 6장에서는 테스트 결과를 바탕으로 지도를 만들고, 지도를 활용해 어떻게 더 나은 사이트, 새로운 제품을 만드는지 살펴본다.

2017년 1월경 삼성의 영국 웹사이트가 프로젝트의 재설계 대상이었다. 이 책을 읽는 동안 해당 홈페이지(http://www.samsung.com/uk/)를 방문하면, 책의 이미지와 현재 사이트의 화면이 다를 수 있음을 미리 알려둔다.

기회는 '삼성의 잠재 고객이 새로운 스마트폰을 쉽게 구매하길 원한다'는 것이다. 고객은 삼성 제품에 대해 더 많이 배우고, 빠르고 안전하게 구매하길 원한다. 우리가 사용자를 잘 이해한다면, 삼성은 사용자에게 보다 간단한 경로를 제공하는 등의 웹사이트 전환율을 높일 수 있다. 그리고 이로 인해 더 많은 매출이 발생할 수 있다.

오해는 하지 않길 바란다 기존의 삼성 웹사이트는 전혀 나쁜 사이트가 아니다. 해당 사이트는 스마트하고 헌신적인 사람들에 의해 제작되고 유지, 보수된다. 그저 이 사이트를 예시로 보고, 모든 웹사이트가 사용자 테스트에서 학습한 결과를 적용해 개선될 수 있다는 가능성을 보여주고 싶다. 사용하기 매우 불편한 웹사이트일지라도, 사용자 테스트의 의도는 항상 테스트를 통해 배우고 개선하고자 함이다. 결코 누군가를 비난하려는 것이 아니다.

삼성은 조선, 크레인, 스마트 TV, 이미지 센서 등에 이르기까지 다양한 제품을 보유한 다국적 대기업이다. 보험 상품과 병원도 운영하고 있다. 영국에서는 스마트폰으로 가장 잘 알려져 있고, 이는 당연한 사실이다. (나는 삼성 TV, 삼성 식기세척기를 사용하고 있고, 아마 갖고 있는지조차 잊은 다른 삼성 기기들도 갖고 있을 것이다.) 하지만 삼성 휴대폰은 항상 나와 함께하며, 대부분의 사람이 삼성이라고 하면 떠올리는 기기다.

가끔 여러분은 경쟁사의 웹사이트를 테스트하고, 사용자가 어떻게 사용하는지 보고 싶어한다. 그리고 그 사이트에 어떤 기능이 있는지 확인하고 싶어한다. 경쟁사 테스트를 수행하면 경쟁사가 잘못하고 있는 사용성 관점에서의 실수를 피할 수 있다. 하지만 사용자로부터 배우는 것이 경쟁 우위를 확보하는 가장 저렴한 방법일 것이다. 그리고 그래야 모방자가 아니라 트렌드 세터가 된다.

테스트 자체만 놓고 보면, 경쟁자 웹사이트를 테스트하던, 자신의 웹사이트를 테스트하던 상관 없다. 나는 심지어 동일 기술, 동일 사용자, 동일한 테스트 디자인, (가장 중요한) 동일한 분석 기준 및 가이드라인을 갖고 두 사이트를 모두 테스트하는 방안을 권장한다. 이렇게 하면 편향되지 않은 시각으로 테스트할 수 있고, 학습을 통해 사용자 환경이 향상된다.

▌ 테스트 목표

테스트에 관해 무언가를 결정하기 전에, 목표[objective]를 먼저 명확하게 정의해야 한다. 아마 이는 테스트 디자인에서 가장 중요한 단계일 것이다. 잘 정의된 목표는 대부분의 테스트 설계 단계에서의 결정을 쉽게 만든다. 목표를 바탕으로 어디에서 어떻게 테스트할 것인지, 어떤 종류의 사용자들을 참가시킬 것이며, 어떤 과업을 줄 것인지 등의 많은 결정이 이뤄진다. 그리고 6장에서 분석 가이드라인을 작성하고 사용자 인사이트를 찾고 요약하며 지도 형식으로 커뮤니케이션하는 데에도 도움이 된다.

 목표는 사용자 테스트의 설계, 분석, 지도 제작, 커뮤니케이션을 위한 기반이 된다. 모든 사용자 테스트의 최고의 목표는 사용자와 사용자 행동을 더 잘 이해하는 것이다.

사용자와 사용자 행동을 더 잘 이해하는 것도 중요하지만, 여러분이 실행하고자 하는 테스트에는 하위 목표도 필요하다. 테스트의 목표는 언제나 기회에 뿌리를 박고 있어야 한다. 스스로에게나 팀에게 질문해야 할 첫 질문은 '무엇을 테스트하고 싶은가'다. 여러분이 이해하고자 하는 내용의 핵심은 무엇인가? 우리는 이미 알고 있지만, 이에 대한 확인과 명확한 해명을 듣고 싶은 것이다.

또 다른 중요한 질문은 테스트의 목적[purpose]이다. 목적은 지도를 만드는 것이 아니다. 지도는 어떤 지도든 도구에 불과하다. 우리가 흔히 저지르는 실수는 테스트를 실행하면서 새로운 테스트 플랫폼, 새로운 패널 공급자, 새로운 프로토타입 앱, 방법론, 어느 것이든 유사한 '메타 테스트'를 시도하는 일이다. 모든 테스트는 사용자에 초점을 맞춰져야 한다. 그렇지 않으면 시간 낭비, 자원 낭비다.

사용자에게 어떤 문제가 있는지 생각해보자. 여러분의 직감은 무엇을 향하고 있는지? 사용자의 고충 사항은 무엇인지? 또한 테스트를 회피하려고 뭘 하고 싶은지? 이미 솔루션 일부를 테스트해서 문제를 파악했지만 아직 해결하지 못했다면, 이런 생각이 들 수 있다. 또한 솔루션 일부분이 프로토타입으로 제작되지 않았거나 완성되지 않은 경우에도 이런 생각이 들 수 있다. 사용자에게 좋지 않은 부분이 있지만 변경할 수 없는 끔찍한 경우가 있다. 법률 준수, 브랜드, 고위직 인사의 의견은 우리의 의사와 상관 없이 변경하지 못하게 하거나 지금 당장 변경하도록 강제할 수 있다.

우리의 목표는 사용자가 영국에 있는 삼성 웹사이트의 현재 버전과 어떻게 인터랙션하는지 테스트하고 새로운 삼성 스마트폰을 구매하는 데 필요한 전체 여정을 개선할 방법을 찾는 것이다.

여러분은 가설, 간단한 직감 등 많은 것들을 테스트할 수 있다. 분석을 통해 통계 뒤에 숨은 이유를 찾거나 입증되지 않은 증거를 수집하기 위해 테스트를 할 수도 있다. 사용자 테스트는 잘 정의된 목표 없이도 수행할 수도 있다. 하지만 막연한 목표더라도 어느 정도의 구체적인 목표를 정의하길 권장한다.

4인조 사용자 테스트

목표를 정의하기 위한 궁극의 비밀 무기는 킥오프 미팅을 하는 것이다. 2장 '사용자 스토리 지도 – 협업, 포스트잇으로 도출하는 요구 사항'의 4인조 회의와 유사할 수 있다. 제품 소유주나 비즈니스 대표는 높은 수준의 비즈니스 목표로 시작할 것이다. 예를 들어, '사용자의 제품 검색 능력을 뛰어나게 하기 위해 새로운 탐색 기능이 잘 수행되고 있는지 확인한다'거나 '새로운 기능에 대한 페이지들을 평가해 새 기능이 참여를 늘리고 제품 구매에 영향을 미치는지를 확인한다'는 것이다.

사용자 경험 전문가는 비즈니스 목표와 사용자 니즈 간 균형을 잡는다. 사용자 테스트 전문가는 테스트를 설계하고, 필요할 경우 테스트 진행까지 한다. 사용자 테스트 전문가는 대개 테스트 가능한 내용에 대한 정보를 제공하고 테스트 플랫폼, 패널, 사용자, 과업 선택에 도움을 주는 역할을 한다. 또한 개발자도 필요하다. 먼저 개발되거나 프로토타입으로 제작될 필요가 있는 것을 테스트하기 때문이기도 하지만, 테스트에서 실행 가능한 인사이트를 얻으려면 개발자의 의견도 필요하기 때문이다. 쉽게 고치거나 개발할 수 있는 방안에 집중해야 한다.

4인조와 함께하든, 혼자서 하든, 여러분은 실제 사용자를 대상으로 테스트할 준비가 됐다. 그러나 어디에서 할 것인가? 실험실에서 할 것인가, 아니면 사용자가 집이나 술집에 있을 때 원격으로 할 것인가? 선택은 다음 섹션에서 이뤄질 것이다.

■ 실험실, 원격, 게릴라 테스트

사용자 리서치를 수행할 때 여러 경로로 할 수 있다. 이 절에서는 각 접근법의 장단점을 살펴 본다. 그러나 장점을 위한 선택은 종종 예산 문제와 결부된다. 엄청난 예산과 넉넉한 프로젝트 기간이 확보된다면, 실험실 테스트와 원격 사용자 경험 테스트를 모두 수행해 두 테스트의 장점들을 누릴 것이다. 이런 상황이라면 두 테스트를 모두 할 수 있는 누군가를 고용하고, 나는 따뜻한 공해의 요트에 고양이를 태우고 여유를 즐기련다. 반면, 예산도 없고 당장 내일 마감해야 하는 급한 일정이라면, 브롬리에 있는 술집에서 이리저리 알아보고 다닐 것이다. 이런 테스트 유형은 게릴라 테스트라고 부른다. 실제 프로젝트는 두 극단 사이에 있는 경향이 있으므로, 우리는 항상 선택해야 한다. 옵션을 살펴보자.

실험실 테스트

실험쥐와 사용자를 테스트하는 가장 오래되고 가장 확실한 장소는 실험실이다. 사용자 테스트를 하는 실험실에는 대개 사용자가 앉는 탁자가 있고, 사용자 앞에는 기기가 있는 공간이다. 한 카메라는 사용자의 얼굴을 향하고 있고, 다른 카메라는 사용자의 손을 녹화해 터치 기기에 어떤 제스처를 했는지 포착해낸다. 테스트는 페실리테이터^{facilitator}(진행자)가 있는 모더레이티드 테스트^{moderated test}와 페실리테이터가 없는 언모더레이티드 테스트^{unmoderated test}로 나눌 수 있는데, 요즘에는 대부분의 실험실 테스트^{lab testing}는 모더레이티드 테스트로 진행된다. 방에는 일반적으로 양면 거울이 있으며, 거울의 반대편에는 관찰실^{observation room}이 있다. 어두운 관찰실에선 테스트 광경을 실시간으로 볼 수 있으며, 대부분의 관찰실에는 실험실 안의 실시간 영상을 보여주는 큰 화면도 배치돼 있다. 양방향 거울이 없어도 카메라만 작동시켜 실험실을 조성하는 것도 가능하다.

최소 2대의 카메라가 나를 보고 있고 옆에 낯선 사람이 앉은 상태에서 웹사이트를 사용하는 일이 자주 있는가? 대부분의 사람에게 이건 매우 흔치 않은 시나리오다. 이런 특이한 환경은 사용자의 행동을 바꿀 수 있다. 이는 같은 테스트를 동시에 온라인 환경과 실험실 환경에서 실행해보면 바로 알 수 있다.

가장 분명한 단점은 비용이다. 시간 투자도 원격 테스트 대비 상당하며, 실험실 계획을 세우기도 어렵다. 사내든 제3의 위치든 실험실을 필요로 하고, 참가자를 모집하며, 참가자들이 도착하는지 확인하고 모든 사람에게 음식을 제공하는 등의 일을 해야 한다. (이때 제발 음식만으로 보상하려 하지는 말자. 음식으로 보상하는 테스트는 사람이 아니라, 쥐를 테스트하는 경우다.)

적정한 거리 안에 있는 참가자만 참여할 수 있으며, 대개 실험실이 있는 해당 도시로 제한된다. 대부분의 원격 테스트 업체가 보유한 국내외 패널 대비, 실험실 테스트는 가능한 참가자 범위를 제한한다. 특정 지역의 고객을 겨냥한 앱이나 사이트를 테스트하는 게 아니라면, 지리적 다양성이 부족하면 테스트 결과가 왜곡된다.

그럼에도, 사람들은 왜 실험실 테스트를 하려고 할까? 이 방법은 하드웨어 솔루션을 테스트하는 가장 편리한 방법이다. 팀은 한두 개의 작동하는 프로토타입을 만들어 실험실 세션에 사용할 수 있다. 테스트할 내용을 작게 1회분으로 제작해 멀리 있는 테스트 참가자에게 보내는 것은 비용이 많이 들기도 하고 때로는 불가능하거나 법적으로 허용되지 않는 경우도 있다.

실험실 테스트는 소프트웨어 솔루션을 테스트할 때도 이점이 있다. 경우에 따라, 오직 특정 기기에서만 실행되는 프로토타입만 만들 수도 있고, 온라인에서 프로토타입을 공개하는 게 법적으로 허용되지 않는 경우도 있다. 예를 들어, 테스트 참가자들이 사용할 수 없거나 흔하지 않은 하드웨어에서 돌아가는 게임을 개발 중일 때 테스트하는 경우가 그렇다. 또는 아직 최적화되지 않아 오래된 시스템에서만 형편없이 실행되는 상황일 수도 있을 것이다.

실험실 테스트는 실시간으로 진행된다. 이런 특징은 일부 테스트에서 중요할 수 있으며, 어떤 일이 발생했을 때 곧바로 사용자에게 질문할 수 있고, 기술적 문제를 해결하거나 사용자가 어려움을 훨씬 쉽게 극복하도록 도울 수 있다. 예를 들어, 원격 테스트인 경우(진행자가 있는 경우라도), 사용자가 버그를 만나면 테스트가 중단될 수 있다. 반면에 실험실에서는 훌륭한 진행자가 버그를 관찰하는 것 이상의 가치 있는 피드백을 얻는다.

누군가가 관찰실에 있다면, 그들이 우리가 보내는 비디오 링크를 항상 시청하는 것은 아니겠지만, 사용자를 접하는 기회가 될 것이다. 내 경험에 의하면 실험실은 원격 테스트 비디오 대비 이해관계자로부터 더 많은 관심을 받는다. 또한 실험실 테스트는 더욱 전문적이고 신뢰가 가는 인상을 준다.

한편, 사내에 실험실을 세팅하고 테스트 진행, 분석, 패널 모집 담당을 팀 내에서 해결한다면, 실험실 테스트를 원격 테스트보다 저렴하게 진행할 수 있다. 즉, 팀원 중 누군가가(아니면 여러분이) 실험을 하고 방을 무료 또는 저렴한 비용으로 확보해 비용을 낮추는 것이다. 하지만 이 방법은 종종 UX 팀에 업무의 과부하를 가져오기도 하고, 패널 모집이나 테스트 진행에 경험이 없는 경우도 있다. 반면에 원격 테스트는 비용 급등 없이 이런 문제를 해결할 수 있다.

원격 테스트

원격 테스트remote testing는 사람이 나타나서 설명할 필요 없이 사용자가 소프트웨어 제품을 사용해 진행하며, 사용자가 직접 솔루션을 사용하는 방법을 기록한다. 어떤 테스트 방법도 완벽한 건 없다. 나는 원격 테스트 전도사지만 이 테스트 방법의 단점을 열거하면 공평하다고 생각한다. (물론, 쥐와의 원격 테스트가 비정상적으로 어려울 거라고 말하려는 것은 아니다.)

원격 테스트에서 가장 자주 언급되는 문제는 아무도 그 자리에 없어서 상황이 잘못될 수 있다는 점에서 비롯된다. 기술적 문제로 인해 작업이 양적으로 복잡해질 수도 있고, 오디오나 화면을 녹화할 때 문제가 생길 수도 있다. 또한 예상치 못한 상황으로 인해 사용자는 산만해질 수도 있고 궤도에서 완전히 벗어날 수도 있다. 원격 테스트 전용 플랫폼을 사용하지 않으면, 이런 현상은 더욱 두드러진다. 스카이프Skype나 웹엑스WebEx 같은 간단한 화면 공유 소프트웨어로 원격 테스트를 수행할 수도 있지만, 여러분이 해당 소프트웨어로 테스트를 하기 위해 무엇을 하고 있는지 알고 있어야 한다. (나는 아직도 쥐를 대상으로 원격 테스트를 하는 방법을 찾지 못했지만, 솔직히 말해서, 내가 키우는 고양이는 나보다 쥐의 행동에 더 관심이 있어한다.)

또한 테스트 설계, 용어 사용, 이해 가능성 측면에서 신중해야 한다. 사용자의 컴퓨터에서 실행되는 소프트웨어도 말할 것도 없다. 대부분의 경우에는 사용자의 디지털 환경(브라우저 설정, 애드온, 확장 프로그램, 방화벽 등)에 대한 세부 상황을 알 수 없다. 물론, 사용자에게 특정 브라우저를 사용하고, 심지어 추가 기능을 설치해달라고 요청할 수 있지만, 이는 테스트의 자연스러운 특성을 감소시키고 기술을 잘 모르는 참가자는 제외시키게 된다.

원격 테스트는 실험실 테스트와 비슷한 수준의 참여를 기대하기 어렵다. 실험실 테스트에선 함께 관찰실에 모여 사용자를 관찰하고 솔루션을 논의하는 일 자체가 훌륭한 내부 이벤트다.

원격 테스트는 기밀 유지가 더 어렵다. 사용자는 화면의 스크린샷을 찍거나 카메라로 화면을 찍을 수 있다. 극단적인 경우, 시장을 나오기 전에 여러분의 솔루션을 역설계할 수도 있다.

원격 테스트가 일반적으로 그렇듯 진행자 없이 실행되는 경우에 테스트 설계 단계에서 만일의 사태를 준비하지 않으면, 사용자에게 질문하기도 어렵고 사용자가 왜 특정 행동을 하는지 이해하기도 어렵다.

원격 테스트의 긍정적 측면은 위에서 나열한 부정적 측면보다 훨씬 크다. 가장 중요한 이유는 더욱 저렴한 비용과 자연스러운 테스트를 수행할 수 있다는 점일 것이다. 사용자는 집에서든 어디든 평소 그걸 사용하던 장소에서 웹사이트, 앱, 디지털 솔루션을 사용한다.

사용자에게 니즈가 생겨 특정 행동 패턴이 보이는 순간에 이 테스트를 진행할 수 있다. 예를 들어, 사용자가 식사를 준비하려 하고 있고 이런 상황엔 보통 조리법 웹사이트를 사용한다. 이 사용자를 대상으로 조리법 웹사이트를 원격 테스트할 수 있다. 더 나아가, 원격 테스트는 사용자가 요리하는 동안 부엌으로 사용자와 동행할 수 있다.

테스터 모집은 훨씬 쉽고 비용이 저렴하다. 전국적으로, 심지어 국제적으로 참가자를 모집할 수 있다. 참가자들은 집에서 고양이들을 껴안은 채 편안하게 지내면서, 근무 시간 후에나는 밤 시간대에 짧게 시간을 내어 솔루션을 테스트할 수 있다. 이런 유연성 덕에 더 낮은 가격대에 더 큰 다양성을 갖추게 된다. 특정 장소로 갈 필요도 없고, 10분 이내에 테스트를 수행할 수 있으며 거의 30분을 넘지 않는다. 즉, 원격 테스트는 바쁜 사람들을 테스트하기에 더 용이한 측면이 있다. 말도 안되게 바쁜 경향이 있는 비즈니스 사용자를 테스트하는 B2B 솔루션에서 유용하다.

흔히 일어나는 오해는 원격 테스트는 웹사이트만 테스트할 수 있다는 것이다. 실제로 모든 소프트웨어, 앱, 디지털 솔루션을 테스트할 수 있다. 조금 어려울 순 있지만, TV 프로그램, 콘솔 게임, 실제 제품도 테스트할 수도 있다. 브리티시 가스[British Gas]는 WhatUsersDo 원격 테스트 플랫폼을 사용해 종이 청구서를 테스트했다.

짧은 시간 안에 많은 사용자를 테스트하려면, 보통은 원격 테스트가 유일한 방법이다. 향후 몇 년 안에 원격 테스트가 더욱 발전해, 매일 행해지는 사용자 경험 테스트에서 실험실 테스트와 게릴라 테스트가 사실상 사라질 것으로 본다.

게릴라 테스트

격식에 얽매이지 않는 사용자 테스트는 게릴라[guerrilla testing], 언더커버[undercover](첩보 활동), 복도 테스트[corridor testing]라고도 한다. 이는 적은 예산으로 빠르게 솔루션을 테스트하기 위한 모든 방법을 포괄하는 개념이다. 여러분은 기기를 갖고 술집에 들를 수 있다. 여러분이 에이전시에서 일하고 있다면, 다른 프로젝트를 하고 있는 동료에게 물어보자. 테스트에 자원하는 사람이 있으면 그들에게 몇 가지 과업을 제공하고 그들이 어떻게 행동하는지 관찰하자. 테스트는 짧으며, 대부분의 경우 기록되지 않는다.

게릴라 테스트는 분명히 공식적인 테스트 대비 균형감과 정확성이 떨어진다. 이는 종종 문서화되지 않고 입증되지도 않은 증거에 기초해 잘못된 추정, 심지어는 프로젝트의 방향성 상실로 이어진다.

사용자 기록은 기본적으로 사용자를 회의실로 불러오는 효과가 있다. 공식적인 접근 원칙과 사용자 테스트 녹화물이 없다면, 오직 여러분의 언어로만 사용자를 설명하게 된다.

여러분이 초기에 시작된 스타트업의 창업자라면, 누구든 설득할 필요가 없다. 사이트를 탐색하는 몇 명만 관찰한 다음, 정말 그 결과를 바탕으로 결정을 내리고 싶은가?

참가자는 쉽게 연락할 수 있고 솔루션 테스트에 참가할 의사가 있는 사람들 중에서 선택된다. 대부분의 사람은 게릴라 테스트를 위해 친구, 가족, 동료를 활용한다. 그들은 여러분의 소프트웨어를 칭찬하며, 여러분을 기분 좋게 하려고 무척 애쓸 것이다. 이는 여러분이 지닌 자부심에 대한 경탄일 수 있지만 오해의 소지가 있다. 엄마는 타당한 실험 대상이 아니라는 점을 기억하자. 크레이그 브루스터Craig Brewster는 심지어 이러한 행동의 기본 원리를 따서 자신의 UX 컨설팅 업체의 이름을 지었다.

테스트에 여러분이 현재 사용 중인 기기를 사용할 수도 있는데, 이 경우에 참석자는 여러분의 개인적인 메일 수신 알림, 인터넷 사용 기록, 이전 테스트에서 방문한 링크 등을 보게 된다. 테스트 전용 기기를 별도로 마련하지 않았다면, 테스트를 위해 사전에 캐시를 지우고 모든 알림을 꺼두도록 하자.

게릴라 테스트의 가장 좋은 장점은 비용이 아예 안 들거나 매우 적게 든다는 점이다. 참가자에게 맥주나 쿠키를 대접할 수도 있지만, 원격 테스트나 실험실 테스트에서 드는 비용 대비해서 거의 들지 않고 진행하는 것이다.

그리고 게릴라 테스트는 빠르다. 일반적으로 5분 정도 걸리고, 전체를 테스트하더라도 점심 시간 정도면 충분하다.

최적화되지 못한 환경에서 테스트했을 때의 장점은 사용자가 주변 소음과 안 좋은 조명 상태에 어떻게 반응하는지 볼 수 있다는 것이다. 예를 들어, 여러분이 택시 앱을 테스트하는 경우를 가정해보자. 사용자는 새벽 1시경 술집에서 약간 술에 취한 상태에서 택시를 찾을 수 있다. 원격 테스트나 실험실 테스트에선 이런 상황을 똑같이 재현하는 게 매우 어렵다. 하지만 술집에 가서 술을 마시고 있던 사람들에게 앱 테스트를 부탁하고, 답례로 택시의 무료 이용 혜택을 제공할 수 있다.

『Undercover User Experience Design』(New Riders, 2010)의 저자인 세니드 보울Cennydd

Bowles과 제임스 박스^{James Box}는 이런 테스트를 하게 되면 유머 감각을 유지하라고 말한다. 상황은 잘못 흘러갈 수 있다. 여러분은 빠른 결정을 내릴 수 있기를 기대하겠지만, 빠른 결정으로 통해 나온 결과가 완벽하기를 바라는 것은 아닐 것이다. 게릴라 테스트를 진행하는 것은 사용자에 관해 뭔가를 배울 수 있는 가장 빠른 방법이지만, 결과를 가감해 들어야 한다.

실험실 테스트와 원격 테스트, 둘 다 실행해야 하는 이유

예산이 그리 넉넉하지 않더라도 너무 빡빡하지 않다면, 실험실 테스트와 원격 테스트를 모두 실행할 수 있다. 하지만 왜 둘을 결합하나? 원격 테스트의 수만 극대화해서 진행하고, 행복하고 쉽게 지내는 건 어떤가? 이 방법은 관리, 세팅 차원이나 시간 투자 면에서 훨씬 적은 리소스를 필요로 한다.

큰 프로젝트에서 실험실 테스트와 원격 테스트를 모두 하는 주된 이유는 두 가지 솔루션의 이점을 누리기 위함이다. 실험실에서는 사용자를 인터뷰하고, 그때그때 질문하면서, 사용자의 표정과 손동작 등 미묘한 반응들을 탐색할 수 있다. 사용자가 어떤 일을 왜 하거나 무엇을 기대하는지 더 잘 이해할 수 있으며, 실험실 테스트 기간 동안에 이해관계자들을 관찰실로 초대할 수도 있다. 실험실 자체는 전체 연구에 전문적이고 신뢰의 아우라를 부여한다. 사용자와 마주하면 때때로 페르소나와 모델 과업을 구체화하는 방법, 더 나은 지도를 만드는 방법에 대한 아이디어가 생긴다.

원격 테스트는 훨씬 많은 사용자를 대상으로 테스트를 할 수 있다. 그리고 많은 문제를 발견하고 이에 대한 우선순위 목록을 만들 수 있다. 집에서 하는 원격 테스트와 비교해볼 때, 대개 사용자는 실험실에서 약간 다르게 행동한다. 두 행동을 보고 이해하면, 실제 행동 패턴을 더 잘 이해하게 된다. 원격 테스트와 실험실 테스트는 상호보완적이며, 사용자들을 더 깊이 이해하게 만든다.

신속한 반복 테스트와 평가

RITE Rapid Iterative Testing and Evaluation(신속한 반복 테스트와 평가)는 훌륭한 디지털 경험을 만들어내는 가장 빠른 방법이다. RITE는 테스트 중간중간에 테스트되는 프로토타입을 지속적으로 개선하는 테스트 방법이다. 즉, 한 명의 사용자나 소수의 사용자를 대상으로 테스트하고 나서 다음 테스트를 위해 테스트 중인 솔루션을 업데이트한다. 이 방법은 본래 마이크로소프트용 비디오 게임을 제작하는 마이크로소프트 스튜디오 Microsoft Studios에서 개발한 것으로, 2002년 이래 상당수의 산업군과 개발 팀에서 사용해오고 있다.

원격 테스트, 실험실 테스트, 게릴라 테스트에 RITE를 적용할 수 있다. WhatUsersDo.com 또는 UserTesting.com 같은 대형 패널을 대상으로 하는 회사에서 진행하는 경우라면, 대부분 테스트 시작 30분 내에 첫 비디오가 나오기 때문에 RITE를 활용한 원격 테스트를 선호한다. 비디오를 보고, 래피드 프로토타이핑 방법론으로 프로토타입을 개선한 후, 새로운 버전으로 업로드해 같은 날 다시 테스트를 진행한다. 변경할 내용이 많으면 개선 작업을 더 해서 테스트는 다음 날이나 그 이후에 계속하면 된다.

나는 근무 시간이 끝나기 바로 직전에 테스트를 시작하는 것을 선호한다. 그래야 다음 날 아침 일찍 비디오를 보고 다음 이터레이션 작업을 시작할 수 있다. 이 방법은 솔루션을 개선하는 가장 빠른 방법이면서 상당히 진보된 기술이다. 그리고 일상적인 사용자 테스트과 래피드 프로토타이핑 기술을 필요로 한다. 때로는 테스트 중간중간에 프론트엔드 코드를 업데이트해, 실제 사이트의 테스트 버전을 RITE 방식으로 수행할 수도 있다. 이 경우 프론트엔드 전담 개발자가 필요하다.

RITER(원격 테스트에서 적용하는 RITE RITE with remote testing)는 카이젠 UX 프로세스 Kaizen-UX process에 가장 적합하다. 자세한 내용은 11장 '카이젠 지도 제작 – 애자일 제품 관리'를 참고한다.

RITER와 관련된 작업 목록보다는, 이와 관련된 이야기를 소개한다. 대부분의 경우, 사람들은 작업 목록보다는 이야기를 선호한다. 시스템 관리자는 물론 예외겠지만 말이다. 자, 여러분이 시스템 관리자가 아니라면, 내가 좋아하는 RITER 이야기를 들려 주겠다.

당시에 나는 컨설팅 업체를 운영하고 있었다. UX 컨설팅 회사에서 디렉터 역할을 맡고 있다면, 전체 RITER 프로세스를 운영할 만한 여유는 거의 없을 것이다. 프로세스는 대부분 시간이 많이 걸리고, 며칠 동안은 온전히 주의를 기울여야 하기 때문이다. 때로는 프로젝트가 너무 재미있어서 이를 하지 않기 어렵다. 결국 대형 소매 업체의 웹사이트 재설계를 위해 RITER를 실행한 것이다. 나는 액슈어에서 프로토타입을 만든 후 신입 사원 3명과 함께 사용자 테스트 비디오를 보면서 중간중간 프로토타입을 수정했다. 그들은 열심히 배웠고, 나는 UX에 대해 가르쳐주는 게 좋았다. 반복적으로 프로토타입을 수정해 사용자 반응을 확인했다. RITER 과정은 거의 2주 정도가 걸렸다. 클라이언트는 행복해했고, 프로젝트는 매우 성공적이었다. 다음 프로젝트에도(더 작은 규모의 사이트였다) 프로토타입이 필요했다. 프로토타입을 제작한 후 5개 정도의 동영상을 본 후 개선하기 시작했다. 2일 하고도 반나절이 지날 즈음, 다음 프로토타입이 완성됐다. 이 시점에서 초급 UX 디자이너 중 한 명은 이 프로젝트의 두 프로토타입 간의 차이가 전체 RITER 프로세스를 거친 것보다 훨씬 크다는 점을 지적했다. 전체 프로세스가 많은 프로토타입 버전들을 포함하고 있고, 훨씬 오래 걸렸음에도 말이다. 그녀의 말은 옳았다.

요지는 UX 프로젝트가 변경점의 개수와 크기에 의해 결정되지 않는다는 것이다. 프로젝트는 변경점이 만들어내는 영향력으로 결정된다. 때로는 미세한 변화가 켜켜이 쌓여 경험 전체를 상당히 개선시키기도 하고, 경우에 따라서는 현재 갖고 있는 것을 버리고 모든 접근 방식을 재고해야 하기도 한다. 후자의 경우, RITER가 여전히 유용하다. 그저 첫 단계가 훨씬 길 것이다. 시간과 예산이 충분하다면, RITER는 사용자 경험을 향상시키는 놀라운 프로세스이자 미래 솔루션을 위한 좋은 투자다.

5장에서는 RITE 예제를 소개하지 않는다. 복잡한 웹사이트를 재설계하는 일은 꽤 긴 과정을 거친다. RITE는 매우 재미있는 과정이고 여기서 이 과정을 설명할 수 있지만, 전체 RITE 프로세스에 대한 작업 목록을 나열하면 너무 길고 반복적이며 지루해 보일 것이다.

■ 삼성의 영국 웹사이트를 어떻게 테스트할까?

5장의 예제로, 원격 테스트를 소개한다. 이 테스트는 간단해서 선택하기도 하지만, 런던 중심가에 사는 사람들뿐 아니라 영국 전체 지역의 사용자를 테스트하고자 할 때 유용하다. 사용자가 온라인에서 스마트폰을 검색할 때 평소와 동일하거나 유사한 환경에 있어야 한다.

 실제 사용자를 대상으로 솔루션을 테스트하는 데 예산을 들이지 싶지 않다면, 원격 테스트 서비스 업체의 트라이얼 버전을 활용한다. 또는 비슷한 형태로 테스트를 설계하되, 게릴라 방식으로 테스트를 수행할 수도 있다.

여기서 가장 중요한 것은 실제 사용자로부터 진솔한 피드백을 얻는 것이다. 사용자 행동을 이해하고 궁극적으로 더 나은 제품을 만들어낼 수 있다면, 피드백을 얻기 위한 방법이나 솔루션은 어떤 것이든 시도해보자.

얼마나 많은 테스트 사용자가 필요할까?

실험실, 원격, 게릴라 테스트 중 하나를 정했다면, 다음으로 테스트 참가자의 수를 결정해야 한다.

사용자 경험 테스트에서 가장 많은 논란이 되는 질문 중 하나는 테스트에 필요한 테스트 사용자의 수다. 스티브 크룩Steve Krug은 저서 『사용자 평가, 이렇게 하라Rocket Surgery Made Easy』(위키북스, 2010)에서 테스트 한 회마다 세 명을 추천한다. 그에 따르면, 처음 세 명의 사용자는 테스트하는 과업과 관련된 주요 문제 상당수를 겪게 된다. 크룩은 또 다른 저서인 『사용자를 생각하게 하지 마!Don't Make Me Think!』(인사이트, 2014)에서 여덟 명을 테스트한 한 번의 테스트와 세 명씩 두 번에 걸쳐 진행한 테스트를 비교한다. 전자의 경우엔 다섯 개의 문제점을 발견한 반면, 후자에선 총 아홉 개 문제점을 발견했다.

2015년, 웹사이트를 테스트하기 위해 375건의 사용자 테스트 세션으로 원격 사용자 경험 조사 실험을 수행했다. 이런 규모의 사용자 테스트는 엄청난 작업이었으며, 비용도 많이 들었다. 그러나 이 방법만이 모든 사용자 경험 이슈들(심지어 정말 작은 이슈일지라도)을 포함할 수 있도록 충분히 많은 샘플을 확보하는 유일한 방법이었다.

나쁜 소식은 꽤 복잡한 e커머스 사이트의 UX 이슈들을(≈99.99966%) 모두 찾으려면 250건의 테스트가 필요하다는 것이다. 솔직히 말해서 테스트는 정확한 시점에 우리가 테스트한 바로 그 웹사이트에만 해당된다. 2015년 1월 이후, 웹사이트와 사용자 행동 모두 크게 변화했다.

한편, 좋은 소식은 여러분은 현실에서의 많은 부족함 속에서도 잘해낼 거라는 점이다. 나는 46건의 시험만으로 93.3%의 인사이트를 발굴할 것으로 계산했다. 이 정도도 실시간 웹사이트의 많은 부분을 건드리는 복잡한 여정이다. 여러분이 웹사이트 한 부분이나 간단한 여정으로 테스트 범위를 좁힐 경우 테스트가 더 적게 필요할 것이다.

테스트 건수를 더 높게 설정했을 때 사용자 조사 결과는 증가된 테스트 개수만큼 크지 않았다. 46건의 테스트에서 약 93%의 문제를 확인했지만, 약 99%까지 커버하려면 76건 정도가 필요하다. 다시 말하면, 30건의 추가 테스트에서 발견된 새로운 문제는 비교적 적다.

테스트 전담팀은 375개의 동영상을 분석해 총 3,823개의 사용자 경험 관련 이슈를 발견해냈다. 발견된 내용은 약간의 번거로움부터 심각한 전환 차단 상황까지 다양했다. 그리고 이 중 대부분은 몇 핵심 문제로 인해 발생한 것으로, 기본적으로는 동일 문제에서 변형된 것이었다. 지금까지 많은 이슈를 발견했지만 앞으로 몇 주, 몇 달 동안은 적은 비율의 문제만 해결할 것이다. 많은 테스트를 수행하면, 확실한 우선 순위 목록을 작성하고 중요한 것에 집중하는 데 도움이 된다(이때 75건 이상의 테스트는 타당하지 않다). 그리고 각각의 사이트나 앱을 테스트할 때, 한 번에 46개를 초과하는 동영상은 권장하지 않는다.

46명의 사용자가 실험실 테스트에 참여한다

46은 3이나 5보다 훨씬 큰 숫자다. 스티브 크룩, 제이콥 닐슨 등 많은 연구자들이 잘못 생각했던 걸까? 그들의 주장은 웹사이트가 지금보다 덜 복잡했던 2000년대의 간단한 여정을 기반으로 한다. 당시 웹사이트는 데스크톱 컴퓨터에서만 볼 수 있었다. 요즘에는 아주 작은 스마트폰, 패블릿, 태블릿, 노트북부터 40인치 4K 스마트 TV에 이르기까지 다양한 기기가 존재한다.

실험실 테스트에 참여하는 사용자의 수는 예산과 시간의 제약을 받는다. 내 경험으로는 동일한 팀, 동일한 실험실에서 하루에 실험실 테스트를 5번 이상 수행하는 것은 거의 불가능하다. 심지어 5번도 매우 빡빡하게 잡은 일정이다. 파일럿 테스트는 대개 첫날 두 명 정도 진행하고, 테스트의 복잡도에 따라 다음 날 3번이나 4번 정도 테스트를 진행하는 것을 목표로 한다. 5장의 뒷부분에서 파일럿 테스트를 소개하겠지만, 파일럿 테스트는 기본적으로 테스트 디자인을 개선하려는 목적으로 진행된다. 실험실 테스트는 비용이 많이 들고 시간도 많이 걸린다. 외부 조사 업체를 통해 실험실 테스트를 수행할 경우, 15명 정도의 사용자, 1주일 간의 테스트 및 분석에 2만 5천 파운드 이상 든다. 하지만 1주일에 100번에서 1000번 이상의 실험실 테스트를 요청하는 기관들이 존재한다. 46명의 사용자를 대상으로 한 실험실 테스트도 비용과 시간이 많이 걸릴 것이다. 따라서 이와 같이 많은 사용자를 테스트하는 경우는 일반적으로 원격 테스트가 수행된다.

 테스트 횟수는 여정의 복잡도, 대상 기기의 개수, 스프린트 또는 다음 솔루션 버전에서 수정 가능한 이슈 범위에 따라 다르다. 테스트에 참가하는 사용자의 수는 결과를 분석하는 데 필요한 시간 측면에서 가장 중요한 요인이다. 50개의 비디오를 보고 분석할 시간이 없다면, 50명의 사용자를 테스트하는 것은 의미가 없다.

이상적인 환경에서는 몇 가지 이슈들을 해결해 고친 후 다시 테스트하게 된다. 따라서 가능하다면, 각 이터레이션 단계에서의 테스트 횟수를 줄이고 개선한 다음 또 테스트하도록 하자. 실제로, 문제를 발견하고 해결하는 기간이 몇 주 또는 몇 달까지 걸릴 수 있다. 특히 대기업들의 경우 그렇다. UX 팀이 제품팀과 몇 마일 떨어져 있을 수도 있고 (때로는 다른 대륙에 위치할 수도 있고) 원활한 커뮤니케이션이 어려울 수 있다. 가능한 한 많은 이슈를 찾고 이에 대해 공유하고자 할 때도 수많은 상황을 고려해야 한다. 예를 들어, 여러분이 외부 컨설턴트일 경우에 사람들을 움직이게 만들기 위해 강력한 비즈니스 사례를 구축해야 한다면? 명확한 숫자는 정당성, 타당성을 확보할 수 있고 확실히 훌륭하게 보인다. '사용자 다섯 중 한 명이 날짜 선택 도구를 사용할 수 없다'는 결과가 나왔다고 가정해보자. 그리고 이를 '원격 테스트 결과(샘플 46명), 19.46%의 사용자가 날짜 선택 도구 화면에서 화면 전환을 하지 못했다'는 내용과 비교한다. 고위 경영진은 어디에 더 공감할까? 어떤 것이 즉각적인 조치를 취할 가능성이 더 클까?

작은 샘플 크기가 발목을 잡을 수도 있다. 사용자 3명만 테스트한다면, 실생활에서 소수의 사용자에게만 문제가 되는 UX 이슈들만 발견하고 되려 훨씬 일반적인 이슈들은 놓칠 수도 있다. 이로 인해 우선 순위가 잘못 설정되며 UX 또는 UX 전문가로서의 능력에 대한 신뢰가 흔들릴 수 있다. 주요 사용자 경험 이슈를 찾아 해결하면 전환율이 상당히 높아질 것이며, 기업의 수익성 또한 높아질 것이다. 사용자 경험 테스트를 미래 솔루션에 대한 투자로 여기자.

프로젝트 초기 단계에는 5명에서 10명까지의 사용자를 대상으로 빠르고 간단한 샘플 테스트를 실행할 수 있다. 이 테스트를 통해 사용자에 대한 기본적인 이해뿐 아니라 초기 아이디어 검증도 이뤄져야 한다. 이 테스트를 하기 전에 사용자 스토리 지도를 작성하고 테스트 후 테스트에서 발견한 내용들을 바탕으로 업데이트할 수 있다. 아니면 작은 규모의 초기 테스트를 한 직후 지도를 만들 수도 있다.

> 2011년 FatFace.com은 모바일 트래픽이 증가하는 것을 보고, 반응형 e커머스 사이트로 재설계했다. 새롭게 디자인된 버전은 2012년 1분기에 출시됐는데, 되려 모바일 전환율이 하락하는 양상을 보였다. 스마트폰 사용자가 모바일 전용 웹 스토어에서 물건을 구매할 가능성이 낮았다. FatFace.com 사람들은 망연자

실했다. 하지만 낙담만 하기 보다는 원격 사용자 경험 테스트를 하기로 했다. 탁월한 선택이었다. 첫 번째 WhatUsersDo 비디오가 그 퍼즐을 푼 것이다. 비디오에서 사용자는 청바지의 세부 사항을 보려고 손가락으로 핀치-줌하고 있었다. 그런데 핀치-줌(핀치-인, 핀치-아웃)에 아무런 동작 반응이 없어 더 자세한 사항들을 보거나 확대 샷을 볼 수 없었다. 옷을 확실히 볼 수 없어서, 구매가 편하지 않았던 것이다. 아래의 동영상 스크린샷을 보면, 사용자가 휴대폰 화면 위에서 손가락으로 부질없이 움직이는 모습(일반적인 제스처긴 하지만)을 볼 수 있다.

때로는 가장 중요하고 가장 긴급한 이슈를 발견할 수 있는 동영상 하나면 충분하다. 이어지는 비디오에서 이 이슈는 반복적으로 나타났다. 사용자들은 너무 좌절해서, 더 미묘한 이슈들에 관해서는 거의 반응을 보이지 않았다. 더 이상 많은 사용자들이 같은 이슈로 어려움을 겪는 모습을 보는 것은 무의미하다.

주요 이슈를 수정한다. 그 다음, 몇몇 전환 이슈에 가려진 다른 이슈들을 발견하기 위해 추가로 동영상을 더 주문한다.

적합한 사용자 찾기

사용자 수를 결정한 후, 실제 테스트에 참여할 사용자를 선택해야 한다. 외부의 패널 모집 업체를 활용하거나 기존 사용자들을 대상으로 할 수도 있다. 하지만 가장 쉽고 편리한, 때로는 가장 좋은 솔루션은 원격 테스트 플랫폼 업체의 테스터 패널을 사용하는 것이다. WhatUsersDo.com 또는 UserTesting.com 같은 대부분의 대형 플랫폼에는 수천 명의 사용자 패널이 존재하며, 기준에 적합한 10명, 또는 20명, 40명도 빨리 찾을 수 있다. 테스트 솔루션으로 작은 스타트업 서비스를 활용하거나 스카이프Skype 같은 커뮤니케이션 도구로 원격 테스트를 수행하는 경우, 5장의 프라이빗 패널private panel 절을 참고한다. 프라이빗 패널을 사용하면 기존 사용자를 다른 곳에 사용할 수 있다. 지금은 테스트 플랫폼의 패널을 사용하고 있다고 가정한다.

> 페르소나와 일치하는 사용자를 찾으려 하진 말자. 우리가 봐온 것처럼, 페르소나는 가상의 인물이며 실제 세계에 존재하지 않는다. 어떤 테스터는 여전히 테스트 사용자들에게서 페르소나에 가까운 성향을 찾기 위해 노력한다. 하지만 이런 행동은 실수다.

폭넓은 잠재 고객을 대상으로 테스트하고, 최대한 많은 사용성 이슈를 발견해내자. 테스트 결과를 분석한 후 페르소나를 개선할 수도 있다. 페르소나는 실제 사용자 테스트 결과를 바탕으로 만들어져야 함을 기억하자. 실제 사용자를 페르소나를 기준으로 모집해선 안 된다.

기기들

언뜻 보기에 기기에 대한 질문은 간단해 보인다. iOS 앱은 아이패드, 아이폰, 애플 워치 또는 아이팟 터치에서 테스트하면 된다. 논리적 대답으로는 앱이 실행되는 모든 기기에서 테스트하는 것이다. 대부분의 경우, 프로젝트의 리소스가 지원하는 범위 안에서 최대한 많은 기기를 실행해보길 원한다.

문제는 웹사이트이나 웹앱, 또는 솔루션이 브라우저에서 실행될 때 확대된다. 몇 년 전, 사람들은 컴퓨터 화면에서 웹을 탐색했다. 당시엔 주로 사용되는 두세 개의 브라우저가 있었다. 대부분의 사람은 가로 해상도가 800에서, 더 많이는 1024에서 1920픽셀(와이드)까지의 가로 모니터를 사용했다. 수직 스크롤은 쉬웠고, 특히 모든 마우스가 수직 스크롤 버튼을 지원하기 시작하면서 더욱 그러했기 때문에, 우리는 수직 해상도에 크게 신경을 쓰지 않았다. 물론, 사람들이 스크롤하지 않아도 첫 눈에 내용을 볼 수 있도록 중요한 내용은 가능한 한 높게 배치하고 싶다. 우리는 이렇게 만들어진 영역을 어보브더폴드above the fold[1]라고 부른다. 연구 결과에 따르면, 사람들은 어보브더폴드 아래 영역, 빌로우더폴드below the fold에 있는 내용을 볼 가능성이 매우 낮다. 그리고 빌로우더폴드 내용은 덜 봐도, 그리 중요하지 않다고 여긴다.

최근에는 웹사이트, 웹앱에서 인터넷을 사용할 때 기기와 화면 해상도가 다양하다. 어떤 사람들은 스마트워치를 사용해 웹 검색을 하고 어떤 사람들은 4K 해상도(3840×2160), 70인치보다 큰 스마트 TV를 사용한다. 더욱이, 향후 10년 내에 인터넷에 액세스하는 데 사용하는 기기의 수는 더 증가할 것이다. 아마도 머리에 장착하는 증강현실 기기, 대형 스크린의 스마트폰, 자율주행차 등 기존과는 완전히 다른 기기들이 추가되는 것이다. 또한, 우리는 이미 기존 키보드, 마우스 콤보, 게임 컨트롤러, 제스처 지원되는 터치 스크린, 음성 인식 등 다양한 입력 장치를 사용할 수 있기도 하다. 그리고 곧 사용자의 생각도 감지해 컴퓨터를 제어할 수 있게 되리라 믿는다. 이 기술은 이미 실존하며, 보편화되기에는 비실용적이고 비싸긴 하지만 몇 년 안으로 바뀔 것이다.

그런데 원격 테스트 서비스 플랫폼에선 왜 기기 지원 범위를 데스크톱, 스마트폰, 태블릿 세 가지로 제한할까? 첫 번째 이유는 단순성에 있다. 대부분의 사람은 웹사이트에 대해 이야기할 때 이 범주 안에서 생각한다. 프론트엔드 개발자 또한 먼저 위 기기 유형을 대상으로 검토한다. 대부분의 경우가 다른 기기를 위한 특별한 규칙을 마련하지 않았을

---

[1] 아무런 행동을 하지 않아도 보이는 기본 화면, 종이 신문을 반으로 접었을 때 위쪽으로 보이는 1면을 지칭하는 용어이기도 함 – 옮긴이

것이다. 예를 들어, 2016년에는 4K 디스플레이가 더 많이 보급됐다. 하지만 CSS 미디어 쿼리나 다른 방법으로 기기 맞춤형 UX를 제작하는 경우는 드물었다.

다른 이유는 연구원이 흔히 저지르는 실수를 하지 않도록 보호하려는 것인데, 연구원들은 특정 기기에 너무 구체적으로 파고드는 경향이 있다. 예를 들어, 삼성 갤럭시 S7 엣지 스마트폰 사용자를 구하려고 하면, 구형 안드로이드폰이나 아이폰에서 나타나는 문제는 놓칠 수 있다. 샘플의 기기 조건을 무작위로 해야, 개발자가 평소 만나기 어려운 버그, 결함들을 발견할 수 있다.

 원격 사용자 테스트는 기기를 테스트하면서 버그를 발견할 수 있지만, 기기 실험실이나 현장에서의 테스트 솔루션을 대체하는 것은 아니다. 현장이나 외부의 기기 실험실에서 가능한 한 많은 기기를 준비해 테스트하면, 강력한 비즈니스 사례를 제공할 수 있다.

또 다른 이유는 패널 크기에 있다. 원격 사용자 테스트를 대행하는 대부분의 회사는 수천 명의 사용자 패널을 보유하고 있다. 하지만 노키아 루미아 920 같은 특정 기기로 조건을 제한하면 해당 사용자 수가 실행하려는 테스트 수보다 적을 수 있다. 또는 삼성 스마트폰 사용자처럼 더 일반적이고 넓은 범주로 정할 수도 있으며, 뒤이어 연령대를 지정할 수도 있다. 다음으로 사용자 사전 스크리너를 작성한다. 이는 사용자가 테스트 참여 전에 답해야 하는 질문들로, 예를 들어 '앞으로 3개월 안에 새 휴대전화를 구입하려는 사용자들'을 스크리닝한다. 이 시점에는 여전히 많은 사용자가 남아있다. 문제는 누가 누락됐는지와 관련된 것이다. 다른 브랜드 폰을 갖고 있는 사용자, 특정 나이 구간 이외의 사용자, 3개월 안에 새 폰을 살 계획이 없는 사람들의 피드백을 들을 수 없다. 그들의 의견은 상관 없는가? 그들이 사용자 경험 향상에 기여할 수 있을까? 그들의 테스트 결과는 더 나은 지도, 궁극적으로는 더 나은 제품으로 이어질 것이다.

특정 기기를 소유한 사용자를 테스트해야 하는 경우, 해당 기기를 사용하는 사용자 패널로 스크리닝할 수 있다. 정말 흔치 않는 기기라면, 프라이빗 패널을 활용해 테스트하고 기기를 소유한 테스터를 모집하거나 실험실 테스트를 진행하려 할 것이다. 극단적인 경우에는 기기를 테스터에게 보낼 수도 있다. 그리고 기기 자체를 테스트하려는 게 아니라면, 사용자가 기기를 실험실에서 처음 보는 실험실 테스트는 권장하지 않는다. 윈도우폰^Windows phone에서 삼성 웹사이트를 테스트하는 경우, 사람들을 실험실에 초대하고 윈도우 폰을 제공하는 것보다는 윈도우 폰 사용자를 모집해 테스트하는 것이 훨씬 낫다.

목표 고객

요즘엔 스마트폰을 안 갖고 다니는 사람이 없다. 그래서 테스트에 적합한 사용자를 찾기란 쉽지 않다. 모두에게 물어보자. 그렇지 않은가?

우리는 삼성 UK 사이트를 테스트하고 있기 때문에 영국에 있는 모든 사람이 대상이다. 삼성의 미국 사이트나 한국 사이트는 영국 사이트와 다를 수 있다. 언어와 통화도 다를 수 있지만 경험은 그 이상으로 국가마다 다르다. 높은 레벨의 '글로벌' 여정 지도를 만드는 일은 가능하지만 여정 지도를 실행하는 것은 해당 국가의 실제 사용자를 대상으로 한 국가별 리서치를 기반으로 세부 조정 후에 진행해야 한다.

그렇게 할 이유가 없다면, 특정 성별이나 연령대로 제한된 테스트를 하지 않는다. 여러분은 잠재 고객층이 가능한 한 넓길 바랄 텐데, 여성 의류를 판매하는 경우에도 여성 16명, 남성 4명을 대상으로 테스트를 실시하는 게 이로울 수 있다. 어떤 남자들은 여자 옷을 산다. 본인이 입길 원하는 사람들뿐만 아니라, 선물로 사거나 본인에게 소중한 사람들로부터 옷을 사달라고 부탁 받은 사람들이다.

WhatUsersDo와 같은 영국의 패널 모집 기관이나 원격 테스트 플랫폼들은 사회 경제적 기준으로 사용자 유형을 구분하는 경향이 있다. 이 인구통계학적 분류는 세대주의 직업을 기반으로 하며, 등급은 ABC1(중산층)과 C2DE(노동자 계층)로 분류된다. 영국 인구의 약 2%는 상류층으로 확인되며 원격 테스트 패널에서는 대표자로 충분하지 않다. 공정하게 하려 하지만, 여러분이 상류 계급 시민이라면, 적은 비용을 받고 웹사이트 테스트에 시간을 할애하지 않을 것이기 때문이다. 이는 여러분이 재미로 테스트에 참여할 사람들을 찾기 어렵다는 의미는 아니다. 대부분의 경우, ABC1 그룹은 명품 제품을 테스트하기 좋다. WhatUsersDo 패널은 버버리나 마세라티 웹사이트를 테스트하는 데 참여했을 당시 ABC1 사용자가 해당 사이트와 상호작용하는 것을 관찰해 실행 가능한 인사이트를 많이 발견했다.

사전 스크리너

일부 테스트에는 특정 사용자가 필요하며, 이런 사용자를 찾기 위해 사전 스크리너[pre-screener]나 사전 자격 평가 질문을 준비한다. 방법은 간단하다. 시스템이 테스트 전에 사용자에게 질문을 한다. 사용자가 여러분이 찾는 조건에 응답하면 테스트를 참여할 수 있다. 하지만 다른 응답을 하면, 시스템은 다른 사용자를 찾는다.

예를 들어, 이미 삼성 스마트폰을 갖고 있는 사람들을 테스트하려고, 이렇게 물을 것이다. '삼성 스마트폰을 갖고 계신가요?' 하지만 이 질문에서 사람들이 테스트에 참여하기 위해 거짓말을 할 수 있기 때문에 나쁜 사전 스크리너 유형이다. 다음과 같이 물어보자.

현재 어떤 브랜드의 스마트폰을 갖고 계신가요?

(하나 이상을 갖고 있는 경우, 모두 선택해주세요.)

[-] 애플

[-] 화웨이

[-] LG

[+] 삼성

[-] 샤오미

[-] 기타 / 잘 모름

[-] 위 항목 모두 해당 사항 없음 / 밝히고 싶지 않음

이번 사례에서는 삼성 스마트폰 소유자만 테스트에 참여한다. 물론, 우리는 이렇게 참여자를 좁혀 진행하길 원치 않기 때문에, 이런 사전 스크리너를 사용하지 않는다.

대부분의 경우, 최선의 방법은 사전 스크리닝 없이 폭넓은 사용자층을 만나는 것이다. 하지만 사전 스크리너는 여전히 패널 설문보다는 낫다. 패널 설문은 테스트를 길어지게 하고 추가 비용이 들며 테스트 결과상 이슈를 발견할 수 있는 많은 사용자를 제외시키는 결과를 가져온다. 따라서 사전 패널 설문^{pre-test panel survey}은 피하도록 하자.

사전 스크리너를 만들어야 한다면, 몇 가지 팁을 소개한다.

- 객관적으로 대답할 수 있도록, 간단하고 쉬운 질문을 하자.
- '예/아니오' 단답식 질문을 피하고, 대신 여러 선택지가 있는 질문 형태를 사용하자.
- 객관적인 선택지를 제공하자. '휴대폰으로 동영상을 자주 본다' 대신 '적어도 하루에 한 번 휴대폰으로 동영상을 본다'고 표현하는 게 낫다.
- 적격 여부를 묻는 옵션으로 시작하기보다는 최대한 의도를 숨기자. 여러분은 사람들이 진실을 말해주길 바랄 것이다. 테스트에 참여하기 위해 거짓말하길 원하진 않을 것이다.
- 적격 여부보다는 부적격 사례인 선택지를 추가하자. 어떤 질문의 선택지 대부분이 적격 사례라면 그 사전 스크리너는 제거하는 게 낫다. 예를 들어, 스마트폰을 소유하지 않은 사람들을 찾기 위해 스마트폰의 브랜드를 묻는다면 어떤가? 이 질문은 하지 않는 편이 낫다. 스마트폰을 소유하지 않은 사람이 스크리닝에 통과해 테스트에 참여한다면, 그 테스트 결과를 따로 다뤄야 한다. 물론, 여기서도 배울 점은 있지만 말이다.
- 구체적인 선택지 중에서 선택하기 어려울 때 선택할 수 있는 선택지를 마지막에 항상 추가해두자. 이 선택지는 대개 '해당사항 없음 또는 답변 안 함'으로 적는다.

테스트를 설계할 때, 사전 자격 요건을 묻는 질문 없이 진행하는 것이 좋긴 하지만, 항상 그런 것은 아니다. 몇 년 전 수행했던 테스트에서 우리는 건강 관리 업계에 종사하는 사람들과 이 업계의 채용 담당자들을 찾고 있었다. 우리는 다음과 같은 사전 스크리너를 만들었고 순조롭게 진행됐다.

본인에게 해당되는 첫 번째 선택지를 선택해주세요.

[-] 현재 고용돼 있지 않다.

[-] 에너지, 석유, 가스 관련 인력 채용 담당자로 근무하고 있다.

[-] IT 인력 채용 담당자로 근무하고 있다.

[+] 건강 관리 인력 채용 담당자로 근무하고 있다.

[-] 회계 인력 채용 담당자로 근무하고 있다.

[-] 에너지, 석유, 가스 분야에 근무하고 있다.

[-] IT 분야에 근무하고 있다.

[+] 건강 관리 분야에 근무하고 있다.

[-] 회계 분야에 근무하고 있다.

[-] 대답하고 싶지 않다/해당되는 선택지가 없다.

다음 장에서 사전 스크리너가 필요한 또 다른 사례를 소개한다. 한편, 스크리너가 필요할 수도 있는 상황이더라도, 결과적으로 테스트에 참여할 수 있는 사용자가 너무 적거나 아예 사용자를 전혀 찾지 못할 수도 있다. 이런 상황이라면 사전 스크리너 없이 테스트를 실행하자. 얼마나 돋보이는 인사이트가 나올 수 있을지, 놀라운 상황이 생길 수도 있다.

▌ 프라이빗 패널

어떤 프로젝트에서는 해당 기업의(중소기업 또는 대기업) IT 의사결정권자를 찾을 수 있다. 하지만, 예를 들어 랙마운트형 스위치를 판매하려는 경우, 이를 위한 스크리너를 작성하더라도 사용자를 찾지 못할 가능성이 있다. 여느 프로젝트였다면 실제 사용자를 대상으로 테스트를 수행하려 하겠지만(예. 직원 전용 웹사이트를 테스트하거나 공식 사이트의 사용자 계정을 테스트하는 경우), 이때는 프라이빗 패널private panel이 필요하다.

이 패널을 위해 필요한 추가 작업에는 대부분의 원격 테스트 플랫폼이 도움이 된다. 먼저 기본적으로 테스트 참여에 동의한 사람들의 이메일 주소 목록이 있어야 하고, 그 다음으로 플랫폼에서 그들이 제대로 수행할 수 있는지 확인한다.

사용자들은 이메일 링크를 클릭해 테스트하기로 동의한 것이기 때문에, 테스트를 꼭 수행하지 않을 수도 있다. 테스트를 하고자 할 때, 기술적 어려움을 겪거나 사용자의 음성이 잘 들리지 않게 저품질로 녹음된 경우 등의 다양한 문제가 발생할 수 있다. 또 어떤 사람들은 테스트를 하긴 하는데, 본인의 생각을 말하지 않거나 테스트하는 동안 완전히 침묵하기도 한다. 경험에 비추어 볼 때, 실제 필요한 사람의 4배 이상을 초대하는 게 좋다. 따라서 20명을 테스트하고 싶다면 80명 또는 100명을 초대하자.

프라이빗 패널 테스트는 모든 사용자가 테스트를 수행할 때까지 몇 시간, 몇 일 또는 한 주 이상으로 오래 걸릴 수 있다.

여러분이 선택한 원격 테스트 플랫폼이 여러분이 대상으로 하는 사용자의 언어 또는 국가를 지원하지 않으면, 프라이빗 패널이 유일한 옵션인 것처럼 보이기도 한다. 그럼에도, 프라이빗 패널의 지원은 받아볼 만 하다. 어쩌면 그들이 더 쉽고 번거롭지 않은 솔루션을 제시할 수 있다.

▌ 모더레이티드 테스트 VS 언모더레이티드 테스트

실험실에서는 진행자가 과업을 수행할 사용자 옆에 앉아, 사용자가 어려움을 겪을 때 도움을 준다. 예를 들어 Wi-Fi가 제대로 작동하지 않거나 표시등이 꺼지거나 녹화 소프트웨어 프로그램이 작동하지 않았을 때 빠르게 조치를 취한다. 원격 테스트라면, 사용자는 진행자를 음성으로 만난다. 이 음성 가이드는 과업을 읽어주고 기술 문제를 해결하는 데 도움을 준다.

진행자의 주된 역할은 질문을 하는 것이다. 진행자는 어떤 것들은 왜 이해하기가 어려운지 파악하고자 질문을 하고 관찰을 한다. 이런 행동은 사용자의 자연스러운 여정을 방해해선 안 된다. 사용자가 한 화면에 갇혔거나 길을 잃었을 때, 또는 기술적인 어려움에 처한 상황은 물론 예외다. 이는 특히 진행자가 특정 솔루션에 애착을 가진 경우 어려울 수 있다.

 진행자는 테스트가 진행되는 중간에 메모를 해서는 안 된다. 테스트를 녹화하는 이유다. 관찰자들은 메모를 할 수 있고 때로는 진행자에게 질문을 전달할 수 있다. 진행자가 메모를 하게 되면 주의가 분산된다. 진행자는 사용자에게 집중해야 한다.

진행자의 가장 중요한 임무는 사용자가 '크게 생각think aloud'하도록 격려하는 일이다. '크게 생각하기 방식the think aloud protocol'은 사용자가 어떤 과업을 수행하고 있는지, 왜 하고 있는지 설명하며 테스트에 참여하는 것을 의미한다. 좋은 진행자(잘된 테스트 설계)는 사용자에게 그 이상의 기대감, 인상, 느낌을 묻는다.

모더레이티드 테스트의 분명한 단점은 비용과 수행 시간이 증가한다는 점이다. 실행 계획 측면에서 간접비용이 증가된다. 그리고 이 테스트의 성공 여부는 진행자에 따라 크게 다를 수 있다. 이러한 이유들로 인해 테스트는 쉽게 확장을 결정하기 어렵다. 반면, 언모더레이티드 테스트는 테스트 기간 동안 팀원들이 자유롭게 다른 일을 할 수 있다. 지도나 다른 과업을 개선하기 위해 다른 테스트를 분석하기도 한다.

모더레이티드 테스트에서는 반복 가능성^{replicability}이 항상 문제다. RITER 또는 다른 지속적 테스트, 개선 방법론을 사용하면, 솔루션을 개선해 동일 테스트를 또 수행한다. 그리고 언모더레이티드 테스트는 전과 유사한 테스트를 다시 진행하기에 더 쉬운 측면이 있다. RITE를 진행자와 함께 진행할 수 없다는 말이 아니라, 그저 내가 진행자와 하는 것을 선호하지 않는다는 의미다.

내가 모더레이티드 테스트를 거의 진행하지 않는 주된 이유는 자연스럽지 않기 때문이다. 웹사이트를 사용할 때 누군가 여러분을 지켜보면서 무엇을 해야 할지 알려주는 상황이 얼마나 자주 일어날까? 여러분이 제품 디자이너와 결혼하지 않는 한 거의 이런 일은 없다.

위와 같은 이유로, 우리는 삼성에 대한 원격 테스트를 언모더레이티드 방식으로 진행하려고 한다. 이렇게 하면 여러분이 더 쉽게 따라올 수 있으리라 생각한다.

▮ 시나리오

언모더레이티드 원격 테스트를 실행하기로 결정했으면, 테스트 시나리오^{scenario}를 제시해야 한다. 사용자의 모험을 어떻게 시작해볼까? 혹시 롤플레잉^{role playing}(역할 놀이) 또는 어드벤처 게임^{adventure game}을 해본 적이 있는지? 친구들과 테이블에서 〈던전앤드래곤^{Dungeons & Dragons}〉이나 컴퓨터나 콘솔로 하는 〈매스이펙트: 안드로메다^{Mass Effect: Andromeda}〉 같은 게임을 해봤는지? 〈아이오브비홀더^{Eye of the Beholder}〉, 〈그림판당고^{Grim Fandango}〉, 〈영웅의 길^{Quest For Glory}〉, 〈발더스게이트^{Baldur's Gate}〉를 떠올려보자. 여러분이 좋아하는 게임은 무엇인가? 앞서 말한 게임들은 훌륭한 스토리 구조를 갖고 있어서, 그 게임들을 해봤다면 기억나기 쉽다. 그 게임들은 멋진 시나리오를 불어넣어 진정한 서사 모험을 만들었다.

시나리오는 사용자가 테스트 상황에서 자신을 상상할 수 있게 도와준다. 사용자로 하여금 해당 순간에 대한, 관련성이 있고 자연스러운 정보들을 얻을 수 있도록 하는 게 중요하다.

책이나 게임과는 달리, 테스트 시나리오는 한 문장로 쓰는 것이 가장 좋고 길어도 두어 문장 정도면 된다. 테스트 전에 짧은 이야기 글을 보여주면, 대부분의 사람은 그 글을 읽지 않는다. 또한 대부분의 게임이나 서적과는 달리, 사용자의 삶에 시나리오를 고정시켜야 한다. 여러분이 죽었고, 이제 죽은 자의 땅에 있다고 상상해보자. 이 시나리오는 사용자 테스트로는 예기치 못한 시나리오일 것이다. 이 시나리오는 1998년 이래 높은 평판을 받고 있는 〈그림판당고〉 게임의 멋진 시나리오다. 충격적인 내용보다는 충격적으로 간단하고 자연스럽게 시나리오를 만들도록 노력해보자. 예를 들어, 여러분이 휴대폰을 잃어버렸고 새로운 걸 사고 싶다고 가정해보자. 이 시나리오는 자연스럽게 테스트할 과업으로 이어진다. 삼성 웹사이트에 방문해서 사려는 스마트폰을 찾는다. 스마트폰을 구입하기 전에 일반적으로 필요한 정보들을 수집한다.

시나리오를 만들 때는 기대 사항에 대한 제안이나 힌트를 주지 말고, 중립을 유지하자. 가장 좋은 시나리오는 사용자가 여러분이 프로젝트에 관심이 있다는 사실을 모르게 하는 경우다. 웹사이트, 솔루션 등과 관련해 여러분이 의도하는 바를 말하지 않도록 한다. 여러분이 어떤 솔루션에 애착을 보인다면, 테스터들은 정직하게 말하지 않을 것이다. 여러분은 그들이 비평적이며 잔인하리만큼 정직하기를 바란다. 프로젝트 작업을 할 때 그들은 여러분이나 누군가의 감정에 관심을 두지 않아야 한다. 여러분은 그들의 솔직한 감정을 원한다. 테스트 시스템이 잘 작동하지 않는 경우, 사용자들이 가혹하게 말해주길 원한다. 잘 작동하는 경우라도, 자잘한 문제를 해결할 수 있길 바란다. CEO가 관찰실에 있어도, 정중한 답변을 목표로 삼진 말자.

사용자에게 웹사이트를 방문하도록 요청하거나, 웹사이트가 아닌 경우 솔루션에 접근하는 방법을 알려주도록 하자. 또한 테스트 시작 전에 URL을 다시 확인하자. 예를 들어, http://www.samsung.com/uk/는 삼성의 현재 영국 사이트 URL이다. 대부분의 테스트 디자이너는 주소 표시창에 URL을 복사해 붙여 넣는다. 테스트 시작 전에 URL을 테스트하자. 복사해 붙여 넣은 경우에도 URL을 미리 테스트하면 망칠 일이 없다. 클릭 한번으로 충분하다.

사용자의 상상력에 맡기고, 필요하면 시나리오에 도움을 주자. 모호하게 해, 사용자가 대부분의 상황을 상상할 수 있게 한다. 이는 실제 같은 상황 설정을 가능케 한다.

과업 및 질문 작성하기

숙련된 진행자는 시나리오만으로도 충분히 실험실 테스트를 진행할 수 있다. 그러나 테스트에는 분석하고 요약하기 힘든, 그리고 반복하기 힘든 내용이 포함된다. 원격 언모더레이티드 테스트를 위해, 미리 잘 작성된 과업 및 질문은 사용성과 관련된 많은 문제점을 찾아내는 데 도움이 될 것이다.

과업은 사용자의 행동을 요구하고 질문은 사용자의 답변을 요구한다. 둘 다 사용자 테스트에 사용될 수 있다. 질문은 선택 사항이며 좋은 과업 목록은 진행자에게 도움이 된다. 이 내용은 원격 언모더레이티드 테스트에 절대적으로 필요한 내용이다.

어떤 형태의 의사소통 방식이든, 간결한 단어를 사용하고 사용자를 압도하지 않도록 한다. 비교적 짧은, 최대 18분 정도의 테스트 과업과 질문들을 설계하자. (이와 같은 이유로 TED 토크도 이 정도 길이로 진행된다.) 테스트는 시급한 사용성 문제를 해결할 수 있을 만큼 길되 사용자의 관심을 끌 수 있을 만큼 짧아야 한다.

6분 안에 완료 가능한 테스트를 설계하자. 실제 사용자를 대상으로 '크게 생각하기' 방식으로 진행하면, 예상보다 두세 배 길게 걸린다. 이는 보통 2~5개의 과업과 3개 이하의 질문을 의미한다. 내 경험에 의하면, 테스트의 길이와 결과의 실행 가능성은 음의 상관 관계에 있다. 테스트가 길면 사용자는 속았다고 느낀다. 대부분의 사람은 사이트를 연 상태에서 저녁 식사 준비를 하지 않는 이상 여러분의 사이트에서 40분을 보내진 않는다. 왜 그들이 여러분의 사이트에 지겨워하게끔 하려는가?

무엇을 해야 할지, 어디를 클릭해야 할지 말하지 말고, 명확하고 간결하게 사용자들을 단계별로 안내하라.

패션 브랜드의 웹사이트 모바일 버전을 프로토타입으로 제작해, 파일럿 테스트를 실행했다. 당시, 모든 옵션이 프로토타입으로 개발되지 못한 상황이었기 때문에, 사용자가 프로토타입을 탐색할 때 햄버거 메뉴(burger menu)를 사용하길 바랬다. 그래서 우리는 그들에게 다음과 같은 과업을 주었다. "햄버거 메뉴를 사용해 우리 사이트에서 구매할 것들을 골라보세요." 이 프로토타입 사이트는 초기 테스트 버전이었다. 그래서 대부분의 기능이 작동하지 않았고, 우리는 어떤 물건은 어디서 찾을지 안내를 했다. "햄버거 메뉴를 찾을 수 없다면, 왼쪽 상단에 3개의 가로선으로 된 아이콘이 있어요." 깊은 고민 없이 서둘러 만들어진, 끔찍한 과업이었다. 다행히도, 우리는 파일럿 테스트를 한 명 이상 수행했다. 첫 사용자는 금방 이해하고 우리가 의도한 대로 햄버거 메뉴를 사용했다. 그러나 두 번째 사용자는 분노했다. "왜 내가 옷 사는 사이트에서 햄버거를 사겠어요? 햄버거를 팔려면, 식당을 열고 새로운 사이트를 만드세요."라며 소리쳤다.

이 파일럿 테스트(이에 관해서는 뒤에서 더 자세히 설명 예정이다)는 우리의 조사를 구했고, 전형적인 테스트 설계 오류를 보여줬다. 개발 팀의 모든 사람이 햄버거 메뉴가 무엇인지 알고 있었지만, 사용자는 그렇지 않을 수 있다. 이는 테스트를 완전히 망칠 수 있다. 여러 번 반복해야 하는 테스트일 경우라면 더 끔찍하다. 따라서 헤더, div, 라디오 버튼, 입력, AJAX 등의 단어는 사용하지 말자. 간단한 단어들로 요소를 설명하자. 가장 바람직한 것은 사이트의 단일 개체를 참조하는 과업을 제공하지 않는 것이다. 가능한 한 사용자에게 폭넓은 과업을 제시하자.

과업을 작성할 때는 사용자가 와이어플로우를 본 적이 없고 사이트 작동 방식에 대해 잘 모르며 기술 용어에 친숙하지 않다는 점을 상기하도록 하자.

의견 및 기대 사항 물어보기

사용자의 의견과 기대 사항을 질문함으로써 테스트 디자인을 향상시킨다. 그리고 이때 사용자의 지식을 테스트하려 하면 안 된다. 특히, 무의미한 질문들로 인내심을 테스트하지 마라.

유도 질문과 예/아니오 단답형 질문은 피한다. 닫힌 질문^{close-ended question}은 사용자를 우리가 생각하는 범주 안에 가둬 놓는 결과를 가져온다. 열린 질문^{open-ended question}이 우리가 상상할 수 없는 것을 발견하는 데 도움이 될 것이다. "이 페이지가 알아보기 쉬운가요?"라고 묻지 말고 "이 페이지를 봤을 때 첫인상이 어땠나요?"라고 물어야 한다.

 NN/g에 열린 질문과 닫힌 질문을 비교한 훌륭한 블로그 게시물이 있다. 한 번 읽어보길 바란다. (https://www.nngroup.com/articles/open-ended-questions/) 닫힌 질문 사례와 닫힌 질문을 열린 질문으로 바꾸는 방법은 좋은 출발점이 될 것이다.

사용자가 웹사이트를 실제로 보기 전에 웹페이지나 인터랙션 측면에서 어떤 기대 사항이 있는지 물어봐야 한다. 그들이 웹사이트를 본 후에 질문을 한다면, 사용자는 그들이 보고 있는 내용이 예상했던 거라고 말할 것이다. 사용자는 여정을 경험하면서 그에 따라 대상에 대한 생각을 정해간다. 그리고 본 바에 따라 인식을 조정하고 행동을 변화시킨다. 테스트가 끝나는 시점에 "이게 여러분이 기대했던 내용인가요?" 묻는 것은 의미 없다. 그리고 사용자는 여정 초기에 어떤 부분에서 놀라워했는지 거의 기억하지 못한다.

사용자로부터 의견과 기대 사항을 구하려면, 사용자도 시나리오에 대한 명확한 그림이 있어야 한다. 바로 이 점이 기억하기 좋고 쉬운 시나리오를 만들어야 하는 중요한 이유다.

 테스트할 때 주로 행동을 관찰하는 데 관심이 있으므로, 사용자 테스트를 비디오 설문 조사로 바꾸지는 말자.

개인 정보 보호 문제

사용자는 이름, 주소 등 개인 정보와 관련해, 실제 세부 정보 대신 가짜 정보를 사용할 수 있어야 한다. 필요하다면 가짜 신용카드 정보나 테스트 계정 등의 유사 조치를 고려해두자. 그럴 수 없다면, 과업 진행 중 개인 정보를 입력해야 하는 단계에서 "신용카드나 다른 지불 정보를 입력하기 전에 멈춰달라"고 이야기한다. 이러한 조치는 사용자로부터 돈을 훔치려고 하는 게 아니라는 사실을 보여주어 사용자를 안심시킨다. 우리는 사용자에게 실제 신용카드나 은행 계좌 정보를 녹화해달라고 요구해선 안 된다.

사용자가 비밀번호나 민감한 개인 정보를 입력해야 하는 경우, 화면 녹화를 일시 중지하도록 요청한다. 해당 정보를 입력하는 장면이 끝나고 곧바로 녹화를 다시 시작하면 정보가 더 이상 화면에 표시되지 않는다. 이상적으로는 테스트에 필요하다면, 가짜 신용카드 정보를 사용자에게 제공해야 한다.

 프로토타입을 제작할 때 클라이언트의 정보를 노출하지 않으려면 실제 로고 대신 로고 자리에 자리표시자를 사용한다. 저자의 경우, 브랜딩 요소가 사용자 경험 테스트에 꼭 필요한 게 아니라면, 브랜딩 관련 요소는 잘 표시하지 않는다.

브랜딩 표시를 하지 않으면, 다른 효과도 있다. 테스터들은 일반적으로 비공개 서약서에 서명을 하지만, 원격 테스트에선 비밀스러운 내용을 그들에게 공유하지 말자. 사용자들은 사진이나 스크린샷을 찍을 수도 있고 자체적으로 비디오 녹화를 할 수도 있다.

종료 질문 및 종료 설문

테스트를 마치면서 하는 종료 질문은 대개 동영상에 기록되지 않으며, 사용자는 모든 과업을 마친 후 종료 질문을 듣거나 보게 된다. 나는 종료 설문을 하지 않는다. 질문은 테스트 도중, 테스트가 끝난 시점이 아니라 바로 그 순간에 해야 한다. 꼭 한다면 나는 한

가지 질문을 할 것이다. 내가 권하지 않는 질문은 오직 대답하기에 짧고 간단한 것이다.

"친구나 동료에게 이 웹사이트/앱/솔루션을 추천할 의향이 얼마나 되나요?" 일반적인 NPS^{Net Promoter Score}(순수추천고객지수) 질문이다. 이 질문에 사용자는 0-10 사이의 척도를 사용해 대답한다. 대답에 따라 홍보자^{promoter}(9-10점), 비추천자^{detractor}(0-6점), 소극자^{passive}(7-8점)의 세 유형으로 나눈다. NPS는 많은 조직에서 고객 만족도를 측정하기 위한 KPI다. 테스트 후 사용자에게 이 질문을 해보자. 이는 특정 사용자가 특정 점수를 부여하는 이유를 이해하고 전반적인 NPS를 늘리는 방법을 고민하는 데 도움이 된다.

스마트폰 구매 여정을 위한 테스트 스크립트

이 과업 목록을 예제로 삼아 여러분의 과업을 위한 시작점으로 활용해보자. 원격 테스트 대신 게릴라 테스트나 실험실 테스트로 진행한다면, 약간 수정해야 할 수도 있다.

스크린 녹화를 시작해주세요. 각 단계가 진행되면, 모든 지시 사항을 따르고 생각을 말로 표현해주세요. 그리고 다시 한 번 말씀 드리지만, 저희는 여러분이 아니라 웹사이트를 평가하고 있습니다.

여러분이 휴대폰을 분실했고 새 것을 사고 싶다고 생각해주세요.

1. 새 스마트폰을 구매하고 싶다면, 어떤 웹사이트를 먼저 방문하시겠습니까?
   해당 웹사이트를 간단히 보여주세요. 그 사이트를 왜 좋아하는지 말씀해주세요.
2. 이제 삼성 웹사이트(http://www.samsung.com/uk/)를 방문해주세요.
   이 웹페이지의 첫인상은 어떤가요? 레이아웃과 디자인에 대해서도 말씀해주세요.
3. 삼성의 웹사이트를 탐색하고 구매할 스마트폰을 찾아보세요.
4. 평상시에 스마트폰을 구매하기 전처럼 여러분에게 필요한 많은 제품 정보를 수집하세요.

5. 이제 스마트폰을 구매하려고 합니다. 하지만 이름, 주소, 신용카드 번호 등 개인 정보를 입력하는 단계에서 정보를 입력하지 말고 멈춰주세요.

6. 여러분이 선택한 스마트폰을 위해 보통 구매하는 커버, 케이스 등 보호 액세서리를 찾아보세요.

7. 여러분에게 마술 지팡이가 있다면, 삼성 웹사이트를 어떻게 개선하고 싶으신가요?

이것으로 테스트가 끝났습니다. 참여해 주셔서 감사합니다. 이제 화면 녹화를 멈춰주세요.

▍파일럿 테스트

모든 사용자를 대상으로 곧바로 테스트를 시작하기 보다는, 파일럿 테스트^{pilot test}를 사전에 진행하길 권장한다. 파일럿 테스트는 한두 명의 사용자와 함께 먼저 테스트를 해보는 것이다.

파일럿 테스트는 일반적으로 실험실 테스트를 시작하는 첫날에 수행된다. 보통 두 명의 참가자를 초대하는데, 한 명 또는 두 명 모두 나타나지 않을 경우를 대비해 백업으로 세 번째 참가자까지 초대해두기도 한다. 두 번의 테스트를 하루 종일 하는 것은 아니므로, 테스트가 얼마나 원활하게 진행되는지에 따라 나머지 시간 동안 테스트를 개선하고 수정한다.

원격 테스트에선 파일럿 테스트가 더 간단하게 진행되는데, 이는 다음 절에서 살펴본다. 사용자와 함께 테스트를 시작하고 결과 비디오를 본 후, 필요한 경우 테스트 설계를 수정한다. 이 작업은 두세 시간 안에 완료할 수 있으며, 작업이 끝나면 개선된 방식으로 테스트를 시작할 수 있다. 원격 테스트를 위한 파일럿 테스트를 할 때, 온라인 사용자면서 흔쾌히 테스트에 응하는 사용자가 있을 것이다. 물론 다섯 마리 고양이를 키우는 재무 담당자같은 특별한 사용자에게만 관심이 있다면 꽤 많이 기다려야 할 수도 있다. 이상적인 프로파일링 기준으로 다시 고민하고 진행하자.

▌ WhatUsersDo.com으로 테스트하기

WhatUsersDo.com은 영국의 혁신적인 원격 사용자 경험 테스트 플랫폼이다. 지난 몇 년 간, 나는 원격 테스트 프로젝트의 대부분을 이 플랫폼에서 진행했다. 이 플랫폼에선 테스트가 끝나면 몇 시간 안에 고품질의 사용자 테스트 비디오를 제공 받는다. 그리고 나는 2015년까지 WhatUsersDo의 UX 디렉터였다. (당시 정말 재미있었다! 아, 좋은 시절이었다…….)

어쨌든 플랫폼을 사용해 5장에서 설계한 테스트를 설정하고 실행해 보자. 로그인한 후, 커다란 빨간색 Start a test 테스트 시작 버튼을 클릭하면 된다.

새로운 테스트를 시작하기

테스트에 유의미하고 구체적인 제목을 붙이면 나중에 도움이 된다. 플랫폼에서 여러 테스트를 수행하면 제목으로 테스트들을 쉽게 식별할 수 있다.

테스트 제목 정하기

나는 보통 파일럿 테스트로 한두 명의 데스크톱 사용자만 선택한다. 이때 사용자는 Country^{국가}를 제외한 모든 드롭다운 메뉴에서 Any^{선택 안함}를 선택한다. 국가 드롭다운 메뉴에 대상 국가가 없으면 프라이빗 패널을 사용하거나 여러분의 원격 패널에 문의할 수 있다. 원하는 국가가 지원 국가 범위에 포함돼 있지 않더라도 대부분의 경우 도움을 받을 수 있다.

이제 파일럿 테스트를 위한 첫 번째 사용자 그룹, 파일럿을 위한 유일한 그룹 수를 입력하고 저장한다.

여러분은 원하는 만큼 사용자 그룹 수를 늘릴 수 있다. 예를 들어, 10명의 사용자, 50% 여성 비율로 테스트하려면, 5명의 여성 그룹과 5명의 남성 그룹으로 두 개의 사용자 그룹을 생성한다.

테스트 세부 사항을 입력하고 다음 단계로 넘어가기

이제 사용자를 설정했으므로, Next^{다음} 버튼을 클릭한다. 그러면 Test Script^{테스트 스크립트} 탭으로 이동하게 된다. 여기서 패널을 필터링하기 위해 사전 스크리너 질문을 설정할 수 있지만, 대부분의 테스트에서는 사전 스크리닝을 피하려 할 것이다. 대신, 왼쪽 리스트에서 Set a Scenario^{시나리오 설정} 버튼을 클릭해 시나리오부터 시작해보자.

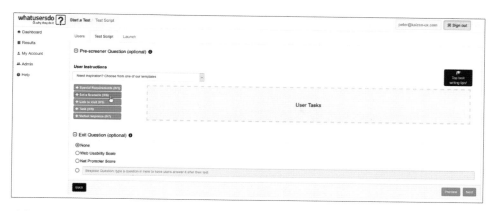

설정 가능한 콘텐츠 유형: Special requirements(특별 요구 사항), Set a scenario(시나리오 설정), Link to visit(방문할 링크), Task(과업), Verbal response(음성 응답)

시나리오를 입력해야 한다. "모든 지시 사항을 따르고 생각을 말로 표현해주세요. 그리고 다시 한번 말씀드리건대, 저희는 여러분이 아니라 웹사이트를 평가하고 있습니다."라며 장황한 설명으로 시작할 필요는 없다. 이런 내용은 WhatUsersDo 패널 멤버면 이미 알고 있다. 또한 이는 테스트 소개의 일부 내용이다. 그들이 '크게 생각하기' 방식을 따르지 않는다면, 비디오를 교체할 수 있다. 새로운 사용자를 무료로 얻는 것이다.

시나리오 설정

왼쪽에 있는 과업 목록 요소를 사용해 이전 절에서 작성한 과업 목록을 가져와서 다시 편집할 수 있다. 그리고 방문할 링크를 추가한 후엔 링크가 적혀 있는 박스의 오른쪽 상단에 있는 Open Link^{링크 열기} 옵션을 사용해 링크를 꼭 테스트하자(새 탭에서 링크가 열림).

과업 추가하기

모든 과업을 추가하고 마지막으로 종료 질문을 추가할 수 있다. 이 질문은 비디오에 녹화되지 않으며 사용자는 모든 과업을 마친 후 만나게 된다. 이때 Bespoke question^{맞춤형 질문}을 선택하면 사용자가 답변을 입력해야 하므로, 나는 이 질문 유형은 피한다. 대신 Net Promoter Score^{순수추천고객지수}를 제안한다. 여러분은 궁금한 내용을 모두 간단히 질문할 수 있다. 종료 질문을 설정한 후에는 Launch^{시작} 탭을 선택할 수도 있고, Preview^{미리보기} 버튼을 사용해 사용자가 경험할 과업 단계들을 확인할 수 있다.

테스트를 시작하기 전에 과업들을 미리보기할 것을 권장한다. Next^{다음} 버튼을 클릭해 마지막 과업이나 질문까지 확인할 수 있다.

여러분이 작성된 과업을 검토한 후 만족한다면, 마지막 탭인 'Launch^{시작}'으로 이동한다. 이 탭은 여러분이 시작하려는 테스트의 개요, 사용자 그룹과 전체 테스트 스크립트를 보여준다.

시작하기 전에 테스트의 세부 사항 확인하기

이제 테스트를 시작할 준비가 됐다. 하단에 있는 Launch^{시작} 버튼을 누르면 아래와 같이 확인 메시지가 나타난다. Launch 버튼 옆에 Schedule Launch^{시작 스케줄} 옵션이 있지만, 나는 항상 테스트 설계를 완료하면 곧바로 테스트를 시작한다. 그리고 RITER 방식으로 진행하더라도 자동으로 같은 테스트를 반복하게 만들지 않는다. 각 반복 단계마다 수동으로 다시 시작하도록 하자.

여러분이 테스트 시작 버튼을 누르면, 테스터는 여러분이 설정한 테스트를 볼 수 있게
되고 바로 테스트를 시작할 수 있다. 그리고 여러분의 대시 보드에 현재 테스트 중인 상
태로 보여진다.

방금 시작한 테스트는 대시 보드에 보여진다.

사용자 한 명만 테스트하도록 설정하면, 근무 시간 외 시간에 테스트를 시작하더라도 곧
완료될 것이다. 5장의 파일럿 테스트 예제는 23시 17분에 시작됐고 23시 30분에 완료
됐다. (이 책을 저술할 당시, 회사에서 수석 관리자(풀타임)로 일하고 있었기 때문에 저녁 시간에 책을
써야 했는데, 실제로는 늦은 밤에 테스트를 시작하는 걸 권장하지 않는다. 여러분과 여러분의 사용자
가 피곤해할 수도 있고, 이로 인해 양쪽 모두 테스트를 제대로 진행하는 데 어려움이 있을 것이다.)

테스트가 완료되면 View Results 결과 보기 버튼을 클릭해야 한다.

결과는 동영상이고 재생할 수 있다. Metrics 메트릭스는 사용자 한 명만 테스트하는 파일럿과
는 관련이 없다.

자, 비디오를 살펴보자. 다음 장에서는 비디오에 태그를 달거나 비디오 내용을 분석하는 방법에 대해 알아본다. 지금은 그저 쭉 지켜보자. 사용자의 어깨 너머로 사용자가 끝까지 탐색하는 방법을 살펴본다.

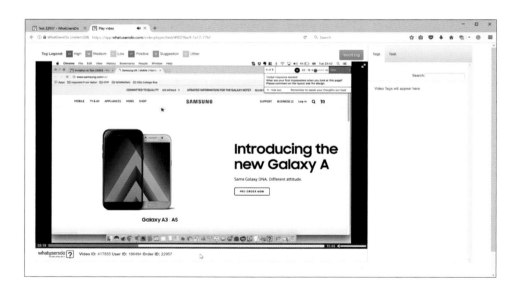

여러분은 https://app.whatusersdo.com/tMks에서 저자가 제작한 비디오를 볼 수도 있고 여러분의 비디오를 녹화할 수도 있다. 파일럿 테스트를 볼 때, 테스트 디자인의 잘 못된 부분에 집중해서 본다. 사용자가 여러분의 질문을 오해하지는 않았는지? 중요한 질문을 누락하진 않았는지?

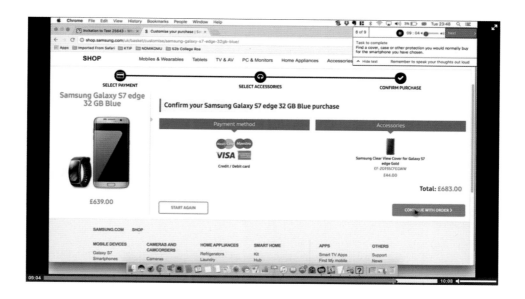

사용자 테스트 비디오를 확인하는 일은 그저 UX나 제품팀을 위한 것만은 아니다. 이 비디오는 모든 사람들을 프로젝트에 참여시킬 수 있다. 유명한 예로, AO.com의 'Pizza Friday^{금요일 피자 타임}'가 있다. 여러분은 이들의 사례를 따르거나 아이디어를 그대로 베낄 수도 있다. 모든 직원이 먹을 만큼의 피자를 넉넉하게 준비하고, 원격 테스트 비디오를 보여줄 용도로 쓸 넓은 방과 대형 스크린만 있으면 된다. 이렇게 하면 고위 관리자에서 창고 직원까지 모두 사용자에 대해 알 수 있게 된다. 그들은 사용자가 여러분의 웹사이트, 앱 등의 솔루션에서 어떤 행동을 하는지 본다. 이는 진정한 사용자 중심 제품을 만드는 기반이 된다. 솔루션이 잘 동작하고 사용자가 긍정적인 반응을 보이거나 감동을 받게 되면, 모두 이를 축하하고 성취감을 느낄 것이다. 이는 또한 사용자 경험이 조직에서 중요하게 생각하도록 만드는 데 도움이 될 것이다. 나는 수십 년 안에 독립된 부서로서의 UX가 사라지고 대신 마케팅 관점에서의 '디지털 팀'처럼 사용자 중심성이 모든 팀의 필수 조건이 될 것이라 믿는다. 아마존Amazon 같은 회사는 이미 모든 관리자로 하여금 고객과 함께 시작하고 고객 뒤에서 일하길 요구한다. 고객 중심적 사고는 아마존의 DNA이자 e커머스에서의 커다란 성공에 기여한 행동 방식이다. 조직을 위해 일하는 모든 사람은 고객의 신뢰를 얻고 유지하기 위해 활발히 노력해야 한다. 그건 아마도 금요일, 함께 먹는 피자로 시작될 것이다. 여러분도 이번 주 금요일 그렇게 할 수 있겠는지?

█ 요약

뛰어난 디지털 경험을 제공하려면, 사용자 중심성이 기업 문화의 일부가 되어야 한다. 사용자가 어려움을 겪고 있는 모습을 관찰하고, 경쟁사 사이트에서 어떻게 행동하는지 확인하는 것이 이해와 수용의 첫 걸음이 될 것이다.

테스트 주도의 사용자 경험 프로세스는 (이 책의 마지막 장에서 확인할 수 있듯이) 진정한 경쟁 우위를 제공할 것이다. 사용자를 녹화하면, 사용자 경험 이슈들을 이해하고 커뮤니케이션하는 데 도움이 된다. 카이젠 UX Kaizen-UX나 다른 맞춤 방법론을 실행하기 전이더라도, 확실히 유용하다.

5장에서는 테스트를 설계해봤다. 6장에서는 비디오를 분석하고 그 이상을 수행할 것이다. 원격 사용자 테스트 비디오를 실행 가능한 경험 지도로 변환시킬 준비가 됐는지? 제품 디자인에 단 하나뿐인 문제 솔루션을 준비했는지?에 관해 6장에서 알아보며, 사용자에게 더 가까이 다가가 보자!

06

사용자 인사이트 기반 솔루션 지도 제작

5장에서는 실제 사용자를 대상으로 테스트를 설계하고 수행하는 방법을 배웠다. 6장에서는 사용자를 이해하기 위한 모험을 계속 진행한다. 동영상을 분석하고 테스트 결과를 바탕으로 지도를 만든다. 또한 사용자 니즈에 적합한 독특한 경험을 디자인해볼 것이다.

 솔루션 지도는 솔루션을 찾고 커뮤니케이션하는 데 도움이 되는 도구다. 실행할 수 있는 프로젝트 계획을 시각적으로 표현한 것이기도 하다. 이상적인 솔루션 지도는 실제 사용자와의 테스트 결과를 기반으로 한다.

실존하는 비즈니스 문제를 시각적으로 해결하기 위해 다음과 같은 작업을 수행해볼 것이다.

- 새로운 기회로 시작해 새로운 테스트 디자인과 해결해야 할 흥미로운 문제를 제시한다.
- 원격 사용자 테스트 비디오에 태그를 단다. 비디오를 보고, 본 것을 분석하며, 사용자 인사이트에 강조 표시를 해둔다. 태그를 달려면 다음 작업을 수행해야 한다.
  - 태그할 내용 이해하기
  - 좋은 태그 제목과 설명 달기
  - 행동 이슈 심각도 모형^{behaviorist issue severity model}을 기준으로 태그 유형 선택하기
- 태그 내용을 요약하고, 드러나는 패턴^{pattern}과 공통된 페인포인트^{pain point}(불편점)를 찾는다.
- 5단계 프로세스에 따라 솔루션 지도를 작성한다.
- 솔루션 지도를 바탕으로 실행한다.

여러분의 비즈니스 문제는 무엇인가? 함께 해결할 수 있을까?

▌ 컨터키 모험

5장에서 소개했던 기회를 중심으로 계속 진행할 수는 있지만, 이 책을 저술할 때 11가지 기회를 소개하자고 생각했었다. 사용자 경험 지도 제작이 얼마나 다양하게 나타날 수 있는지 보여주기 위해 서로 다른 11가지 프로젝트를 소개할 것이다. 이는 다양한 지도 제작 애플리케이션을 보여줄 뿐 아니라 여러분의 창의성을 발화시킬 수 있을 것이다. 6장에서는 또 다른 테스트 설계 예제를 소개하며, 이 예제는 5장을 좀 더 이해하는 데 도움

이 될 것이다. 자, 모험을 시작해보자.

컨터키Contiki는 18~35세 연령층의 휴가를 전문으로 하는 여행사다. 컨터키의 페르소나 중 하나는 '아담, 모험가Adam, Adventure Seeker'다. 그는 영감을 필요로 하는 페르소나고, 우리는 사용자에게 영감을 주기 위한 새롭고 흥미로운 방법을 찾고 싶다.

우리는 모든 여행지를 검색할 수 있는 대규모의 데이터베이스를 만들 수 있다. 하지만 그게 모험을 계획하기 위한 가장 흥미로운 방법일까? 아담의 친구들은 소셜 미디어에 링크를 공유할까? 아담이 지루한 방법이라고 생각하진 않을까? 어떤 방법이 효과가 있을까? 이 질문에 대한 답을 찾으려면, 실제 사용자와 몇 가지 테스트를 해야 한다. 그 다음 테스트를 분석해 솔루션 지도를 만든다.

작업을 더 쉽고 빠르게 진행하기 위해 첫 번째 이터레이션 단계에서는 5명의 사용자만 테스트에 참여한다. 훌륭한 디지털 경험을 만들어내기 위해서는 연이은 이터레이션과 지속적인 개선 프로세스가 필요하다. 하지만 모든 프로세스가 어딘가에서 시작되듯, 이 프로세스 5명으로 시작하기로 한다. 그들은 목표 사용자인 ABC1 사회 경제층에 속한 18~35세 연령대의 사람들로 구성돼 있다.

테스트 참가 사용자

사용자 명수	기기	국가	성별	나이	사회 계층
5명	컴퓨터 또는 노트북 사용	영국	성별 무관	18-35세	ABC1

테스트 참여자로 여행할 때 모험가 성향을 보이는 사람들을 원한다. 5장에서는 사전 스크리닝을 피했지만, 여기서는 사전 스크리너의 체크박스Checkboxes를 사용한다. 체크박스란 특별한 스크리너 유형인데, 이 유형은 사용자가 본인에게 해당되는 모든 대답을 선택할 수 있는 컴포넌트다.

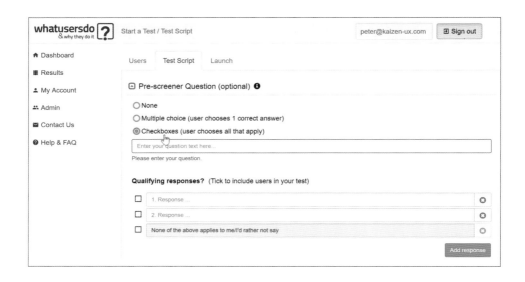

모험가는 그룹으로 정의하기 어렵다. 그래서 나는 사용자에게 정의를 맡겼다. 어떤 사람에게는 강력한 와이파이$^{Wi-Fi}$를 갖춘 좋은 호텔을 찾는 것도 진짜 모험이다. 하지만 그 사람은 스스로를 모험가라고 정의하지는 않을 것이다. 어떤 사람은 비용에 민감하면서도 모험가일 수 있고, 어떤 사람은 모험뿐만 아니라 식도락도 추구할 수 있다. 사용자가 모험 외에 다른 항목을 선택했더라도 모험을 선택했다면 테스트에 참여하게 된다.

Advanced Profile

질문: 휴일 계획을 어떻게 설명할 수 있는가? 여행 목적지를 검색할 때 중요하게 생각하는 것은 무엇인가?

Show 10 ⌄ entries   Search: [   ]

나는 비용에 민감하다. 여행을 할 때 보통 가장 저렴한 것을 찾는다.	No	7
나는 모험가다. 어딜 가든 모험을 찾는다.	Yes	7
나는 식도락가다. 좋은 음식과 요리의 즐거움을 찾는다.	No	2
나는 인스타그램, 페이스북 등 소셜 네트워크에 포스트할 멋진 사진을 찍고 싶다.	No	0
나는 여행 경험이 별로 없다. 영국 밖으로 여행해본 적이 없다.	No	0
해당 사항 없음 / 밝히지 않음	No	0

위의 그림처럼 사전에 적격 여부를 묻는 질문은 솔직히 끔찍하다. 설문 조사에서 이와 같이 질문하지는 말자. 부끄럽지 않은 또는 더 나은 연구를 추구한다면, 절대 사전 스크리닝을 요청하지 않는 것이 좋다. 그렇다면 나는 왜 그렇게 했을까? 참여자에게 테스트가 흥미 있는 내용인지 확인하는 게 좋기 때문이다. 실제 사용자와 함께 차량을 테스트하려면 사용자에게 차량 테스트에 참여할지 물어봐야 한다. 참여를 원하지 않는 사람이 테스트를 강요당한다면 끔찍한 기분이 들 것이고, 심지어 그들 중에는 운전 방법을 모르는 사람이 있을 수도 있다.

간단한 시나리오로 시작한다. '해외에서 모험을 하고 싶다고 상상해보자.' 이 시나리오는 자연스럽게 테스트 디자인으로 이어진다. 테스트 스크립트로는 가볍고 쉬운 과업 목록을 선택한다. 먼저 사용자가 휴일 계획을 어떻게 검색하는지 알고 싶다고 가정해보자. 그들이 어떤 사이트를 선택하는지, 거기서 어떤 행동을 하는지 관심이 있는데, 이는 해당 사이트를 베끼려는 게 아니라 더 나은 독특한 경험을 만들기 위함이다.

다음으로 사용자들이 컨터키의 기존 사이트를 사용하는 방법을 확인하기 위해 그들에게 과업을 준다. 컨터키는 멋진 모험을 제공하고 있으며, 해당 사이트는 시각적으로 즐겁고, 사용하기에 어렵지 않았다. 어떻게 더 나은 경험을 만들지 살펴보자.

메트릭스	비디오	분석	노트	사용자 프로파일	테스트 스크립트	프로젝트

사용자 안내

1. 시나리오 설정
해외에서 모험을 하고 싶다고 상상해보자.

2. 과업
여행 사이트를 활용해 모험할 내용을 찾아보자. 선호하는 사이트를 사용하거나 구글에서부터 시작할 수도 있다. 어떤 방법이든 원하는 방법을 선택하라.

3. 방문 링크
http://www.contiki.com/uk

4. 과업
이 페이지를 처음 봤을 때 첫인상은 어땠는가? 레이아웃과 디자인은 어땠는가?

5. 구두 대답
이 사이트의 어디쯤에 모험가를 위한 추천 콘텐츠가 있어야 한다고 생각하는가? 거기에서 무엇을 기대하는가?

6. 과업
컨터키 웹사이트를 사용해서 다른 모험을 찾아보라.

7. 구두 대답
마술 지팡이가 있다면, 컨터키 웹사이트를 어떻게 개선하고 싶은가?

5장에서 소개했던 테스트를 설계해서 수행하는 일에 익숙해져야 한다. 그리고 자신의 테스트 스크립트를 만들고 직접 테스트를 수행해보길 권한다. 가장 중요한 점은 테스트 스크립트를 짧고 단순하게 유지하는 것이다. 내 스크립트를 사용한 테스트 비디오는 11분을 넘지 않았고, 가장 짧은 동영상은 6분 미만이었다.

▌ 태그 – 적극적 시청의 과학

『왕좌의 게임』 에피소드를 대하듯 비디오를 수동적으로 볼 수도 있다. 하지만 우리는 분명히 재미있게 비디오를 볼 것이며, 비디오에서 많이 배울 것이다. 사용자 테스트 비디오에 드래곤이나 이리는 나오지 않는다. 그 대신 전환 방해 요소같은 무시무시한 것을 만나게 된다. 바로 UX 이슈다. 이 이슈들은 잘 만들어진 UX도 끔찍하게 파괴해, 사용자로 하여금 포기하게 만든다.

사용자 테스트 비디오를 볼 때 태그^{tag}를 달면서 보는 것이 좋다.

 태그는 UX 리서치 용어로 사용자 테스트 비디오를 위한 인사이트 식별의 한 형태다. 테스트 결과로 짧은 비디오 한 토막이 생성되는데, 이 비디오는 텍스트 설명을 포함하며 이슈 심각도 모형을 기반으로 빠르게 점수가 매겨진다. 이러한 태그는 전체 경험 관점에서 각기 분류된 다중 음성 보기 환경을 제공하는데, 이는 우리가 이슈로 곧바로 이동해서 확인할 수 있게 하고, 일련의 테스트를 아우르는 경향을 쉽게 파악하는 데 도움이 된다.

태그는 숨은 비책을 제공한다. 짧은 비디오 한 토막은 이해관계자를 설득할 때 진정한 펀치 역할을 한다. 이슈를 전할 때 비디오를 보여주면 도움이 되며, 상대방이 빠르게 행동하도록 부추긴다. 또한 팀에 많은 예산을 확보하는 데 도움이 될 수 있기 때문에 더 많은 사용자 테스트를 수행할 수 있게 되기도 한다.

또한 태그의 이점은 클라이언트와 커뮤니케이션할 때 오해의 여지가 없다는 것이다. 아마 여러분은 에이전시를 위해 일을 하거나, 인하우스 UX 팀이 에이전시–클라이언트 모델과 유사한 방식으로 일을 하고 있을 것이다. 태그를 사용하면 클라이언트가 이슈를 곧바로 확인할 수 있어 시간과 자원이 절약된다. 장시간 화면을 볼 필요 없이 짧은 클립 몇 개만 보면 된다.

태그가 중요하기는 하지만 태그 자체가 문제를 해결하는 것은 아니다. 태그가 특정 사항을 추천하거나 커뮤니케이션하는 것도 아니고, 지도 역할을 하는 것도 아니다. 결국은 약간의 데이터가 포함된 작은 비디오 조각일 뿐이다. 여러분이 태그를 활용해 지도를 제작하고, 커뮤니케이션하며, 무엇보다 문제를 해결해야 한다.

▌ 비디오의 태그를 생성하는 방법

태그 달기란 사용자 인사이트를 관찰하고 정보를 생성할 때마다 비디오를 멈추는 것을 의미한다. 미리 걱정하지는 말자. 원격 리서치 플랫폼을 이용하면 된다. 어도비 프리미어나 애플 파이널 컷프로는 필요하지 않다. 6장에서는 WhatUsersDo 플랫폼에서 기본으로 제공하고 있는 태그 생성 기능을 사용한다. 하지만 스카이프나 시스코 웹엑스를 사용해 비디오를 별도로 녹화한 경우에는 기본적인 비디오 편집 기술이 필요하다. 비디오를 편집해야 하는 경우, 무료 비디오 편집 소프트웨어인 라이트웍스Lightworks를 추천한다. 모든 주요 운영 체제에서 사용할 수 있으며, https://www.lwks.com에서 다운로드할 수 있다. 라이트웍스는 할리우드에서도 사용되는데, 예를 들어 〈펄프 픽션Pulp Fiction〉과 〈킹스 스피치The King's Speech〉가 라이트웍스로 편집됐다. 라이트웍스는 비디오 편집을 잘 하는 사람이 아니어도 사용할 수 있으며, 비디오를 몇 초씩 끊어 이어서 결과를 압축할 수 있다.

무엇을 태그로 생성할까

어떤 분석가는 자신의 주장을 증명하는 데 필요한 이슈들만 태그로 생성한다. 이는 잘못된 행동이다. 사용자 경험을 잘 이해하고, 궁극적으로 이를 개선하기 위해서는 최선을 다해야 한다. 그렇다고 모든 것을 태그해야 한다는 의미는 아니지만 요약에 필요한만큼은 태그를 생성해야 한다. 목표는 사용자가 솔루션과 인터랙션하는 방식을 명확하게 전달하는 것이다. 태그는 사용자 행동에 대한 증명이자 신호다. 이해관계자들은 태그를 신경 쓰지 않겠지만, 사용자에 대한 관심을 가져야 한다. 비디오 정보를 짧게 정리한 태그는 이해관계자를 사용자와 더 가깝게 만들 것이다.

인사이트가 될만한 무언가를 발견하면 비디오를 멈추자. WhatUsersDo 플랫폼을 사용하는 경우, 스페이스 바를 누르거나 비디오를 마우스로 클릭해 재생을 일시 중지하고 다시 시작할 수 있다. 그다음 Insert tag^{삽입 태그} 버튼을 클릭하자. 그러면 이동할 수 있는 Add new tag^{새 태그 추가} 모달창이 나타난다.

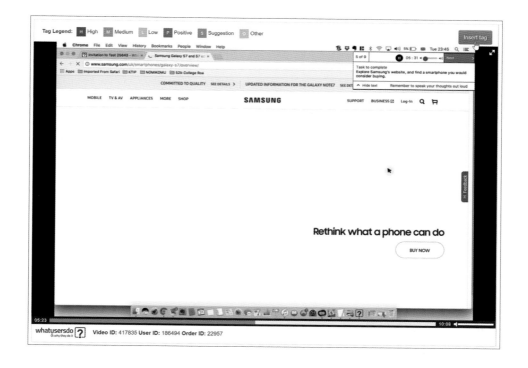

 태그 달기에 숙련된 사람이라면 재생 속도를 조절해 작업할 수 있다. Shift 키와 →(오른쪽 화살표) 키를 눌러 재생 속도를 높일 수 있고, 너무 빠르면 Shift 키와 ←(왼쪽 화살표) 키를 눌러 속도를 낮출 수 있다. 이 기능은 모든 최신 브라우저에서 작동한다. 비디오 몇 개 정도라면 이 기능을 추천하지 않지만, 수십 개의 사용자 테스트 비디오에 태그를 다는 작업을 해야 한다면 상당한 시간을 절약할 수 있다.

처음에는 시작 시간과 종료 시간을 설정하는 것이 까다롭게 느껴지지만 몇 번만 연습하면 정말 쉽다. 재생헤드를 조금씩 움직여야 한다. 재생헤드는 타임라인의 재생 이전 영역(보통은 파란색)과 이후 영역(회색)이 만나는 곳이다. 마우스가 타임라인 위에 있으면 재생헤드 아이콘 ◀▶이 나타난다. 타임라인을 클릭하면, 비디오가 클릭한 위치로 이동한다. 정확한 시작 시간을 찾으면 **Add new tag**^{새 태그 추가} 모달창에 있는 **Use current time**^{현재 시간 사용} 링크를 클릭해야 한다. **Start time**^{시작 시간}과 **End time**^{종료 시간}을 설정한 후에는 **Preview**^{미리보기}를 눌러 태그를 미리보기하는 게 좋다. 태그는 너무 길지 않으면서도 모든 이슈를 보여줘야 한다.

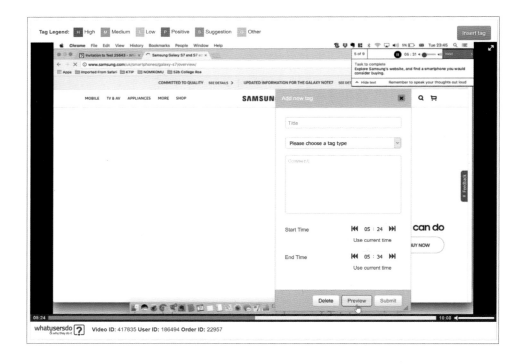

태그를 달 때의 어려움은 사용자가 모든 것을 말로 표현하지는 않는다는 점이다. 예를 들어 사용자가 페이지를 왔다 갔다하면서 몇 초 간 원하는 내용을 찾지 못한다면, 사용자가 아무 말을 하지 않더라도 이슈로 봐야 한다.

태그 제목 및 설명

태그는 정보 이상의 역할을 하는 커뮤니케이션의 한 형태다. 태그 제목title, 유형type, 설명comment은 인사이트를 설명해야 한다. 태그를 독립된 형태의 정보 조각으로 취급하자. 태그는 맥락 없이 이해할 수 있어야 한다. 태그를 읽는 사람이 비디오의 일부를 봤거나, 여러분이 작성한 다른 태그 설명을 읽었다고 여기지 말자.

태그가 장황할 필요는 없다. 일반적으로 짧은 한 문장만으로도 이해할 수 있도록 이슈와 맥락을 포함한다.

> 설명 글은 특정 개인과 상관 없는 내용이어야 하고 형식을 갖춰야 한다. 또한 용어는 태그를 지정한 모든 비디오에서 일관돼야 한다. 예외가 되는 것은 사용자가 직접 한 말들이다. 사용자가 직접 한 말은 인용부호로 표시되며, 이슈에 대한 자세한 설명과 그들이 느낀 바를 보여준다.

설명에서는 인사이트의 근거를 밝혀야 한다. 때로는 사용자의 말이 가장 좋은 의견이며 유일하게 필요한 의견이다. 그러나 태그 설명이 항상 사용자의 말을 글로 옮긴 정보여서는 안 된다. 예를 들어 컨터키의 테스트 비디오에서 사용자는 화면 하단 좌측에 있는 톱 메뉴 아랫 부분을 가리키며 "… 거기에 뭔가 있었는데, 그게 뭔지 모르겠어요. 스크롤하는 방법을 모르겠어요."라고 말했다고 하자. 사용자는 이게 스크롤 이슈라고 생각하지만, 실은 스크롤 이슈가 아니다. 태그 설명은 항상 사용자의 경험을 반영해야 한다.

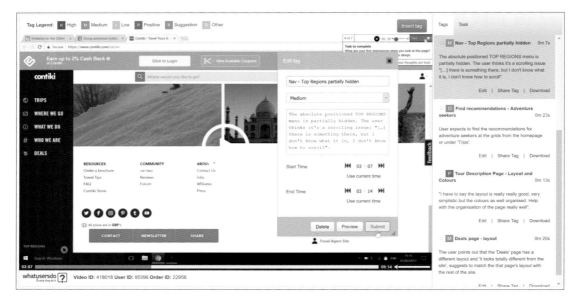

비디오에 태그 추가하기

태그의 설명은 이슈를 깊게 살펴보거나 솔루션을 제안해서는 안 되며, 이슈를 공정하게 나타내야 한다. 나중에 비디오를 분석할 때 모든 태그를 살펴보고 솔루션을 제안할 수 있다. 특정 이슈는 단번에 발견된다.

태그 유형

태그 유형은 카테고리를 의미하는 것으로, 태그를 그룹으로 정리하면 쉽게 찾을 수 있다. 예를 들어 가장 심각한 이슈인 전환 방해 원인에 집중하고 싶다고 생각해보자.

WhatUsersDo 플랫폼은 태그 유형으로 6가지 카테고리를 제공하며, 드롭다운 메뉴에서 선택할 수 있다.

태그 유형 선택하기

다음 절에서는 서로 다른 태그 유형에 대해 살펴본다.

긍정 태그

긍정은 뛰어난 사용자 경험을 의미한다. 그저 잘 동작하는 정도가 아니라 사용자가 그 자체 또는 사용 방식에 만족하는 것이다. 사용자가 자신의 경험에서 긍정적인 측면을 열정적으로 이야기하면 드롭다운 메뉴에서 Positive긍정를 선택한다. 사용자가 소리 높여 표현하지 않으면 대개 긍정적인 경험으로 태그하지 않는다. 또한 간단하게 작동되는 항목이더라도 사용자가 열정적으로 이야기하지 않으면 긍정으로 태그를 분류할 필요가 없다.

긍정은 그대로 실행할 수 있는 내용이 된다. 여러분은 다음 이터레이션 단계에서 또는 다음 제품에 이 경험을 유지하려고 할 것이다. 이 기능들은 성공 사례, 사용자를 행복하게 만드는 사례로 선보이게 된다. 팀을 위한 작은 업적으로 인정되기도 한다.

제안

사용자가 문제를 해결해 줄 것이라고 기대할 수는 없지만, 때로는 실제로 도움이 되기도 한다. 사용자가 제안을 했을 때, 그 의견에 긍정 또는 부정적인 성향이 강하게 드러나지 않으면 Suggestion제안으로 태그를 분류한다. 이 태그 유형은 사용자의 제안이 진심 어리고 건설적이라고 판단되는 경우에 사용한다.

일반적으로 요약 단계에 모든 제안들을 모은다. 나중에 팀에서 이 제안들을 검토해 무엇을 해야 하는지 결정할 수 있다. 때로는 제품 디자이너, UX 전문가로서 힘을 내게 하는 보석 같은 내용을 발견하기도 한다.

부정: 높음, 중간, 낮음

우리의 목표는 문제를 해결하는 것이다. 사용자의 삶을 편하게 만들려면 그들의 페인포인트를 찾아야 한다. 가장 좋은 방법은 사용자를 관찰하는 것이다. 뭔가 잘 작동하지 않는 것을 발견하면, 이슈의 심각도에 따라 High높음, Medium중간, Low낮음로 태그 유형을 구분한다.

사용자는 자신이 겪고 있는 어려움을 설명한다. 때로는 사용자가 문제가 있다고 인식하지 못하는 경우도 있지만, 비디오에서 문제를 발견한다면 태그해야 한다.

이슈 내용이 전환 차단과 관련된 것이면 태그를 High높음로 분류한다. 이런 이슈는 사용자가 웹사이트를 떠나거나 과업을 포기하게 만든다. 사용자가 포기하고 다른 사이트로 이동하겠다고 이야기했던 출구 지점을 테스트에 포함시킨다. 테스트 참가자는 테스트를 완료하기로 하고 비용을 받았기 때문에 실제와는 달리 과업을 포기하지는 않을 것이다. 따라서 전환 차단 요소를 찾았는지 여부는 여러분의 판단에 달렸다.

모든 이슈가 전환 차단과 관련된 것은 아니다. 사용자가 이슈를 극복하는 방법을 알아낼 수는 있지만 여전히 한 곳에 멈춰 있고 이슈로 인해 심각하게 짜증이 난 상태라면 Medium중간으로 태그를 분류한다. 만약 전반적인 사용자 경험은 방해하지 않지만 까탈스러운 불만 사항들을 어디엔가 태그로 남겨야 한다면 Low^{낮음}로 분류한다. 이런 사소한 불만은 수정하기 쉬운 사항이거나 모든 중대 이슈(높음, 낮음)가 해결된 경우에 수정한다.

행동 이슈 심각도 모형

세 가지 이슈 심각도 유형을 구별하는 과학적 방법이 존재한다. 스탠포드 대학 설득 기술 연구소^{Persuasive Technology Lab}의 소장인 BJ 포그^{BJ Fogg} 박사는 포그 행동 모델^{Fogg Behavior Model}을 발표했다. 과업을 완료하려는 행동이나 의지는 동기^{motivation}, 완료 능력^{ability}, 계기^{trigger}에 달려 있다. 즉, 사용자는 해낼 능력을 갖고 있고, 계기가 있으며, 동기 또한 충분히 강해야 과업을 완료한다는 것이다.

예를 들어 내가 여러분에게 100파운드를 보내달라고 부탁한다면 이것은 계기가 된다. 나는 또한 여러분이 이 일을 더욱 쉽게 수행할 수 있도록 링크를 줘서 필요한 능력 수준을 줄인다. 하지만 아마 여러분은 나에게 돈을 보내지 않았을 것이다. 불행히도 이 사례에서는 여러분이 움직일 동기가 매우 낮다. 그럼 100파운드를 보내는 대가로 여러분에게 스카이프^{Skype} 전화로 나의 한 시간을 준다고 하면 어떨까? 이 제안은 여전히 충분한 동기가 되지 않을 수 있다. 내 제안이 여러분의 활성 임계치보다 낮은 것이다. 사람마다, 이벤트마다 다른 활성 임계치가 있기 때문에 괜찮다. 이 사례에서 저자의 시급보다 더 중요한 것을 배울 수 있다. 같은 이슈라도 어떤 사용자에겐 '높은' 수준의 문제고, 다른 사용자에겐 '낮거나 중간' 수준의 문제일 수 있다는 것이다.

계기가 있어 행동하기 쉽고 동기를 높게 부여받으면 해당 이슈는 Low^{낮음}로 분류한다. 행동하기 어렵고 동기가 낮으면 High^{높음}다. 사용자가 테스트 밖에서 정상적으로 과업을 수행하면 활성 임계치를 초과했음을 의미한다. 활성 임계치에 가까우면 Medium^{중간}, 그렇지 않으면 Low^{낮음}다.

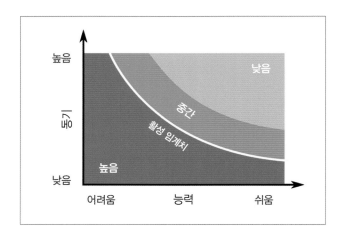

활성 임계치가 높음과 중간 사이에 뚜렷한 경계를 두지만, 중간과 낮음 사이에는 명확한 경계가 없다. 이는 사용자의 기분, 과업의 표현 등 외부 요인에 따라 달라질 수 있기 때문에 정상이다. 또한 대부분의 사용자는 빈번하게 발생하는 심각도가 낮은 이슈는 중간으로 여긴다.

리서치 요약

요약 문서는 일반적으로 모든 사용자 비디오의 태그를 분류한 후 만드는 문서다. 이 단계에서는 모든 태그를 검토한다. 대규모 프로젝트에서는 여러 UX 분석가가 함께 작업해 수백 개의 태그를 만들기 때문에 이 문서가 더욱 중요하다. 물론 소규모로 5개 정도의 비디오를 분석하는 프로젝트에서도 훌륭한 요약 문서는 이롭다.

WhatUsersDo 플랫폼에는 **Watch a playlist ## video tags**[##개의 비디오 태그 재생 목록 보기] 버튼이 있다.

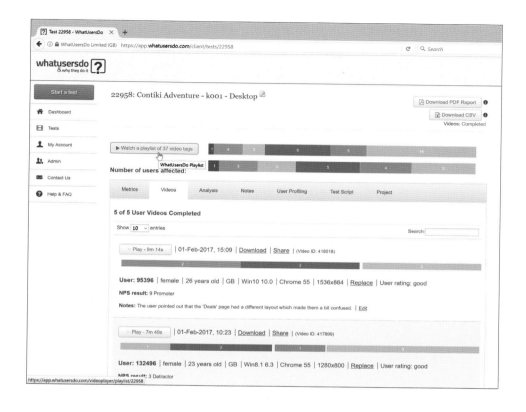

우리는 여러 사용자 간의 공통된 사용 패턴과 페인포인트를 찾으려고 한다. 더 많은 비디오가 있으면 작업이 쉬워지겠지만 5개만 있어도 행동에서 유사점을 찾을 수 있다.

데스크톱 테스트에서 어떤 여행 사이트든 상관없이 모험 콘텐츠를 찾도록 요청했는데, 모든 사용자가 구글Google을 사용해 목적지를 찾았다. 거의 모든 사용자가 '모험 여행 휴가'를 검색했으며 단 한 명만 '저렴한 모험 휴가'를 검색했다.

사용자 5명 중 3명은 이 복잡한 사이트를 발견해냈다. 그들은 몇 번이고 "너무 복잡한 사이트"라고 이야기하곤 했다. 움직이는 이미지는 주의를 산만하게 했고 큰 좌절감을 줬다. 사용자의 이야기를 들어보자. "디자인이 흥미로울지는 몰라도 제겐 그저 비디오와 그림을 보는 것 같은 느낌이에요. 디자인이 정말 마음에 들지 않네요."

내 말을 오해하지는 말라. 이 사이트의 2017년 2월 버전은 전혀 나쁘지 않았다. 원격 조사 결과도 전반적으로 긍정적이었다. 모든 사용자는 과업을 쉽게 완료했으며 9개의 명확한 긍정적 의견도 확인됐다. 그리고 리뷰와 명확한 가격 표시는 사용자의 반향을 불러일으키기도 했다. 공정하게 말하자면 사용자는 부정적인 첫인상을 경험한 후, 사이트를 탐색했고 그들이 원하는 정보를 찾았던 것이다.

▌ 솔루션 지도

솔루션 지도solution map는 이해관계자들과 솔루션에 대해 커뮤니케이션하는 데 도움을 주는 도구다. 또한 우리가 만들고자 하는 경험을 시각적으로 요약한 것이기도 하다.

 원격 사용자 테스트에서 발견한 이슈와 긍정적 발견점을 기반으로 지도를 제작하면 더 나은 커뮤니케이션, 더 나은 사용자 경험과 제품을 만들 수 있다. 솔루션 지도를 만들려면 테스트를 분석하고 발견한 내용들을 분류한 다음 다시 결과를 맞추고 요약해야 한다. 그리고 나서 창의적인 생각을 더해 솔루션을 제시해야 한다.

우리의 기회는 컨터키를 재설계하는 것이 아니다. 재설계는 결코 프로젝트의 기회로 선택돼선 안 된다. 때로는 필요할 수도 있지만 결과물이나 솔루션의 일부라도 전체 재설계는 극단적인 방법이다.

우리는 모험가를 위한 맞춤 경험을 만들어내야 한다. 사용자 경험은 점차 작은 사용자 그룹을 위한 사용자 맞춤 경험으로 변하고 있다. 특별한 사용자층의 경우 해당 사용자에 대해 알고 있는 데이터를 기반으로 사용자 경험을 만들게 된다.

> 각 솔루션과 솔루션 지도는 고유한 특징이 있으며, 문제와 사용자를 완전히 이해하지 않은 상태에서 모방하면 안 된다. 만약 여러분이 여행 브랜드에서 일하고 있더라도 이 솔루션 지도를 그대로 따라 하지는 말자. 기껏해야 차선일 것이며, 최악의 경우 완전히 시간 낭비가 될 것이다. 문제를 해결하는 논리를 이해하고, 리서치를 통해 본인만의 솔루션을 만들어보자. 모범 솔루션 사례는 되려 독이 될 수 있다.

다른 사람들로부터 배우는 것은 좋은 일이다. 프로세스를 따라 적용하는 것은 도움이 될 수 있다. 하지만 사용자에 대한 이해 없이 이미 만들어져 있는 솔루션을 따라 하면 실패를 초래한다. 어느 정도 효과가 있더라도 결국 경쟁에서 도태될 것이다.

█ 솔루션 지도를 만드는 5단계

항상 그렇듯 사용할 수 있는 많은 소프트웨어 제품들이 있으며, 종이에 솔루션 지도를 그릴 수도 있다. 나는 솔루션 지도를 만들기 위해 어도비 일러스트레이터를 사용했다. 3 장 '여정 지도 – 여러분의 사용자를 이해하라'에서 기본적인 도구를 이미 소개했기 때문에 6장에서는 어도비 일러스트레이터 튜토리얼을 구체적으로 다루지 않는다. 과업 모델이나 사용자 여정 지도를 만들 때 사용한 도구를 다시 사용하자. 직사각형(■)과 선(▨) 만으로 멋진 솔루션 지도를 만들 수 있다.

1단계 – 지도에 이슈 넣기

솔루션 지도의 첫 번째 단계는 사용자 테스트의 심각도 중간, 높음 이슈를 모두 나열하는 것이다. 다른 팀에서 제기한 모든 이슈와 비즈니스 목표도 이슈 형태로 추가한다. 예를 들어 비즈니스 관점에서 더 나은 전환율을 원할 경우, 낮은 전환율은 솔루션 지도의 도움을 통해 해결해야 할 이슈가 된다.

또한 다른 팀이나 다른 테스트에서 제기된 이슈도 추가한다. 실제 사용자 테스트에서 확인된 것이 아니라 여러분의 예감에 따른 사용자 행동 이슈라면 추가하지 않는다.

모든 이슈를 박스에 적어 넣으면 첫 번째 단계가 완료된다. 벽 위에 솔루션 지도를 제작한다면 포스트잇을 사용하는 게 좋다.

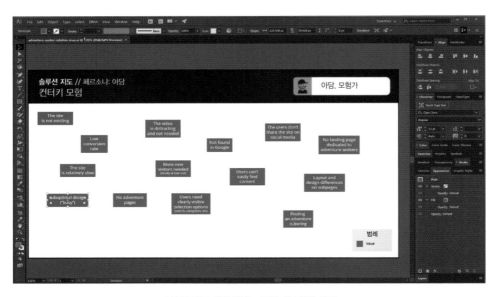

솔루션 지도 제작 시작 – 모든 이슈들을 적기

여정 지도와 마찬가지로 페르소나를 사용하길 권장한다. 다른 페르소나는 다른 솔루션을 요구할 것이다. 다시 3장 '여정 지도 – 여러분의 사용자를 이해하라'로 돌아가 페르소나를 배워보자. 페르소나에 대해 잘 알고 이미 여러분의 드림 프로젝트를 위한 페르소나를 제작했다면, 2단계 이슈 정리 과정으로 넘어가자.

2단계 – 이슈 트리 만들기

알고 있는 이슈를 모두 나열했으므로 이 이슈들을 하나 이상의 이슈 트리$^{issue tree}$로 정리해야 한다. 이슈를 갖고 원인-효과 트리^{cause-effect tree}를 만든다. 데이터 구조에 익숙하다면 곧게 뿌리를 박은 나무들로 숲을 만들 수 있을 것이다. 두 개의 정점이 정확히 하나의 선으로 연결된 여러 개의 방향 그래프가 필요하다. 그래프 이론을 잘 몰라도, 좋아하지 않아도 걱정하지 말자. 잠시 후에 나무를 만드는 법을 설명할 것이다.

1단계에서 만든 이슈를 갖고 시작한다. 먼저 이슈 하나를 배열한다. 이때 나머지 이슈는 정리되지 않은 채로 둔다. 방금 배열한 이슈의 원인을 묻는다. 우리가 겨냥하고 있는 이슈의 원인이 되는 또 다른 이슈를 발견하면, 지도에 해당 이슈를 추가한다. 그리고 새로 발견한 이슈는 이전에 선택한 이슈의 위쪽에 배치하고, 새로운 이슈를 가리키는 화살표를 그린다.

그런 다음 새로운 이슈를 선택하고 다시 이유를 묻는다. 맥락 안에 어떤 이슈도 발견되지 않을 때까지 계속해서 이유를 묻는다. 이때 오직 기회의 맥락에서만 이슈를 찾는다는 점에 유의한다. 또한 과거를 언급하는 이슈는 추가하지 않는다. 예시에서 디자인 차선책을 초래한 이슈를 발견할 수 있었다. 하지만 이 이슈는 건설적이지 않으며, 과거에 있었던 뭔가를 들추는 것이다. 어떻게 하면 사용자의 큰 반향을 불러일으킬 수 있는 디자인을 할 수 있을지에 집중하는 게 더 중요하다.

더 이상 이슈 트리의 최상위 요소에 대한 원인을 찾지 못한다면, 근본적인 이슈 또는 근본적인 원인을 발견하는 작업을 마무리한다. 이 트리는 거꾸로 된 숲으로 나무의 뿌리가 위에 배치돼 있으니 구조적인 측면은 걱정하지 않아도 된다. 또한 근본 원인을 먼저 골라낼 수도 있는데, 이런 경우 근본 원인은 혼자 서 있는 단일 이슈일 수 있다.

이제 트리의 일부가 아닌 다른 이슈를 선택하고 프로세스를 반복한다. 차이점은 이미 트리의 일부가 된 원인이 존재할 가능성이 있다는 것이다. 이 경우 선택한 이슈는 같은 트리의 원인 아래에 있게 된다.

원인-효과 트리에 모든 이슈를 배치한 후에 숲을 테스트해야 한다. 이렇게 하려면 각 근본 이슈에 원인을 묻고, 그중 어떤 것이 다른 트리에 맞는지 확인한다. 솔루션 지도를 위해 숲에는 가능한 한 적은 수의 나무를 두고 싶다. 이상적인 개수는 하나다.

둘 이상의 근본 원인이 있는 경우 우선 순위를 정한다. 우선 순위를 정하기 위해 먼저 사용자와 비즈니스에 미치는 영향이나 중요한 정도를 숫자로 표시해보자. 나는 0점에서 10점까지의 척도를 사용했다. 여기서 9점 또는 10점이 가장 중요한 이슈일 것이다. 0점은 미래에 이슈가 될만한 이슈를 표시한 것으로, 현재는 이슈로 보기 어렵다. 0점을 받은 이슈는 지도에 두지 않는다.

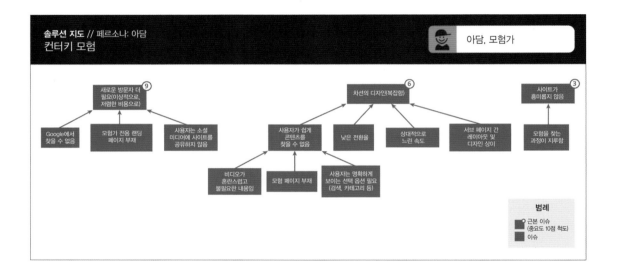

이 단계는 이슈 자체와 이슈 간 상호 관계를 더 잘 이해하고 시각화할 수 있게 만든다. 이상적인 상황이라면 모든 이슈의 근본 원인인 한 가지 이슈를 발견해낼 것이다. 근본 원인을 발견하지 못했다면 다음 단계에서 좀 더 힘들어질 수 있다. 그러나 근본 이슈가 여러 개라도 절망할 필요는 없다.

3단계 - 근본 이슈 해결

이제 재미있는 부분으로 왔다. 이슈 트리를 만드는 주된 이유는 근본 이슈를 확인하는 것이다. 먼저 중요도가 가장 높은 근본 이슈에 초점을 맞춰 허용 한도 안에서 실행할 수 있는 솔루션을 찾기 위해 노력한다. 그런 다음 솔루션을 확대하는데, 확대한 만큼 근본 이슈를, 이상적으로는 모든 근본 이슈를 해결할 것이다. 해결안을 찾았으면 다른 색상의 박스를 추가하고, 화살표를 근본 이슈의 박스에서 확정된 솔루션을 향하게 넣는다.

 TIP 솔루션 지도에 다른 색상/상자 스타일을 범례로 추가한다. 이는 솔루션 지도 제작을 처음 접하는 사람에게 도움이 된다. 숙련된 사람은 범례 없이 항목 배치만 보고 솔루션인지 이슈인지 알 수 있다.

다른 근본 이슈에는 다른 솔루션이 필요하며, 모든 이슈에 우아하게 적용될만한 단일 솔루션은 없다. 이는 지극히 정상적인 현상이며, 솔루션 디자인에서 드문 경우가 아니다. 필요한 만큼 많은 솔루션 박스를 그리자.

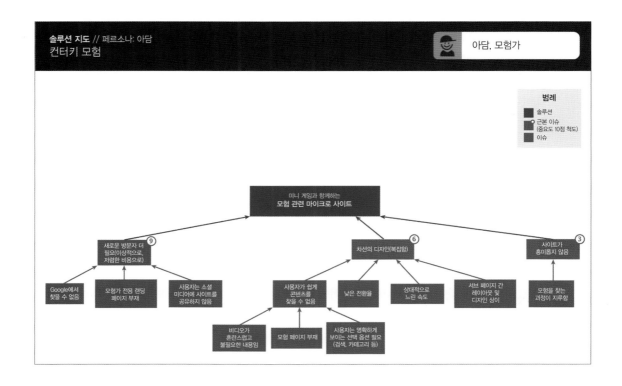

솔루션을 찾는 데는 창의력과 팀워크가 필요하다. 가능하다면 더 넓은 범위의 팀에서 브레인스토밍을 진행하면 좋겠지만, 상황이 여의치 않다면 네 명으로도 가능하다. 이슈를 현실과 연관지어 생각하게 하려면, 이슈를 나타나는 사용자 테스트 비디오 중 짧은 한두 편을 보여주면서 시작한다. 수 초짜리 비디오는 모든 사람이 무엇이 문제인지 이해하게 하고 때로는 솔루션을 도출하도록 이끈다.

바라는 대로 이뤄진다는 자기충족적 예언을 생각해본다면, 작게 생각하면 작게 이뤄진다. 항상 크게 생각하자. 예제에서는 새 도메인에 새로운 디자인으로 마이크로 사이트를 만드는 솔루션을 찾았다. 이 우아한 솔루션 덕분에 많은 문제를 훨씬 빠르게, 많은 기능을 수월하게 해결할 수 있었다. 웹사이트의 주요 부분을 수정하는 것만큼 위험하지 않은 방법이다. 그리고 대개는 거대한 프로젝트를 수정하기보다는 처음부터 새로운 마이크로 사이트를 만드는 것이 더 빠르다.

가능하면 되돌릴 수 있는 솔루션을 찾자. 쉽게 취소하고 원상 복구할 수 있다면 광범위한 연구가 필요하지 않을 것이다. 솔루션이 기대에 부합하지 못하더라도 그것들로부터 배우고 방향을 바꿀 수도 있다.

솔루션에서 수행 가능 기간은 중요하다. 디지털 솔루션을 구축하는 데 1년이 걸린다면, 그 아이디어는 좋은 아이디어라고 하기 어렵다. 그렇다고 해서 수정한 것들이 자리를 잘 잡았는지 확인하는 과정 없이 기준을 낮추고 항상 빠르게 부분을 수정하는 작업에만 매달려야 한다는 의미는 아니다. 작업을 단순화하고, 긴 프로젝트를 작고 의미 있는 스프린트로 쪼개자. 그리고 빠른 성공을 목표로 삼자.

 다시 생각하자!
세상에는 비즈니스 문제를 해결하기 위한 많은 솔루션이 있고, 장애물을 극복하기 위한 방법도 존재한다. 다른 각도에서 고민하고, 발견한 솔루션을 다시 생각해보는 건 항상 해볼만한 일이다. 솔루션 지도의 다음 이터레이션 과정에서 다른 솔루션이 나타날 수도 있다. 그렇다고 해서 첫 번째 솔루션이 잘못됐다는 의미는 아니다. 이는 여러분이 솔루션을 더 나은 것으로 다시 만들었다는 의미다. 이게 성공으로 나아가는 방법이다.

사용자 중심 솔루션 디자인은 책으로 쉽게 쓸 수 있는 주제며, 나도 언젠가 그런 책을 쓸 것이다. 그리고 그 책의 핵심은 실행할 수 있는 솔루션을 만들기 위한 비즈니스 목표와 실제 사용자 인사이트 간의 균형일 것이다. 의사결정을 하고 결정한 바를 전달하려면 솔루션 지도가 필요하다. 그러나 솔루션 지도는 솔루션으로 그치지 않는다. 모든 솔루션은 저항에 맞닥뜨리게 된다.

4단계 – 장애물 식별하기

솔루션을 도출하면 다른 팀이 솔루션에 대해 어떻게 생각하는지 확인한다. 각 팀마다 솔루션을 받아들이기 어렵게 하는 장애물이 있기 마련이다. 가능한 한 솔루션 지도에 모든 팀을 추가한다. 각 팀은 기업 환경으로 인한 많은 장애물 목록을 가져올 것이다. 따라서 보통 솔루션 지도에는 팀 이름만 적는다.

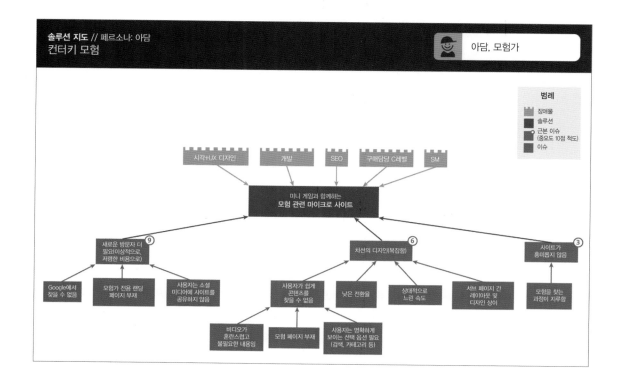

고위 경영진이 제안에 동의하면 그 팀은 장애물을 빠르게 파악한다.

5단계 – 장애물을 제거하기 위한 행동 계획 세우기

마지막 단계는 행동 단계다. 장애물을 제거하기 위해 해야 할 일을 파악한다. 어떤 장애물은 CEO로부터 마이크로 사이트에 관한 동의를 구하는 것처럼 간단한 커뮤니케이션 문제일 수 있다. 하지만 다른 장애물은 더 복잡할 수 있다. 예를 들어 엔지니어링 팀은 미니 게임 또는 콘텐츠 전송 네트워크를 제작하기 위해 이상적인 프레임워크를 리서치해야 한다.

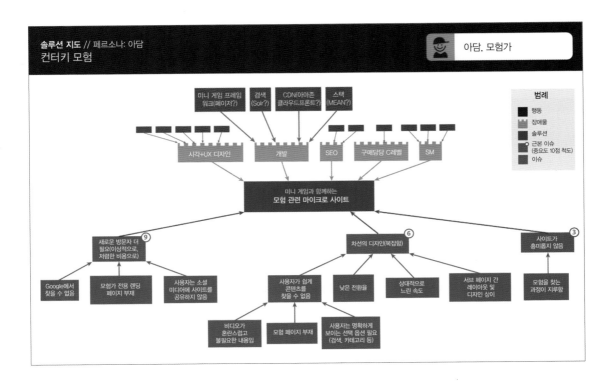

일반적으로 지도에 작은 규모로 행동을 배치한 다음 나머지를 배치한다. 행동이 많고 팀마다 다르기 때문이다. 각 팀이 자신들이 해야 할 행동에 대해 알고 그 일을 해준다면 행복할 것이다. 때로 어떤 행동은 더 힘들거나 상당한 시간이 걸린다. 이 경우 일이 커질 수 있기 때문에 인쇄된 지도에 그러한 행동을 체크하면서 함께 피자를 먹는 자리를 마련한다. 기업 내에서는 모든 사람이 엔지니어링 자원을 위해 싸운다. 따라서 준비한 피자는 엔지니어를 위한 것으로 그들에게 주의를 집중한다는 의미다. 물론 엔지니어에게 피자를 돌리는 게 효과적인 솔루션 디자인이 아닐 수도 있다.

축하한다! 여러분은 방금 솔루션 지도를 완성했다. 하지만 솔루션 지도가 마술처럼 문제를 해결하지는 않으며, 솔루션 지도는 행동으로 옮겨야 의미가 있다.

▌ 솔루션 지도를 행동으로 옮기기

동의를 구한 다음에는 다른 팀들이 각자의 행동 방침에 따라 작업을 시작할 것이다. 이때 프로젝트가 실패하길 바란다면 앉아서 쇼를 즐길 수도 있다. 그렇지 않다면 여러분도 지도를 실행하는 것이 좋다. 이 책에서는 커뮤니케이션을 개선하고 문제를 해결하며 다른 지도들 만들기 위한 목적으로 지도들을 만든다.

솔루션 지도와 3장 '여정 지도 – 여러분의 사용자를 이해하라'에서 소개한 기술들을 갖고, 과업 모델과 여정 지도를 만들 수 있어야 한다. 많은 뎁스^{depth}와 실행 가능한 경로들을 포함한 여정 제작을 목표로 삼고 있지만, 경로는 매우 짧으며 항상 주된 목적으로 이어진다. 여기서 주된 목적은 모험을 예약하는 일이다. 그리고 이 목적은 모험가(사용자)와 회사를 모두 행복하게 만들어야 한다. 그렇다면 여정 지도는 어떻게 생겼을까?

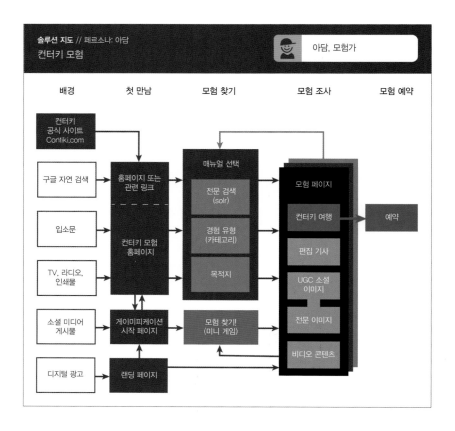

자신만의 모험을 찾자. 다음 미니 게임은 와이어플로우의 좋은 사례다. 4장 '와이어플로우 – 제품에 대한 계획을 세워라'를 떠올려보자. 관련된 화면을 와이어프레임으로 만들고 그 와이어프레임을 화살표로 이어서 와이어플로우를 만든다.

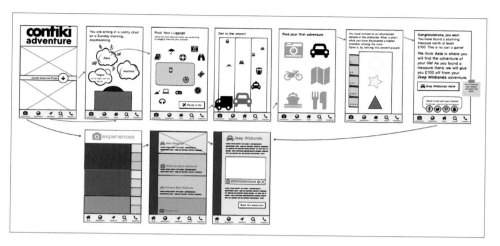

와이어프레임들을 화살표로 연결하기

이제 꿈을 실현하기 위해 솔루션을 전달해야 한다.

5년 전, 솔루션 지도가 실패했던 사례를 소개하고자 한다. 당시 대규모의 고객사를 대상으로 컨설팅 업무를 진행했었다. 처음에는 그렇게 보이지 않았지만, 지도는 총체적 난국이었다. 고객사의 고위 관리자와 회의를 가졌다. 그리고 그들에게 정성 들여 만든 프레젠테이션을 보여줬다. 원격 사용자 테스트에 대한 비디오 태그들을 재생할 때, 대부분의 관리자는 고개를 끄덕이고 질문을 했으며 매우 긍정적인 반응을 보였다. 비디오 태그는 여느 때처럼 효과가 있었다. 하지만 솔루션 지도를 보여줬을 때 청중들의 관심을 잃고 말았다. 계속해서 이야기했지만 그들은 무관심해졌다. 나는 과하게 이야기해서라도 적극적인 경청 모드로 전환시키려 했다. 하지만 도움이 되지 않았고 결국 10분 간 휴식 시간을 가졌다.

휴식 시간 동안 .ai 파일을 열고 솔루션 지도의 위쪽 절반을 지웠다. 남은 부분은 근본 문제가 있는 이슈 트리들이었다. 휴식 시간에 몇 명은 자리를 떴지만, 남아 있는 사람들은 열심히 참여했다. 그들은 도전과 두뇌 작업을 좋아했고 우리는 이상적인 솔루션을 찾았다. 비즈니스 목표에 훨씬 잘 부합되는 솔루션이었다. 결과가 성공적일 수 있었던 이유는 솔루션 지도를 과감히 포기했기 때문이었다.

솔루션 지도를 처음 제작할 때는 지도의 대부분을 혼자서 만들 수 있지만, 그렇게 하면 함정에 빠질 수 있다. 여러분이 컨설턴트라면 사전에 준비된 솔루션을 제공하기보다는 클라이언트를 솔루션으로 안내해 가는 것이 좋다. 솔루션은 대화의 출발점이자 결과여야 한다. 이슈에 대한 대화를 나눌 수 있는 자리를 마련하자. 그들은 여러분들과 나눈 교감을 바탕으로 기술, 신뢰도, 지도, 궁극적으로는 여러분이 만드는 모든 산출물을 판단한다. 머리 속에 있는 솔루션이 대화를 통해 다듬어지기 전에는 진정한 솔루션이 아니다.

▌ 요약

5장에서 여러분에게 제품 디자인을 위한 묘책을 약속했다. 이제 솔루션이 실제 사용자의 인사이트를 바탕으로 해야 함을 확실히 알았을 것이다.

솔루션 디자인은 솔루션 지도에 크게 의존한다. 그리고 솔루션 지도 제작은 사용자와 비즈니스 관점의 페인포인트에서 시작된다. 창의적인 사고, 팀워크, 커뮤니케이션을 통해 놀라운 솔루션을 만들 수 있다. 근본 이슈에 초점을 맞춤으로써 제품, 심지어 전체 세계를 변화시킨다. 그리고 경험을 차단하거나 방해하는 장애물을 만났을 때, 신속한 행동으로 장애물을 극복한다.

이는 혁신과 단순화의 프로세스로 오래된 기존 사용자에게 더 나은 새로운 제품을 제공할 것이다. 이것으로 6장을 마친다. 마음을 바꾸는 것보다 세상을 바꾸는 것이 쉽다. 7장에서는 멘탈 모델 지도를 만들고, 8장에서는 행동을 변화시킬 것이다. 마음의 깊이에 대한 지도를 만들 준비가 됐는가?

07

멘탈 모델 지도 -
현실 지각 다이어그램

멘탈 모델mental model은 실재reality에 대한 프레임이며, 세상이 어떻게 작동하는지에 대한 추정과 지각, 그리고 세상이 어떻게 작동해야 한다는 믿음이다. 멘탈 모델은 미래를 예측함으로써 우리가 살아가고 생존하는 데 도움이 된다. 사용자의 멘탈 모델을 이해할 수 있도록 멘탈 모델에 대한 지도들을 만든 다음, 지도를 이용해 사용자에게 최상의 솔루션을 제공한다.

7장에서는 다음과 같은 작업을 수행한다.

- 멘탈 모델을 이해한다.
- 멘탈 모델이 어떻게 작동하는지 살펴본다.
- 같은 사용자를 대상으로 장기간에 걸쳐 종단적 리서치를 수행한다.

- 성공적인 종단적 리서치 수행을 위해 로깅 유형^{logging type}과 프롬프트^{prompt}에 관해 토론한다.
- 리서치 결과를 분석해 유닛^{unit}, 타워^{tower}, 멘탈 스페이스^{mental space}를 찾는다.
- 멘탈 모델 지도를 그린다.
- 사용자를 지원하는 멘탈 스페이스에 기존 솔루션을 추가한다.
- 사용자가 취할 이익^{benefit}을 위해 지도를 사용한다.

이 모든 것을 하려면 우선 멘탈 모델이 무엇인지 이해해야 한다.

▌ 멘탈 모델이란 무엇인가?

우리의 사고는 이벤트를 예상하고 이해할 수 있도록 지각된 현실^{perceived reality}을 작은 규모의 단순화된 모델로 만든다. 이는 우리가 다른 사람과 대화하고, 정보를 배열하고 저장하며, 궁극적으로는 생존하는 데 도움이 된다.

지구상에서 가장 높은 산을 예로 들어보자. 에베레스트 산을 오르려 할 때 멘탈 모델은 아마도 내가 죽을지도 모른다고 생각할 것이다. 내게 에베레스트 산을 오르는 것은 티라노사우루스를 타는 것처럼 거의 불가능한 일의 범주에 속한다. 또한 나는 이 일을 어떻게 시작해야 할지도 전혀 모른다. 어떤 사람들에게 에베레스트 등반은 전혀 가능성 없는 일이라기보다는 꿈과 열정의 대상일 수 있다. 그들은 일을 어떻게 시작해야 하는지 확실하게 알거나 이미 준비하기 시작했을 것이다. 이 일은 선택된 소수에게는 이미 수행했거나 직접 경험한 일이다.

대부분의 멘탈 모델은 이보다는 덜 극단적이다. 예를 들어 영국을 처음 방문한 미국인이 기기의 플러그를 벽면 콘센트에 꽂으려고 한다. 하지만 영국에서는 다른 플러그와 소켓 유형을 사용하므로 적합하지 않다. 의심할 여지 없이 바다 건너에서는 다른 플러그 유형을 사용한다고 생각하게 된다. 우리의 미국 친구는 어댑터를 살 수도 있다. 영국에 있을 때 그들은 이렇게 문제를 해결할 것이다. 그러나 프랑스를 방문한다면, 또 다른 플러그 유형에 충격을 받을 것이다. 그리고 곧 오늘날 전세계에서 약 15종류의 전기 콘센트 플러그가 사용되고 있다는 사실을 알게 되고, 그러면서 그들의 멘탈 모델은 확장된다.

여러분은 솔루션을 설계하거나 사용자 경험을 조사하면서, 현실적인 멘탈 모델에 관심을 갖게 될 것이다. 예를 들어 사용자가 어떻게 주택 보험을 검색하고 첫 결과를 얻는지, 또는 차를 어떻게 사는지, 처음에 어떤 생각을 갖고 수많은 웹사이트를 방문해서 자동차를 찾고 금융 옵션을 고려하는지 말이다.

 멘탈 모델 지도는 솔루션과 관련해 사용자 그룹이나 페르소나의 사고 프로세스와 패턴을 시각적으로 표현한 것이다. 또한 사용자의 사고 프로세스를 지원하는 솔루션을 포함한다. 그리고 멘탈 모델의 중심을 솔루션 설계에서 사용자의 마음 상태와 그 상태를 지원하는 방법을 이해하는 일로 전환한다.

멘탈 모델 지도는 사용자의 마음 상태를 변화시키거나 행동에 영향을 주기 위함이 아니다. 이 부분은 8장 '행동 변화 지도 − 설득을 위한 실행 계획'에서 다룬다.

이전 지도 유형들과 달리, 멘탈 모델 지도는 폭넓은 청중을 대상으로 한 커뮤니케이션 도구로 적합하지 않다. 멘탈 모델 지도가 압도적인 특성이 있기도 하고, 비즈니스는 대개 사용자가 무엇을 생각하는지에 관심을 갖기 보다는 솔루션 자체와 솔루션 개선에 더 신경을 쓰기 때문이다. 멘탈 모델 지도는 사용자들의 마음 상태와 사고 과정, 어떤 일을 할 때 왜 그런 선택을 하는지 등을 이해하려는 사람들을 위한 도구다. 또한 이 지도는 8장에서 다루는 행동 변화 지도의 출발점으로도 활용될 것이다.

신생 기업의 92%가 3년 이내에 실패를 경험한다. 이 데이터는 스타트업 게놈 리포트 엑스트라Startup Genome Report Extra의 보고서에 기반한 것으로(https://s3.amazonaws.com/startupcompass−public/StartupGenomeReport2_Why_Startups_

Fail_v2.pdf), 이 중 74%가 조기 규모 확장premature scaling으로 인해 실패했다고 한다. 보고서의 저자들은 3,200여 개의 고성장 웹·모바일 신생 기업을 분석해 이러한 결론에 도달했다. 규모 확장은 더 많은 직원의 채용, 자본 유치, 많은 마케팅 비용과 관련 있으며, 데이터에서 알 수 있듯이 대부분 얼마 지나지 않아 파산한다. 이렇게 되는 주된 이유 중 하나는 조기 규모 확장이 많은 얼리 어댑터로 연결되기 때문이다. 그들은 하나의 시장이나 안정적인 사용자층처럼 보인다. 그러나 그들의 멘탈 모델을 분석해보면 이상한 점을 발견할 수 있다. 그들이 지닌 주된 원동력 중 하나는 호기심이다. 물론 그들은 신속하게 솔루션을 채택하고 사용하기 시작하지만 시작과 마찬가지로 빨리 포기하곤 한다. 멘탈 모델은 조기 규모 확장을 피하는 데 어떤 도움이 될까? 첫 번째로 비즈니스의 관점을 사용자 수에서 사용자의 마음 상태까지 살펴보도록 바꿀 수 있다. 이것은 가장 중요한 패러다임의 변화일 것이다. 두 번째는 여러분이 가야 할 방향을 보여주는 것이다. 항상 가고 싶은 방향은 아닐 것이다. 2007년에는 소셜 액티비티 플랫폼social activity platform인 더포인트The point가 서비스를 시작했다. 더포인트는 공통의 목표를 달성하거나 대의를 지원하기 위해 사람들을 모으는 플랫폼이다. 창립자가 사용자의 생각을 분석하지 않았다면 이 서비스는 실패했을 것이다. 에릭 레프코프스키Eric Lefkofsky와 공동 창업자들은 일부 사용자의 경우 돈을 절약하기 위해 더포인트를 사용한다는 사실을 알아챘다. 그들의 의도는 대규모 그룹을 모으고 동일한 제품을 대량으로 구매해 그룹 할인을 받는 것이었다. 더포인트의 창립자들은 이게 더포인트의 가장 성공적인 측면이라고 여겼고, 서비스의 초점을 완전히 공동 구매로 집중시켰다. 이게 그루폰Groupon의 설립 배경이다. 2017년, 그루폰의 시가 총액은 25억불에 이르렀다. 여러분이 대기업에서 일하더라도 멘탈 모델을 고려해야 하며 필요하다면 중심축을 전환할 수 있어야 한다. 닌텐도Nintendo는 1889년 수제 화투 카드를 만들기 위해 설립된 회사다. 닌텐도는 1970년대 전자 게임으로의 사업 전환이 거대한 가능성을 갖고 있음을 알았다. 처음에 그들은 마그나복스 오딧세이$^{Magnavox\ Odyssey}$라는 비디오 게임 콘솔의 리셀러로 시작했지만, 1977년에는 자체 콘솔을 제작하기 시작했다. 여러분도 알다시피, 닌텐도는 글로벌 콘솔 시장에서 빠르게 성공했다. 닌텐도는 게임의 미래를 계속 정의해나갔고 2017년에도 새로운 닌텐도 스위치 콘솔$^{Switch\ console}$을 제안함으로써 지속적으로 게임 시장을 이끌고 있다. 닌텐도는 올바른 방향으로 전환함으로써 진정한 일본의 성공 사례로 자리 잡았다.

사용자의 멘탈 모델을 이해하지 못한다면 멘탈 모델에 영향을 줄 수가 없다. 사용자를 설득하는 일에 관심이 없더라도 사용자의 마음 속에 어떤 일이 일어나는지는 이해해야 한다.

▌ 자동차 구입

멘탈 모델을 만들 때, 기회에서 시작하지 않는다. 우리는 사용자가 어떻게 생각하고 행동하는지에 대해 더 알고 싶기 때문이다. 7장에서 초점을 맞춰 살펴볼 주제로 자동차 구매를 선정했다. 자동차 구매는 대부분의 사람이 신중하게 고려한 후 결정을 내리기 때문에, 새로운 차를 고르고 구입하는 과정은 오랜 시간이 걸린다. 이 과정에는 생각, 동기, 능력 변화, 반응, 원리, 감정, 행동, 계기가 포함된다. 그리고 이러한 요인들과 관련된 많은 다른 멘탈 스페이스로 이어질 것이다.

리서치 목표는 사용자를 이해하는 것이다. 그러나 우리는 이런 이해를 바탕으로 다른 멘탈 스페이스에서 솔루션을 사용해 사용자를 지원할 것이다. 그리고 도구가 아닌 사람에, 소프트웨어를 넘어 마음에 초점을 맞출 것이다. 기회에 대해 차를 쉽고 즐겁게 구매하는 과정을 만드는 것이라고 주장할 수도 있다. 하지만 그것은 오류다. 차를 사는 것이 어렵거나 즐겁지 않다고 가정했는가? 멘탈 모델을 만들 때는 아무 것도 없는 바닥에서 시작하자. 가장 좋은 출발점은 아무 것도 가정하지 않고 타당한 리서치 결과를 바탕으로 멘탈 모델을 구축하는 것이다. 그리고 리서치를 하기 전에, 멘탈 모델이 어떻게 작동하는지 알아야 한다.

▌멘탈 모델은 어떻게 작동하는가?

멘탈 모델이 반드시 사실에 근거하거나 현실을 완전히 이해한 것이라고는 말하기 어렵다. 솔직히 말해서 대부분의 멘탈 모델의 여러 측면에서 결함이 있고 그런 현상은 지극히 정상이다. 멘탈 모델은 현실의 완전한 재현이기 때문이 아니라, 빠르고 간단하기 때문에 작동하는 것이라고 볼 수 있다. 이런 이유로 사람들이 자동차를 고를 때, 항상 같은 차를 선택하지는 않을 것이다. 또한 이것이 UFO 숭배가 존재하는 이유다. 사람의 멘탈 모델에서 가장 중요한 점은 멘탈 모델이 모델링한 것에 비해 단순하고 매우 제한적이라는 사실이다.

UFO 숭배에 대한 이야기를 다시 해보자. 12개월 이상의 사람들 대부분에게 나타나는 인지유연성cognitive flexibility을 언급할 필요가 있다. 하나의 멘탈 모델을 사용한다고 해서 다른 멘탈 모델이 배제되지는 않는다. 두 개념을 동시에 고려하거나 노력을 많이 들이지 않고도 개념 간 전환이 자유롭다. 이것이 우리가 자동차를 살 때 다양한 요소를 고려할 수 있는 이유다. 브랜드, 가격, 연료 유형, 색상 등 여러 카테고리를 살펴볼 수 있다. 한 자동차의 성능과 다른 자동차의 외관 디자인을 동시에 좋아하기도 한다. 두 특성을 비교할 수는 없지만, 여전히 두 자동차 사이에서 결정할 수 있다.

멘탈 모델의 또 다른 중요한 특징은 선택적 지각selective perception이다. 이 개념은 사람들이 사물을 인식할 때, 그와 관련된 멘탈 모델을 필터로 사용해 인식한다는 의미다. 자동차 외관이 정말 마음에 든다면 연비, 성능, 가격은 무시할 수 있다. 어떤 사람들은 오직 하나만 선호하고 하나만 만들거나 선택하는 경향도 있다. 그래서 그들은 업계의 다른 회사들을 무시한다. 주변에 BMW를 운전하고 BMW만 구입하는 사람이 있는가? 이것은 멘탈 모델의 결과가 선택적 지각으로 나타난 사례다.

멘탈 모델은 특정 사물, 사건, 단어, 아이디어, 사고에 노출됨으로써 활성화될 수 있다. 이를 프라이밍priming이라고 부른다. 예를 들어 차가 고장 나고 특히 고장이 자주 발생하면, 다음 차를 구입할 수 있다. 또는 새로운 재규어 모델의 광고를 보면 멘탈 모델이 활성화될 수도 있다. 사실 광고의 범위는 자동차를 구입하는 멘탈 모델을 활성화시키는 것이지만, 범위는 그 이상으로 나타난다. 만약 TV 광고 전에 자동차 추격신이 있는 영화를 봤다면, 앞서 언급한 재규어 광고를 다르게 인식할 것이다. 이는 광고를 『왕좌의 게임』에피소드 이후에 보여주는 것보다 낫다. 영화에서 배우가 죽어가고 있거나 죽은 것을 본다음 생명보험 광고를 볼 때의 효과도 마찬가지다.

멘탈 모델이 어떻게 작동하는지 이해함으로써 더욱 강력해질 수 있다. 7장에서는 멘탈 모델을 사용해 사용자가 원하는 것을 제공하고, 8장에서는 사용자가 원하고 필요한 것으로 바꿔나갈 것이다. 우리는 이를 행동 변화라고 부른다.

멘탈 모델 지도는 혁신의 기반이자 원동력이 되며, 혁신을 덜 위험하게, 덜 실패하게 만든다. 실패를 그저 지나치는 통과 의례로 보지 말자. 멘탈 모델이 직접적인 돌파구를 도출해내지 않는다 하더라도 언제나 사용자의 사고 과정을 더 잘 이해하도록 이끌 것이다. 사용자, 앱, 하드웨어, 솔루션 등을 차례차례 고민해 더 나은 세상을 만듦으로써 이해한 바를 실천해야 한다.

▌ 종단적 리서치

대부분의 사용자 리서치 유형은 매 순간의 결과를 제공하거나, 기껏해야 전체 멘탈 모델의 일부만을 제시한다. 멘탈 모델을 만들려면 많은 행동과 태도를 더 잘 이해할 수 있도록, 더 나아가 솔루션의 전형적 유스케이스 시나리오use-case scenario를 도출할 수 있도록 오랜 기간 지속적으로 연구해야 한다. 주 단위나 월 단위는 아니더라도 수일에 걸쳐 진행하는 게 좋다.

종단적 리서치는 동일한 사용자를 대상으로 더 긴 기간 동안 진행한다.

종단적 리서치는 연구 목표, 예산에 따라 수일 또는 수개월이 걸릴 수 있다. 멘탈 모델 지도를 만들 때 연구원은 수기 기록, 오디오, 비디오, 그림 또는 모든 것을 혼합한 것 등 여러 기록(로그)에 근거해, 로깅 기간 동안 큰 맥락 안에서 표적 행동(target behavior)을 집중적으로 분석한다.

사용자는 과거의 이벤트를 구체적으로 기억해내는 데 어려움을 겪는다. 과거의 경험, 감정, 태도를 정확하게 기억해내는 것은 거의 불가능하다. 이를 증명하기 위한 몇 가지 질문을 해보자. "어제 아침에 무엇을 먹었는가? 0에서 10까지 척도로 얼마나 맛있었는지 말해보라. 아침 식사는 얼마나 오래 걸렸는가? 아침 식사 직후 기분은 어땠는가(졸렸던 건 말하지 않아도 된다)? 정확하게 6일 전 아침 식사에 대해 물어보는 것은 어떤가? 마지막으로 지난 2개월 동안 아침에 스마트폰을 얼마나 자주 사용했는가?" 이게 종단적 리서치에서 로깅이 가장 중요한 이유다.

멘탈 모델을 만드는 가장 좋은 리서치 유형은 **필드 스터디**^{field study}(현장 조사)다. 필드 스터디란 연구원이 사용자의 모든 행동을 계속 지켜보고 기록하며, 관찰한 사실을 풍부하게 보완하기 위해 사용자가 속으로 어떻게 생각하는지 자주 인터뷰하는 방법이다. 문제는 비용이 급속하게 또 과도하게 늘어난다는 점이다. 복잡한 멘탈 모델의 경우 한 달은 아니더라도 적어도 한두 주 동안은 수십여 명의 사용자 행동을 관찰했으면 하는 바람이다.

내가 선호하는 종단적 리서치 방법은 **다이어리 스터디**^{diary study}다. 이 방법은 사용자가 직접 기록하기 때문에 비용 효율이 훨씬 높고 순응적이다. 사용자는 스스로 개인 정보를 보호하게 되며 연구원과 공유할 내용을 완전히 통제할 수 있다. 선진국에서는 테스트 요구 사항이 아니더라도 대부분의 테스트 대상자들이 스마트폰을 사용한다. 즉, 사진, 스크린샷, 짧은 비디오까지 찍어서 진정한 멀티미디어 기록물을 만든다. 이를 통해 말로 설명하기 어려운 것도 포착해낸다. 다이어리 스터디가 필드 스터디 기록물의 구체 수준과 전문적 엄격함에 도달하지는 못하지만 필드 스터디를 대체할 수 있는 좋은 방법이다. 사실 필드 스터디는 비용 운영 측면에서 효율적인 방법이 아니므로 가능하면 필드 스터디 대신 다이어리 스터디를 선택해, 기간과 참여자 수를 늘려 진행하길 권한다.

다만 테스트 대상자가 직무에 필요한 지식이 부족한 사람이거나, 테스트에 연구원이 필요한 경우라면 필드 스터디로 진행해야 한다. 두 번째 경우의 예를 들어보자면 새로운 하드웨어 프로토타입 관련 멘탈 모델을 만드는 경우, 특히 아직 초반인 경우가 이에 해당된다.

리서치 대상과 기간을 결정할 때 참가자를 모집하거나 기존 패널을 사용해야 한다. 그 다음 실험 대상이나 연구자에게 기록하는 방법을 간략하게 설명해야 한다.

로그 유형 – 기록하는 방법

다이어리 스터디의 가장 중요한 요소는 첫 번째 브리핑이다. 첫 번째 브리핑을 망치면 전체 리서치를 망칠 가능성이 높다. 최악의 시나리오는 잘못된 멘탈 모델 지도가 도출돼 리서치가 완전히 잘못된 방향으로 진행되는 것이다. 반면 첫 브리핑을 잘 하면 로그를 분석하고 좋은 멘탈 모델 지도로 변환하기 쉬울 것이다.

먼저 로그를 기록하는 방법을 선택하고 참가자에게 간단하게 설명해야 한다. 유사한 리서치 로그 예제를 보여주면 좋다. 널리 사용되는 세 가지 사례가 있는데, 프로젝트의 요구 사항과 제약 조건에 따라 하나를 선택해야 한다.

- **활동 후 기록** post-situ logging : 주제와 관련된 특정 활동을 한 후 정보를 기록하는 방법이다. 언제나 통하는 방법으로 활동에 방해되지 않는다는 특징이 있다. 사람들에게 다이어리를 갖고 있다가 활동이 끝나면 기록하도록 부탁한다. 이 방법은 대부분의 사람이 되는대로 일기를 쓰는 방법이기도 하다. 활동과 기록 간의 시간 간격은 최소로 유지하는 것이 가장 이상적이지만 어떤 시나리오에서는 하루

가 끝나는 시점에 기록하는 방식도 허용된다. 예상했듯 이 기록 방법의 정확도는 세 가지 방식 중에서 가장 낮다. 사용자가 관련 내용을 잊으면 항목이 누락될 가능성이 가장 높은 방법이다.

- **현장 기록**in-situ logging: 관련 활동들을 하는 도중에 정보를 기록하는 방법이다. 이 방법은 정확도가 가장 높다. 종이에 내용을 적거나 텍스트를 타이핑하는 방법보다는 로그 기록 목적으로 오디오 또는 비디오를 녹화할 때 효과적이다. 이 방법의 단점은 매체의 본질적 성향에 기인한 파괴력에 있다. 기록하는 행위는 경험을 어느 정도 왜곡한다. 그리고 실험에 따라 이 방법을 적용할 수 없는 경우도다. 예를 들어 무거운 기계를 조작하는 사람들의 작업 효율을 높이기 위해 멘탈 모델을 만든다고 가정해보자. 그들에게 굴착기나 불도저로 작업을 하면서 현장 기록을 수행해달라고 한다면 큰일이 날 것이다. 마찬가지로 자동차 시운전 중의 현장 기록 역시 불법이다.

- **스니펫 기록** snippet logging: 위의 두 방법을 결합한 기술이다. 관련 활동을 하는 중간에 짧은 스니펫snippet(정보, 대개 몇 단어로만 적음)을 기록한다. 그리고 시간이 허용될 때 짧은 스니펫을 전체 로그로 확장 정리한다. 이 방법은 스마트폰이 널리 사용되기 시작하면서 대중화됐다. 스마트폰을 사용하면 쉽게 기록할 수 있기 때문이다. 좀 더 상세하게 기록하려면 나중에 노트북, 태블릿, 데스크톱을 사용할 수도 있다. 자동차 구매 시에 이 방법을 사용하도록 제안하지만, 시운전에 대한 정보는 활동한 직후에 만들어질 것이다.

조사를 시작하기 전 사용자에게 간단하게 설명할 때 기록하는 방법을 알려줘야 하지만, 강제하지는 말자. 원하는 결과물, 비즈니스 목적 또는 솔루션 아이디어에 대해 이야기하지 말고, 많이 이용되는 방법을 설명한다.

프롬프트: 무엇을 기록할 것인가

기록하는 방법을 결정한 후에는 프롬프트^{prompts}를 선택해야 한다. 프로젝트와 관련된 모든 내용을 기록하고 싶겠지만 이는 합당한 요청이라 할 수 없다. 다이어리 스터디의 경우 사용자는 여러분의 리서치 목적에 대해 알 수 없고, 또한 어떤 내용이 관련 있고 어떤 내용이 관련이 없는지 추측하기도 어렵다. 필드 스터디의 경우에도 프롬프트는 여러 연구자들 또는 분석자들의 기록을 동기화하는 게 중요하다. 프롬프트는 로그를 기록할 때 어떤 사고방식으로 접근할 것인지 설정하는 역할을 한다. 자동차 구매는 종단적 리서치 관점의 사고방식에서 참여하는 것을 비롯한 다른 사고방식들과 공존할 수 있다.

습관 프롬프트^{habit prompts}는 연구 목표와 관련된 행동이 발생하는 시기 및 빈도와 관련이 있다. 예를 들어 운동을 시작할 때 참가자에게 시간과 분을 기록하도록 요구하는 것은 습관 프롬프트다. 이와 같은 로그 항목들은 자세한 설명 대신 타임스탬프^{timestamp}(시간) 정도로 표시될 수 있다. 그러나 참가자들에게 주어진 습관 프롬프트 전후에 어떤 행동을 하는지 질문해, 습관 프롬프트에 대해 더 많은 맥락을 제공하도록 북돋을 수 있다. 예를 들어 '[2014년 3월 5일 오후 4시 10분] 휴식 시간(독서, 2시간) 후 운동 시작'처럼 길게 적을 수 있다. 대부분의 사람에게 자동차 구매는 습관 프롬프트가 아니다. 매주 일요일 아침마다 차를 사고 싶은 사람은 없을 것이다. 자동차를 2년 주기로 살 수 있다고 말할 수도 있을 것이다. 하지만 리서치에 10년이 걸리지 않는 연구 주제라면 습관 프롬프트로는 적당하지 않다.

사용 시나리오 프롬프트^{usage scenario prompt}는 사용자 자신의 과업 목록을 작성하는 것을 의미한다. 이러한 과업 목록을 바탕으로 원격 사용자 경험 조사를 위한 테스트 디자인을 할 수 있다(5장 '지도 제작을 위한 원격&실험실 테스트'를 참고한다). 예를 들어 사용자가 달성하고자 하는 내용을 적어두고 나중에 얼마나 쉬웠는지 또는 어떤 이유든 과업에 실패했는지 여부에 대한 메모를 추가해달라고 이야기할 수 있다. 사용자가 일반적인 문제점에 대해 제안한 솔루션으로 제품이 개선될 수도 있다. HR 소프트웨어를 중심으로 한 연구에서는 다음과 같은 예제 로그를 소개한다. '[2014년 9월 4일 오전 10시 7분] ＿＿＿의 전화번호를 찾아야 함. [2014년 9월 4일 오전 10시 9분] _____은 데이터베이스에 전화 번호를 저장하지 않았으므로, 대신 _____(으)로 이메일을 보냄'

여정 프롬프트journey prompts는 사용자에게 수행중인 과업의 단계를 적게 하고, 가능하다면 그렇게 한 이유도 추가해달라고 요구한다. 이 프롬프트는 우리의 관심사와 관련해 사용자가 인지한 인과 관계를 보여준다. 예를 들면 다음과 같다. '[2016년 12월 2일 오후 9시 12분] 남편과 함께 새 차를 샀을 때의 장단점에 대해 의견을 나눔 → 새 차가 필요하다고 생각함 → 인터넷에서 검색하고 중고차 시장에 대해 알아보기로 함'. 이 사례는 토론 도중에 일어나는 여정을 잘 보여준다. 솔루션 외적인 내용이지만 여전히 우리와 관련이 있다. 여정 프롬프트는 우리의 솔루션이나 경쟁 솔루션 내에서 발생할 수 있다.

변화 프롬프트change prompts는 로그 기록의 목적으로는, 특히 다이어리 스터디에서 가장 어려운 프롬프트 유형일 것이다. 이론 상으로는 무언가가 바뀔 때 내용을 기록하는 것이다. 이는 행동, 동기, 인식, 능력, 계기의 변화일 수 있고, 심지어는 사용자의 평가 기준 또는 정보 처리 스타일의 변화일 수도 있다. 가장 일반적인 변화 프롬프트는 학습 프롬프트로 솔루션에 얼마나 능숙해지는지 보여준다. 모든 학습 프롬프트를 그래프로 만들어서 각 사용자의 학습 곡선을 그릴 수 있다. 자기 평가self-evaluation는 모든 변경 사항과 마찬가지로 오해의 소지가 있기 때문에, 필요한 경우 작은 규모로 테스트를 진행하도록 한다. 사용자에게 솔루션을 사용해 본인의 능력이나 기술을 평가하도록 요청하면, 정보를 처리할 때의 능숙도, 용이성, 속도를 평가할 가능성이 가장 높다. 처리 능숙도는 이전의 프롬프트와 실제 이벤트의 영향을 크게 받기 때문에 사용자의 능력이나 기술이라고 할 수 없다. 예를 들어 새 차를 운전한다고 생각해보자. 토요일 오후 고속도로에서 1시간 동안 주행한 후의 로그는 혼잡 시간대에 시내를 주행한 1시간과 매우 다를 것이다. 고속도로를 주행한 후에 시내 운전을 한다면 어떨까? 왠지 차를 운전하기 힘들다거나 덜 즐거울까? 사용자의 동기나 능력이 바뀌었나? '자동차가 여러 시나리오 안에서 사용되고 있으며 그 경험은 다르다'는 보고는 의미 있겠지만 놀랍지는 않다. 그러나 변화 프롬프트는 의미 있는 로그 항목이 될 수 있다. 예를 들어 다음 내용을 살펴보자. '[2016년 10

월 16일 오전 7시 49분] 카메라 시스템이 주차뿐 아니라 교통 상황에 유용하다는 사실을 깨달았다. 오늘 아침 운전하는 동안 더 안전해졌다고 느꼈다. 그 동안 사실상 360° 카메라를 무시하고 길만 쳐다봤었다.'

변화 프롬프트의 문제점은 행동 일관성behavioral consistency이다. 행동 일관성은 사용자가 문서를 작성할 때self-documenting 변경을 어렵게 해, 대부분의 문서를 쓸모 없게 만든다. 사회 심리학에서의 수많은 연구 결과에 따르면 사람들은 인지 부조화cognitive dissonance로 인한 불편함을 피하려고 한다. 그래서 사람들은 이전 행동과 일치하도록 태도를 바꾼다. 이런 성향을 가장 잘 기록한 사례는 컬트 추종 집단seekers cult다. 컬트 멤버들은 1954년 12월 21일 새벽이 오기 전 전세계가 홍수로 멸망하지만 자신은 UFO에 의해 구원받을 거라고 믿었다. 말 그대로 그들은 비행 접시 와서 구출되길 기대했던 것이다. 하지만 예상과 다르게 세계는 멸망하지 않았고 클라리온 행성의 외계인이 나타나지도 않았다. 하지만 그들의 신념은 흔들리지 않았다. 대신 그들은 지구의 신이 그들의 신앙과 밤샘 철야 기도를 듣고 세상을 구했다고 주장했다. 그 이후로 그들의 믿음과 헌신은 훨씬 강해졌다. 이 사례는 필드 스터디로 진행된 연구로 연구자들은 이 종단적 리서치를 수행하기 위해 컬트 추종 집단에 침투했다. 다이어리 스터디였다면 연구 결과가 완전히 달라졌을 것이다.

다이어리 스터디로는 변화를 포착하기 어렵기 때문에 연구 전후에 참가자와의 인터뷰를 추천한다. 유도 질문을 하지 않고 변화된 것이 있는지를 밝혀낸다. 면밀히 살피는 질문들을 통해 변화가 언제, 어떻게 그리고 왜 발생했는지 알 수 있다.

자유로운 프롬프트free prompts는 연구자의 마지막 희망이다. 나는 보통 다른 프롬프트와 밀접한 관련이 없더라도 사용자가 원하는 것을 기록하게 한다. 지금껏 읽은 최고의 자유로운 프롬프트는 '오늘 남자친구가 청혼을 했고 나는 'YES!'라고 대답했다'였다. 이건 젊은 여성의 게임 습관과 관련 있는 내용은 아니었지만, 팀 전체를 웃게 만들었다. 그녀는 우리가 프롬프트를 확실히 파악할 수 있게 도와줬다. 여기서 중요한 점은 이 프롬프트가 이후 몇 일 동안 그녀의 반응이 과도하게 긍정적이었던 이유라는 것이다. 자유로운 프롬프트는 삶의 중요한 이벤트 외에도 의미 있는 추가 메모를 제공할 수 있고 활동, 계획, 때로는 행동까지도 기술할 수 있다.

▌ 멘탈 모델 지도 제작하기

인디 영Indi Young은 유명한 저서 『멘탈모델Mental Models』(인사이트, 2009)에서 멘탈 모델을 시각적으로 표현하는 방법을 보여준다. 그녀는 멘탈 모델 지도 제작에 대한 전체 프로세스를 설명했는데, 그로부터 9년이 지난 지금은 방법뿐만 아니라 용어까지 바뀌었다. 또한 멘탈 모델에 대한 이해 수준은 훨씬 광범위해졌다. 하지만 이 책은 여전히 대규모 프로젝트에서 참고하는 멘탈 모델 지도 제작의 표준이다.

멘탈 모델 지도는 사용자의 마음을 이해하기 위해 수행했던 모든 연구 결과를 시각적으로 요약한 것이다. 나는 종단적 리서치를 진행할 때 멘탈 모델 지도를 기반으로 진행하는 것을 선호한다. 또한 로깅 기간 전후에 적어도 두 차례의 인터뷰를 한다. 멘탈 모델 지도는 다른 멘탈 스페이스에 있는 사용자 지원 방법을 새롭게 찾을 수 있게 도와주고, 이를 통해 새로운 솔루션이 도출된다. 멘탈 모델 지도는 진정한 아이디어 제조기다.

종단적 리서치 분석하기

멘탈 모델 지도는 정말 강력한 도구며, 진부한 표현이지만 커다란 힘에는 커다란 책임이 따른다. 마음을 모델링하는 것에 대한 윤리, 특히 행동 변화를 이끌어내려는 의도에 대해 언급할 필요가 있다. 물론 지도 제작 자체는 윤리적이라거나 윤리적이지 않다고 말하기 어렵다. 지도 제작은 지식의 시각적 표현일 뿐이다. 그 지식을 사용하는 방법은 여러분에게 달렸다. 도덕적으로 고고한 위치에 서고 싶진 않지만, 항상 사용자의 최대 관심사를 생각하라고 당부하고 싶다. 악의적인 의도를 갖고 솔루션이나 경험을 만들지 말자. 사용자를 기만하지도 말자. 그것은 근시안적인 접근이다. 악한 UX는 결코 길게 성공하지 못한다.

사용자 경험 지도 제작자의 또 다른 책임은 정확하게 기술하려고 노력해야 한다는 것이다. 종적리서치를 진행할 때는 세심한 주의가 필요하다. 분석은 길고 지루한 작업일 수 있고, 절대 서두르지 말아야 한다. 좋은 의도가 있더라도 지도가 정확하지 않으면 실패한다. 이 점에서 사용자 경험 지도는 항해 지도와 비슷하다. 지도 제작자가 나쁜 의도를 가졌는지의 여부나 명백한 착오인지 여부는 중요하지 않다. 지도가 올바르지 않으면 배는 침몰할 것이고, 제품도 마찬가지다.

사용자 경험 분석가라 해도 종단적 리서치를 분석하는 방법은 동일하지 않을 수 있으므로, 둘 이상의 분석가가 함께하는 경우 서로 동기화하는 것이 중요하다.

나는 분석 3단계 프로세스를 제안한다. 첫째로 유닛을 찾고, 둘째로 패턴으로 그룹화한 다음 마지막으로 멘탈 스페이스를 구성한다.

유닛 찾기

로그 항목들을 유닛^{Unit}으로 분할한 다음 중복된 부분은 병합한다. 유닛은 사용자가 지닌 생각, 동기, 능력 변화, 반응, 원칙, 감정, 행동, 계기, 지식 등을 일반적으로 지칭하는 명칭이다. 이들은 작지만 독립적인 개념이다. 가장 작지만 여전히 의미 있는 유닛을 찾자. 사용자에게 유닛은 다른 것의 일부가 아니라 별도로 구분된 것이다.

유닛은 문헌에서 다양한 이름으로 불린다. 예를 들어 영은 과업^{task}이라고 하고 칼바프^{Kalbach}는 박스^{box}라고 부른다. 사용 시나리오 프롬프트$^{usage\ scenario\ prompts}$가 과업으로 연결되지만, 우리는 사용 시나리오 프롬프트뿐만 아니라 복잡한 멘탈 모델에 대한 많은 다른 프롬프트에도 관심이 있기 때문에 이 개념을 유닛이라고 부를 것이다.

중복된 부분을 병합해 멘탈 모델을 관리할 수 있다. 각 사용자는 동일한 유닛이면서 약간 다른 변형을 갖는다. 우리가 직면한 도전은 다른 참가자가 마주한 유사 유닛들을 찾아 하나의 유닛으로 병합하는 일이다. 한 사용자가 자동차의 가격대를 고려하고 있고, 다른 사용자는 자동차 예산을 고민하고 있다면, 아무 문제 없이 그 둘을 '가격대 고려'로 병합할 수 있다. 반면 어떤 사용자는 다음과 같은 로그 기록을 가진다. '나는 중고차에 [특정 금액 이상]을 지출하면 기분이 어떨지 상상해봤다.' 앞의 두 로그와 관련이 있지만 한 유닛으로 병합할 수는 없다. 두 유닛은 같은 그룹에 속하거나 또는 같은 타워로 부를 수 있다.

유닛을 병합할 때는 일반적으로 얼마나 많은 유닛을 하나로 합쳤는지 메모를 한 후 시각화한다. 지도를 단순하게 유지하기 위해 좁고 특정한 사용자 그룹은 제외한다. 예를 들어 자동차 제조업체에서 일하는 사람들은 자동차 구매 시 독특한 멘탈 모델을 보인다. 마찬가지로 억만장자나 절대빈곤층도 다수의 사람들과는 다르게 접근하지만 그들을 유닛에 포함하지는 않는다. 극단적인 사례를 제외하면 멘탈 모델은 더 단순해지며, 멘탈 모델을 사용하고 커뮤니케이션하는 게 더 쉬워질 것이다. 지도를 항상 단순하게 유지하려고 노력하자. 멘탈 모델이 너무 복잡하면 사람들은 사용하지 않는다.

유닛을 타워로 그룹화하기

유닛을 타워로 그룹화하자. 타워가 유닛 그룹에 기반을 두는 게 중요하다. 하지만 유닛을 미리 만들어진 타워에 강제로 배치하지는 말자. 유닛으로 시작해야 하며, 비슷한 유닛을 보면 그룹화한다. 하나의 유닛이 여러 타워에 적합할 수도 있으며, 이는 두 가지로 해석할 수 있다. 첫 번째는 복잡한 가짜 유닛인 경우인데, 이 경우 원자 단위의 진정한 유닛으로 만들기 위해 더 많이 정제해야 한다. 두 번째는 너무 멀리 가서 원자보다 작은 단위 즉, 의미가 부족한 서브 유닛을 만든 경우인데, 너무 작거나 유의미하지 않아서 분리된 실체로 취급하지 않는 경우다. 예를 들어 사용자가 새로운 사용자 인터페이스가 적용된 차량을 일주일 동안 시운전하도록 요청받았을 때, 종종 브레이크 페달을 밟는 것은 거의 모든 패턴에서 나타날 수 있다. 그러나 그들이 핸들을 잡은 첫날이 아니라면, 이 행동은 사용자가 별도의 행동으로 여기는 대상은 아닐 것이다.

이렇게 그룹화하기 위해서는 유닛들 사이에 자연스러운 관련성, 패턴, 유사점을 찾아야 한다. 앞의 예시에 이어 '중고차에 [특정 금액] 이상을 지불하면 어떨지 생각을 해보는 것'과 '가격대를 정하는 것'은(비슷한 유닛들을 병합한 결과) 같은 타워의 일부일 수 있다. 이 타워의 또 다른 유닛은 '예산을 결정하기 위해 의논하는 것'이다(또한 많은 유닛들이 함께 병합된 결과이기도 하다).

타워가 만들어졌으면 참조하기 쉽도록 이름을 정한다. 예를 계속 들어보자면 '목적 결정' 타워 또는 '시운전' 타워 등이 있을 수 있고, 사용자가 자동차를 구입해 돈을 지불하는 시점에 일어나는 멘탈 프로세스의 모든 유닛을 모아서 간단히 '결제' 타워로 지칭할 수도 있다.

멘탈 모델은 시간 차원에서의 설명이 부족하다. 사람들은 두 개의 타워가 있을 때 오른쪽에 있는 타워가 왼쪽 타워 다음에 발생한다고 생각하는 경향이 있기 때문에 오해의 소지가 있다. 이러한 오해는 실제로 사용자가 해당 멘탈 스페이스 상황이 되면 언제든 발생할 수 있다. 심지어 자주, 동시에 일어나기도 한다. 예를 들어 '목적 결정'은 가장 왼쪽 열에 위치하는데, 다소 임의적으로 발생한다. 대부분의 사람은 다음과 같이 목적 비슷한 내용으로 다이어리 작성을 시작한다. '새 자동차를 사기로 결심했다. 지금 가지고 있는 차는 우리 가족에게는 너무 작다(2명의 어린 자녀가 있다).' 반면 어떤 사용자에게 목적은 '구매 가능 여부 의논' 후 정의된다. 예를 들어 파트너가 PHEV^{Plug-in hybrid car}(플러그인 하이브리드 자동차)를 제안한 경우다. 그리고 또 다른 사용자의 경우 '구매 여부/구매 시기 결정'이 멘탈 모델의 유일한 열일 수 있다. 올해는 자동차를 사지 않기로 결정했기 때문이다.

멘탈 스페이스 만들기

다음은 가장 쉬운 단계로 타워들을 멘탈 스페이스mental space라는 더 큰 세트로 그룹화하는 것이다. 타워들의 수가 아주 작아야 하기 때문에 이 단계는 이전의 두 단계에 비해 정말 빠르다. 타워들이 동일한 사고방식을 나타내는 경우에만 함께 이동시킨다. 어도비 일러스트레이터를 사용한다면 각 타워에 대한 그룹을 만들고, 내용을 선택한 다음 Ctrl + G 또는 command + G를 입력하자. 예를 들어 '비용' 관점에는 '저축, 자금 조달' 타워와 '예산 결정' 타워 등 구매 비용 관련 타워들이 존재한다. 자동차를 구매하는 상황에서 '예산 결정' 타워는 '결정' 멘탈 스페이스에 속한 것으로 보일 것이다. 이 연구에서 사용자는 예산 결정을 다른 모든 예산 결정과는 완전히 다르게 처리했다. 구매로 인해 얻는 가치가 상대적으로 높기 때문에 그럴 가능성이 크다. 청바지 구매를 위한 멘탈 모델 지도를 만들었다면 예산 측면에서 행동이 달라졌을 것이다. 꽤 합리적으로 접근했을 수도 있다. 여러분은 멋진 자동차를 충동적으로, 신용카드로 사지는 않을 것이다. 대신 자동차에 얼마를 쓰고 싶은지, 어떤 자동차를 살 수 있는지, 다른 자금 조달 계획은 없는지 등을 먼저 생각할 것이다.

어도비 일러스트레이터로 멘탈 모델 지도를 만들었다. 유닛은 흰색, 타워는 밝은 회색, 멘탈 스페이스는 어두운 회색이다. 나는 보통 유닛의 발생 빈도를 구분해 표시하면서 유닛들을 병합한다. 아래 그림에서는 4명 이상의 사람들에게서 나타난 일반적인 멘탈 유닛을 여러 장 겹친 카드(3겹)로, 2~3명에게서 나타난 일반적이라고 보기 어려운 유닛은 더 적게 겹친 카드(2겹)로 표시했다. 마지막으로 드물게 나타나는 멘탈 모델은 한 장의 카드로 표현했다. 단일 참여자에게 나타난 로그를 간단하게 줄여서 표현한 것이다.

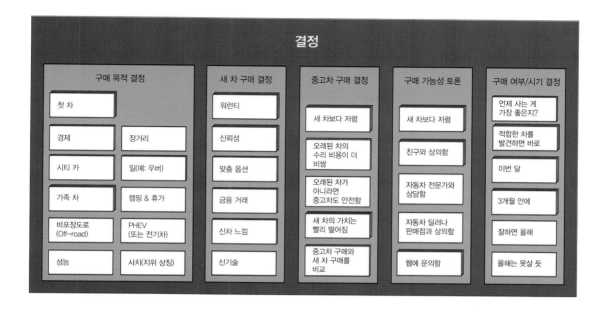

영^{Young}이나 칼바흐^{Kalbach} 같은 대부분의 저자는 멘탈 스페이스를 표시하기 위해 타워들 사이에 두꺼운 수직선을 쓴다. 문제는 플로터가 없다면 결과로 도출된 멘탈 모델 지도를 인쇄하기 어렵다는 점이다. PDF 또는 프레젠테이션에서 읽을 수 있는 폰트 크기로 갖고 있기도 어렵고 보기에도 좋지 않은 편이다. 그래서 나는 사각형 박스를 사용하며, 대개는 다르게 음영 처리를 한다. 이 사각형은 주어진 멘탈 스페이스에서 모든 타워를 포함한다.

지원하는 솔루션

실제 솔루션은 다른 멘탈 스페이스에 있는 사람들을 지원할 수 있어야 하고 지원해야한다. 이미 솔루션을 갖고 있다면, 솔루션을 타워와 멘탈 스페이스와 일치시킬 수 있다. 예를 들어 우리가 만든 웹 애플리케이션의 '자금 조달 도우미$^{finance\ helper}$' 화면은 다음 차를 구매하기 위한 자금 조달에 도움이 된다. 반면 '기록 확인$^{history\ check}$'은 중고차를 구입할 때의 위험 요인과 불안감을 낮추는 것을 목표로 한다. 'V5C', 'MOT'와 같은 용어는 신경 쓰지 않아도 된다. 이 멘탈 모델은 영국에서 자동차를 구매할 때와 관련이 있고, 다른 나라에서의 프로세스나 용어는 다를 수 있다. 멘탈 모델 지도는 솔루션을 지원하려는 국가 또는 지역에 적합하게 만들어야 한다.

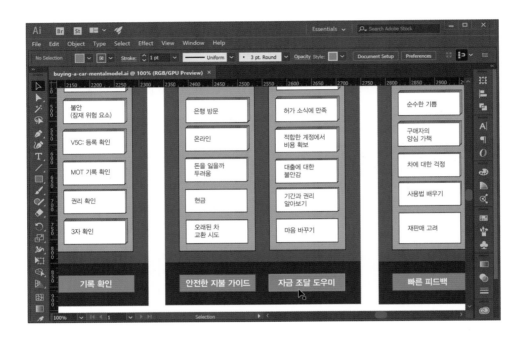

마무리하기

복잡한 지도라면 범례를 포함하는 게 좋다. 지도에 표시된 기호들을 간단하게 안내해 지도를 읽기 쉽게 만든다. 또한 기호의 개수를 최소로 유지하자. 범례가 있어도 기호가 8개 이상이라면 읽기 어려운 지도가 돼버린다.

범례 ■ 멘탈 스페이스　■ 멘탈 타워　□ 드물게 나타나는 멘탈 유닛　□ 빈도 낮은 멘탈 유닛　□ 빈도 높은 멘탈 유닛　■ 지원 솔루션 제목을 추가한 후 전체 지도를 만든다.

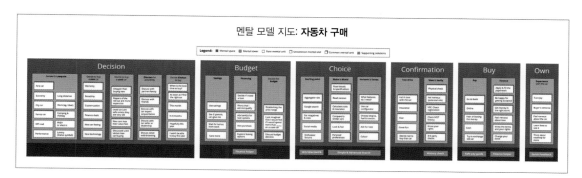

가로로 펼쳐진 멘탈 모델 지도

이 지도의 문제점은 책 일러스트레이션 등 일반적인 용도로 활용하기에는 너무 펼쳐져 있다는 것이다. 멘탈 모델은 시간 축을 가지지 않으며 더 추가해야 하는 축도 없기 때문에 원하는 대로 지도를 다시 배치할 수 있다. 어도비 일러스트레이터의 대지 도구^{Artboard Tool}(Shift+O)를 사용해, 대지의 크기와 모양을 정의하고 보드 안에 모든 멘탈 스페이스를 이동시킨다. 필요하면 크기를 조정한다. 하나 이상의 대지를 생성할 수 있으며, 필요하면 대지 안에 대지를 만들 수도 있다.

일러스트레이터의 대지 도구는 다른 프로그램들에 있는 페이지/캔버스 크기 설정 기능보다 더 유연하고 강력하다.

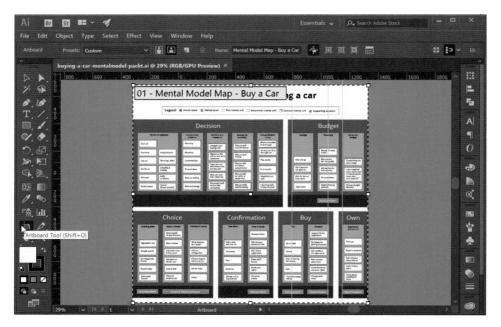

대지 도구를 사용해 지도 요소 정렬하기

대지 사용의 또 다른 이점은 한 번만 클릭하면 지도를 내보낼 수 있다는 점이다. 아래 화면과 같이 **파일**^File **›내보내기**^Export **› 화면에 맞게 내보내기**^Export for Screens를 선택해보자.

여전히 텍스트가 작기는 하지만 만들어진 지도는 이 책에 실을 수 있는 크기가 됐다.

완성된 멘탈 모델 지도

이제 지도를 잘 사용해보자.

▌ 멘탈 모델 지도 사용하기

멘탈 모델 지도는 사용자를 지원하기 위한 새로운 방법을 찾는 데 도움이 된다. 그렇게 할 수 있으려면 기존 솔루션을 멘탈 모델 지도에 배치하고 '이 멘탈 스페이스에서 사용자의 삶을 더 좋게, 행복하게 또는 더 쉽게 만드는 무언가를 만들어낼 수 있을지?' 질문해야 한다.

멘탈 모델 지도의 또 다른 용도는 기존 솔루션을 개선하는 것이다. 예를 들어 이 멘탈 모델 지도를 바탕으로 개선해보자면, 검색은 결과 페이지에 자동차 리뷰들을 모아서 보여주고 자동차 세부 정보 페이지에 세부 사양, 비용 분석, 보험에 대한 정보가 있어야 한다. 그래서 쉬우면서도 함께 비교할 수 있어야 한다. 개인 선호 옵션을 즐겨찾기에 추가하는 방안이 제안되는 한편, 고화질 사진과 비디오로 사이트의 인상을 향상시킬 수 있다.

기존 기능이 사람들에게 필요하지 않다면, 그 기능을 숨기거나 삭제할 수 있다. 많은 기능을 설계하려 하지 말고 항상 사용자의 멘탈 모델에 기반을 둔 유스케이스use-case를 설계해야 한다.

현재의 비즈니스 목표는 상세하고 정확한 멘탈 모델 지도를 기반으로 업데이트되거나 재검토될 수 있다. 멘탈 모델 지도는 영감의 원천이며 혁신을 이끌어낼 수 있다.

7장의 앞부분에서 선택적 지각에 대해 소개했다. 무엇이 사용자의 멘탈 모델에 의해 필터링되는지 이해하면 사용자의 관심 영역에 집중할 수 있다. 멘탈 모델 메시지가 어떻게 우리의 메시지를 변화시키는지 이해함으로써 왜곡을 최소화하는 방법으로 정보를 제공할 수 있다. 또는 사용자가 원하는 것을 제공하는 대신 다음 단계의 조치를 취함으로써, 사용자의 멘탈 모델을 그들에게 필요한 방향으로 만들어간다. 이것은 강력한 도구며 과거에는 종종 오용됐다.

▌ 요약

멘탈 모델 지도는 솔루션과 관련된 사용자 그룹 또는 페르소나의 사고 프로세스와 패턴을 시각적으로 표현한 것이다. 또한 솔루션이 사용자의 사고 프로세스를 지원하는 방법도 포함한다. 멘탈 모델은 디자인의 초점을 솔루션 설계가 아니라 사용자의 마음 상태를 이해하는 것이며, 어떻게 그들의 상태를 지원할 수 있는지에 맞추고 있다.

멘탈 모델 지도를 만들기 위해 종단적 리서치를 할 수 있다. 이 연구 유형은 동일한 사용자를 대상으로 더 긴 기간 동안 진행한다. 멘탈 모델 지도를 만들 때 로깅 기간 동안 좀 더 큰 맥락 안에 있는 대상 행동에 집중한다. 이는 며칠 또는 몇 주가 걸릴 수도 있다. 그런 다음 결과를 분석하고 멘탈 유닛을 만들어 멘탈 타워로 그룹화하고, 타워를 멘탈 스페이스로 그룹화한다.

멘탈 모델 지도는 다른 멘탈 스페이스에 있는 사용자를 지원하는 새로운 방법을 찾도록 도와줌으로써 새로운 솔루션을 만들거나 기존 솔루션을 개선하는 데 도움이 된다. 멘탈 모델 지도를 시작점으로 사용자의 행동을 바꿀 수 있다.

8장에서는 사람들의 행동을 변화시킬 수 있는 프레임워크를 찾아볼 것이다. 행동 변화 지도를 만들어 프로세스를 투명하고 커뮤니케이션하기 쉽게 만들어볼 것이다. 사람들이 생각하고 행동하는 바를 바꿔 그들의 삶을 더 좋게 만들 준비가 됐다면 다음 장으로 넘어가보자.

08

행동 변화 지도 –
설득을 위한 실행 계획

8장에서는 사람들의 행동을 이로운 방향으로 변화시켜 그들의 삶을 개선한다. 고객을 더 행복하게 만드는 동시에 판매량을 늘릴 수 있는 프레임워크를 배워보자. 다음과 같은 순서로 행동 변화 지도에 대해 소개한다.

- 행동 변화behavioral change를 소개한다.
- 예시로 아마존의 기적에 대한 케이스 스터디를 진행한다.
- 행동 변화가 가능한지 확인한다. 가능하다면 어떻게 가능한가?
- 신뢰도의 개념과 신뢰도가 행동 변화에 미치는 영향을 이해한다.
- 신호cue–행동routine–보상reward 프레임워크를 알아본다.
- 반복 자동화automating repetition를 살펴본다.
- 사용자가 정보를 처리하는 두 가지 모드를 살펴본다.

- 사용자 행동을 변화시키는 LEVER 프레임워크를 사용한다.
- LEVER 프레임워크를 기반으로 행동 변화 지도를 그린다.
- 사용자가 누릴 효익을 위해 지도를 사용한다.

 행동 변화 지도는 사용자 그룹의 행동을 변화시키는 경로를 시각적으로 표현한 것이다. 행동 변화 지도는 간단하면서도 강력한 영향력이 있어야 한다. 또한 사용자의 사고방식과 사고 프로세스에 대한 깊은 이해를 바탕으로, 그리고 종단적 리서치 기반으로 작성된 상세한 멘탈 모델을 바탕으로 제작돼야 한다.

행동 변화를 설명하는 데 한 장으로는 충분하지 않겠지만, 이 새로운 과학 이면에 있는 심리학과 행동 경제학을 열심히 소개해보겠다. 8장의 목표는 행동을 변화시키는 법을 가르쳐주는 것이 아니다. 대신 행동 변화를 계획하고 지도로 만드는 방법을 알려주고자 한다. 더 깊이 알고 싶다면 BJ 포그^{BJ Fogg}의 책인 『Persuasive Technology』(Morgan Kaufmann, 2002)를 읽어보기 바란다.

2장 '사용자 스토리 지도 – 협업, 포스트잇으로 도출하는 요구사항'에서 사용자 스토리를 작성하기 위한 INVEST 원칙을 살펴봤다. INVEST의 "V"는 Valuable (가치 있는)의 약자로, 사용자와 비즈니스의 가치를 의미한다. 대부분의 사용자 스토리에서 가치는 최우선으로 고려된다. 때로 사용자는 중요한 것을 인식하지 못한다. 예를 들어 클라우드 스토리지^{cloud storage}는 처음에 사용자나 기업 모두에게 가치 있는 서비스로 인식되지 않았다. 왜 사용자들은 앱을 설치하고 설정하며 제3자에게 데이터 액세스 권한을 주는 걸까? 왜 그들은 앱의 인터넷 연결을 허용할까? 회사의 관점에서 보면, 회사는 서비스를 제공하기 위해 왜 리소스 (서버 저장 공간, 대역폭, 개발 시간 등)를 바치는가? 오늘날 원드라이브^{OneDrive}는 총 1.12TB의 저장 공간을 무료로 제공한다(오피스^{Office} 라이선스가 있다면 원드라이브의 저장 공간을 선물로 제공받을 수 있지만, 마이크로소프트 소프트웨어에서 돈을 지불하지 않고도 원드라이브 저장 공간을 사용할 수 있다). 나는 원드라이브에 많은 기가 바이트의 데이터를 저장한다. 여러분은 드롭박스^{Dropbox}, 구글 드라이브와 같은 유사한 서비스를 사용할 수 있으며, 실제로 적어도 하나 이상의 클라우드 스토리지 서비스에 액세스하고 있을 것이다. 하지만 구글 드라이브와 같은 클라우드 스토리지 기반 파일 호스팅 서비스는 처음에는 가치 있는 서비스로 인식되지 않았다. 어떤 일이 일어난 걸까? 사용자와 대기업 모두의 행동이 어떻게 이렇게 빠르게 변할 수 있었을까? 행동 변화가 가능한 건가?

여러분 중 대부분은 행동 변화가 불가능하다고 생각할 수도 있다. 자유 의지는 인간의 가장 소중한 능력 중 하나다. 우리는 가능한 행동 과정들 사이에서, 서로 다른 경로와 목표 사이에서 스스로 선택하기를 원할 것이다. 사실 자유로운 선택과 행동 변화는 상호 배타적인 개념이 아니다. 아마존은 대규모의 e커머스 플랫폼에서 자유로운 선택과 행동 변화가 어떻게 공존할 수 있는지 보여주는 좋은 사례다.

■ 아마존의 기적

8장에서는 아마존이 사용자 행동을 변화시키는 방법을 보여준다. 오해하지는 않길 바란다. 아마존의 행동 변화 솔루션으로 그들을 비난하려는 게 아니다. 사실 훌륭한 서비스에 감사하고 있다. 나는 집을 나설 때 꼭 킨들을 챙기고, 책의 80%는 킨들에서 구매한다. 아마존에게 배워보자. 아마존은 전자상거래 산업을 성공적으로 흔들어냈다. 책에서 시작해 다양한 분야로 확장되고 있으며, 요즘에는 프라임 나우^{Prime Now}를 통해 식당의 음식을 배달하고 AWS에 페타바이트 급의 데이터 저장소를 두고 있다.

90년대 초반 아마존은 서적 판매에 머물지 않고 계속 변화하면서 미국에서 시가 총액이 가장 큰 소매업체인 월마트를 능가했다.

아마존은 고객을 즐겁게 하고 그들의 삶을 더 편하게 만들었으며, 이러한 지향점과 비즈니스 목표 사이의 균형을 유지했다. 여러분이 무엇을 하든 아마존이 활용한 단순하면서도 선진화된 기술을 배울 수 있을 것이다. 제프 베조스$^{Jeff\ Bezos}$가 되고 싶지 않더라도 사람들에게 영향력 있는 솔루션을 만들어 더 나은 방향으로 변화시키는 것을 목표로 해야 한다.

예를 들어 여러분이 아마존에서 쇼핑을 하면 돈과 시간을 더 들이지 않고도 자선 단체를 후원할 수 있다.

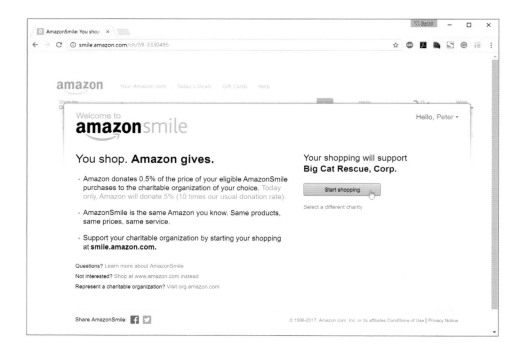

아마존스마일^{AmazonSmile} 서비스 이용 시 발생하는 긍정적/부정적 효과에 대해 이야기해 보자. 여러분은 큰 고양이를 구조하는 Big cat rescue에 돈을 더 기부하고 싶을 수도 있고, 고양이를 구조하는 데 관심이 없을 수도 있다. 또한 좋아하는 자선 단체의 스마

일 링크를 공유할 수도 있다. 그게 가능한가? 아마존은 어떻게 만들어낸 걸까? 8장에서는 아마존 기적을 만들어낸 요소와 아마존 기적의 덜 이타적인 요소를 알아본다.

▎ 행동을 변화시킬 수 있을까?

우리는 정당한 이유가 있을지라도 누군가로부터 조종당하거나 지시받는 것을 달가워하지 않는다. 사람들이 어느 정도의 안내는 좋아할 수 있지만, 선택의 상실에 비하면 이런 안내는 하찮은 것일 수 있다. 다행히 눈에 띄지 않는 변화는 훌륭하게 작동한다. 어떤 사람들은 타인의 행동을 변화시키는 기술이 시도해서는 안될 죄악이라고 말하지만, 나는 이런 변화가 가능하다는 것을 보여주고자 한다.

운 좋은 난쟁이[lucky dwarf] 이야기를 들려주려고 한다. 먼저 퀵트릭[Quick trick1]에 대한 이야기로 시작한다. 1과 10 사이의 수를 머리 속에 떠올려보자. 처음 떠올린 하나의 숫자를 적어보라. 확신하는데 그 숫자는 7이다. 맞는가?

나는 독심술사와 작가 닉 코렌다[Nick Kolenda]에게 이 트릭을 배웠다. 이 예시는 내가 접한 프라이밍[priming]의 가장 좋은 사례일 것이다. 독심술이나 마술은 아니다. 위에 적힌 단락을 읽으면서 특정 단어들, 특히 난장이, 운, 죄악 등의 단어에 노출됐기 때문에 닉의 트릭이 작동한 것이다. 실제 감지하기 어려울 정도라도 이런 개념에 노출되면 스키마[schema]나 생각 패턴[thought pattern]이 활성화된다. 프라이밍 때문에 숫자 7을 가장 먼저 떠올리게 된 것이다. 이게 닉 코렌다의 운 좋은 난쟁이 이야기다. 설득과 실제 적용에 관심이 있다면, 그의 책 『Methods of Persuasion』(Kolenda Entertainment, 2013)을 읽어보길 바란다.

운 좋은 난쟁이 트릭이 작동하지 않았다면 조작될 가능성을 생각해 숫자 8를 선택했기 때문이다. 물론 1에서 10 사이의 아무 숫자나 고를 수 있지만 8을 고를 가능성이 높다.

---

1 예상되는 카드를 선택해 노는 카드 놀이 – 옮긴이

이전 프라이밍 때문이기도 하고, 무엇보다도 이 장이 8장이라는 사실 때문에 이런 현상이 발생했을 것이다. 게다가 숫자 7이 기준 역할을 했기 때문에 옆에 있는 숫자를 선택하는 것이다. 1에서 10 사이의 숫자를 골라 달라고 요청하면 높은 기준 숫자인 10에 가까운 좀 더 큰 숫자를 선택하는 경향이 있다. '위의' 또는 '높은'은 숫자 8로 이끄는 '좋은, 더 나은, 긍정적인' 스키마와 관련이 있다. 여러분은 내가 의도한 숫자보다 더 나은 숫자를 고르고 싶었을 것이다.

한편 7보다 낮은 수를 선택했을 수도 있다. 심지어 요청에 따르지 않고 숫자를 아예 고르지 않거나, 가장 좋아하는 숫자를 고르지 않았을 수도 있다. 행동 변화는 대중의 행동을 변화시키려는 의도를 지니기 때문에 괜찮다. 행동 변화는 그룹 안의 모든 사람을 위해 작동하는 것이 아니라 사람들로 구성된 그룹을 위해 작동한다. 독심술 쇼를 공연하는 게 아니라면 100% 정확도를 추구하지는 않을 것이다. 대신 여러분은 솔루션을 접하는 사람 일부에게 영향을 끼치거나 설득하기를 원한다. 요트를 판매하는 경우면 많은 사람을 설득할 필요는 없다. 하지만 e커머스 사이트를 운영한다면 수천 명의 사용자를 고려해야 한다. 목표 고객 대다수에게 적합한 행동 변화 지도를 제작하고 지속적으로 개선해 효율성을 향상시켜야 한다.

현실에서의 설득은 어렵다. 대부분은 끈기가 부족하고, 끈기가 있더라도 확장 능력이 부족하다. 얼마나 판매를 잘하는지에 관계 없이 하루에 몇 번이고 고객을 만나 구입을 권할 수는 없을 것이다. 또한 실제로 설득할 수 있는 기회는 훨씬 적을 뿐만 아니라 설득에 필요한 융통성과 분별력이 부족할 수도 있다. 다행히 이 점에서는 컴퓨터, 웹사이트, 앱이 훨씬 나을 수 있지만 완벽하지는 않다. 여러분이 해결해야 하는 주요 부분 중 하나는 신뢰성credibility을 향상시키는 일이다.

▌ 신뢰성

어떤 웹사이트에 방문했는데 10,000파운드가 당첨됐다는 메시지를 받았다고 가정해보자. 당첨금을 받기 위해서는 이름과 집 주소만 알려주면 된다. 하지만 여러분은 즉시 해당 웹사이트를 닫을 가능성이 높다. 반대로 오프라인 식료품 가게에 갔다고 가정해보자. 건물에 들어섰을 때 큰 음악 소리와 함께 정장을 입은 남자가 크게 출력한 당첨 수표를 여러분에게 안기며 인사를 하고 카메라가 당신을 비추고 있다. 그는 당신이 10,000파운드를 받게 됐다면서 이름과 집 주소를 요구한다. 메시지는 완전히 똑같지만 다르게 반응할 것이다. 이는 웹사이트에 대한 신뢰가 낮기 때문이다. 특히 정장을 차려 입은 남성과 비교한다면 더욱 그렇다.

다른 예를 들어보자. 다리에 체중을 실었을 때 통증을 느낀다고 가정해보자. 먼저 인터넷에서 검색하니 3가지 종류의 말기 질환 증상이라는 검색 결과가 나왔다. 다시 페이스북의 친한 친구로부터 이 증상이 발목 인대 손상이라는 걸 알게 됐다. 그녀는 탄성 붕대와 이부프로펜 소염진통제 복용을 권한다. 여러분은 그 의견을 따를 것인가? 의사에게 똑같은 처방을 받았다면 어땠을까? 페이스북에서 만난 친한 친구에 대한 신뢰가 상당히 높더라도 그녀의 전문 지식에 의문을 가졌을 것이다.

 신뢰성(credibility) = 신뢰(trust) × 전문 지식(expertise)
신뢰성을 극대화하려면 신뢰와 전문 지식을 극대화해야 한다. 솔루션에 대한 신뢰성 점수는 각 사용자마다 고유하겠지만, 점수는 집계될 수 있다(신뢰성이라고 표현할 때는 주어진 사용자 그룹 차원에서 인식되고 통합된 신뢰성을 의미한다).

위의 예에서 알 수 있듯이 신뢰성이 낮으면 잠재적 영향력이 낮다는 의미이므로 신뢰성은 중요한 요소다. 낮은 신뢰성은 실패할 확률이 높지만, 신뢰성이 높다고 해서 성공을 보장하는 것은 아니다.

BJ 포그에 따르면 인터넷 시대 이전에는 컴퓨터에게 타고난 신뢰성이 있었다. 그래서 사람들은 대다수의 인간보다 컴퓨터를 훨씬 더 신뢰하는 문제가 있었다. 하지만 90년대 후반부터 이런 현상은 약화됐다. 피싱, 사기, 가짜 뉴스 웹사이트의 출현으로 컴퓨터의 신뢰성에 논란이 일어났고 논쟁이 벌어졌다. 사람들은 더 이상 인터넷에서 찾은 모든 정보를 믿지 않는다. 초반 인터넷에는 악의적 의도를 가진 사이트가 많았기 때문에 이는 이로운 행동 변화였다.

아마존의 신뢰도는 좋은 편이지만 아마존스마일이 아마존의 신뢰도를 더 높일 수 있다. 기업의 사회적 책임은 고객의 신뢰를 높인다. 어떤 자선 단체를 믿고 있는데 누군가가 그 자선 단체를 후원한다면 믿음의 연장 선상에서 해당 개인이나 회사를 신뢰하게 된다.

▌ 신호-행동-보상 프레임워크

고전적인 행동 변화 모델은 신호-행동-보상 프레임워크를 기반으로 한다. 이 프레임워크는 계기가 행동을 일으키고(신호^{cue}), 일관된 행동을 하게 되며(루틴 행동^{routine}), 긍정적인 결과로 이어진다는(보상^{reward}) 단순한 원리로 작동한다. 예를 들어 아침에는 졸릴 수 있다. 이런 현상이 신호가 돼 습관대로 커피를 마시게 되고, 이는 더 나은 주의력, 집중력 증가, 그리고 도파민 수치의 증가를 가져온다. 전반적으로 여러분은 보상으로 좋은 느낌을 받게 된다. 이는 번갈아 가며 신호와 습관 간의 관계를 강화하는 경향이 있으므로 내일 아침 커피를 마실 가능성이 더 높아진다.

일상적으로 의식적인 생각은 필요하지 않다. 커피 애호가라면 한 잔을 마실지 말지 고민하지 않을 것이다. 신호-행동-보상 프레임워크는 매우 강하기 때문에 때로는 의식적 결정을 거스르기도 한다. 이를 사람들은 보통 중독이라고 부른다.

가장 직접적인 보상 방법은 중독성 물질인 아편을 사용하는 것이다. 예를 들어 2004년 중국에서는 양귀비를 양념으로 사용한 식당이 적발돼 200여 개가 넘는 식당이 문을 닫았다. 식당들은 발각을 피하려고 고추 기름에 양귀비를 섞어 놓았는데, 이 양념으로 인한 아편 중독 때문에 고객들은 식당을 다시 찾고는 했다. 사람들은 자신이 아편에 중독돼 있다는 사실을 전혀 알지 못했다. 보상은 아편이 유발하는 행복감이었고, 또 다른 아편 복용은 중독을 강화했으며, 악순환은 계속됐다. 안타깝게도 이야기는 2004년으로 끝나지 않는다. 식당들은 때때로 이런 묘책을 시도했고, 2016년 1월 중국 식품의약품안전청은 35개 식당을 추가로 폐쇄했다.

중독이 항상 물질과 관련 있는 것은 아니다. 예를 들어 도박 중독자는 돈이 충분하지 않다거나 경제적인 어려움에 처해 있다고 생각한다. 이런 생각은 도박으로 인해 시작됐을 수 있다. 그러나 그들의 일상은 큰 액수의 돈을 따려고 노력하는 일이다. 심지어 재산이 조금밖에 안 남았어도 위험을 감수하거나 습관을 유지할 돈을 구하려고 불법적인 행동까지 하면서 말이다. 도박은 재미를 추구하는 행위로 엔터테인먼트의 한 형태다. 어떤 사람들이 오페라나 화려한 저녁 식사에 돈을 쓰는 데 반해, 어떤 사람들은 카지노 테이블에서 돈을 쓴다. 도박이 재미의 영역에만 머무른다면 괜찮다. 하지만 도박 중독자가 된다면 어떨까? 쉽지는 않지만 해결 방법은 행동 습관의 계기를 가져오는 신호를 제거하는 일이다. 이는 온라인 카지노가 사회적 책임 차원에서 자율 배제 옵션을 갖춘 이유기도 하다. 사용자는 게임을 할 수 없는 기간을 설정할 수 있는데, 이 기간은 반나절도 될 수 있고, 2~3개월도 될 수 있다. 하지만 자율 배제 옵션을 설정해놨다고 해서 도박 중독자들이 카지노에 가는 걸 멈출 리는 없다. 그들 입장에서 가장 좋은 솔루션은 가까운 가족에게 도박 자금을 넘기는 방법이다. 이로써 본질적으로 신호가 제거되고 시간이 지나면서 문제의 행동이 서서히 사라지게 된다. 중독 관련 메커니즘에 관심이 있고 더 깊이 알고 싶다면, 닐 레비^{Neil Levy}가 편집한 『Addiction and Self-Control』(Oxford University Press, 2013)을 읽어보길 바란다. 중독에 대한 관심은 중독자를 돕는 차원에서의 관심이기를 바라며, 중독을 유도하는 차원의 관심은 아니었으면 한다.

행동 변화는 중독 상태가 아니어도 일어날 수 있다. 일반적인 단순한 행동에는 의식적 사고가 요구되지 않는다. 예를 들어 전화벨이 울리면 대부분의 사람은 머릿속 의사결정 과정 없이 곧바로 전화를 받는다. 그들은 단순히 전화기의 녹색 버튼을 누르는 습관을 반복한다. 이는 분명히 중독은 아니다. 하지만 여전히 신호-행동-보상 프레임워크의 하나로 볼 수 있다. 또한 신호-행동-보상 프레임워크를 사용해 솔루션에 대한 반복적 욕구를 만들어낼 수 있으며 솔루션을 반복적으로 사용하게 만드는 원인이 된다. 니르 에얄Nir Eyal은 2012년 테크크런치TechCrunch 기사에서 이를 '욕구 제조manufacturing desire'라고 칭했다(https://techcrunch.com/2012/03/04/how-to-manufacture-desire/).

욕구를 만들어내려면 신호가 어떻게 작동하는지 이해해야 한다. 신호에는 외부 신호와 내부 신호 두 가지 유형이 있다. 외부 신호는 사용자의 환경에서 존재하는 것으로, 여러분은 외부 신호를 내부 신호로 직접 바꿀 수 있다.

외부 신호를 내부 신호로

외부 신호는 많은 모양이나 형태로 나타난다. 구글 검색, 소셜 미디어 공유, 거대한 광고판은 외부 신호가 될 수 있다. 하지만 친구가 무심코 새 책에 대해 언급할 수 있고, 열차에서 그 책을 읽는 사람을 볼 수도 있다. 때로는 거대한 광고판이거나 유명한 작가와의 인터뷰에서의 작은 힌트일 수도 있다.

광고성 이메일은 외부 신호 중 가장 좋은 사례다. 아마존에서 나의 과거 쇼핑 행동을 기반으로 킨들에서 읽을만한 책 목록을 추천하는 이메일을 받는다면, 다시 책을 구입하는 행동의 계기가 될 수 있다. 내가 구입한 책의 개수를 보면, 스스로가 책 중독자처럼 느껴질 것이다.

신호-행동-보상 프로세스의 반복을 통해 외부 신호는 내부 신호가 된다. 이는 때때로 아마존에서 읽지 않은 책들을 찾아볼 거라는 의미다. 이런 현상은 킨들의 앞으로 읽을 목록에 10권 이상의 책이 있더라도 일어난다. 아마존은 내게 많은 신호를 보내고 있고(프라임의 무료 서적들 포함) 루틴 행동이 쉽게 자리 잡게 만들었고(킨들, 원클릭 주문, 프라임) 분명하면서도 강력하게 보상했다.

보상은 다시 만날 때 외부 신호를 강화하는 측면이 있다. 또한 반복된 행동은 내부 신호를 만들어낼 수 있다. 보상과 반복된 행동은 강력하면서도 비용 효과적인 방법이다. 그들은 우리가 진정 원하는 것들이다. 내 경우 킨들에서 새 책을 읽는 걸 좋아하는 것 자체가 내부 신호인 것이다. 아마존이 모든 광고, 뉴스레터, 홍보 활동을 중단하더라도 나는 여전히 아마존에서 책을 구입할 것이다.

또한 보상에는 임의성 요소가 있다. 가끔은 졸렬한 글의 형편 없는 책도 구매하지만 뇌는 무작위적인 보상을 사랑한다. 도박에 대한 금전적 보상은 본질적으로 무작위지만 여전히 강력한 보상으로 작용한다.

지금까지 본 최고의 온라인 신호는 아마존 킨들 퍼스트^{Amazon Kindle First}다. 이 서비스에는 세 가지 강력한 요소가 있는데, 각 요소는 그 자체로도 강력하지만 함께 있으면 몇 배 더 효과적이다.

1. 편집자가 서로 다른 카테고리에서 다음 달에 출간될 책(보통은 6권)을 선택한다.
2. 책들 중 한 권은 일반적인 선주문 가격이 아니라 무료로 받는다.
3. 여러분이 프라임 멤버라면 다음 달 출간 전에 책을 미리 읽을 수 있다.

아마존 킨들 퍼스트

내부 신호의 또 다른 근원인 개인적 욕망에서 비롯된 동기 부여 측면에서 보자면, 선택 프로세스가 본질적인 동기 부여를 활성화한다는 것은 불분명하다. 하지만 나는 항상 책들 중 하나를 선택하고 읽으려는 동기가 있고, 아마존이 내게 준 선택의 자유를 사랑

한다. 아마존은 사람들의 선택을 서로 다른 장르의 6권의 책으로 제한함으로써 선택 장애를 극복했다. 선택 장애는 간단히 말해 의사결정 과정에서 매우 많은 선택권으로 인해 결정이 지연되거나 심지어 결정을 피하는 것을 의미한다. 예를 들어 오더블Audible(아마존의 오디오북 제작 및 판매 회사)은 매월 크레딧을 제공하는데, 사용자는 이 크레딧으로 카탈로그에서 오디오북 출판물을 구매하는 데 사용할 수 있다. 그런데 구매할 오디오북은 200,000개 이상의 출판물 중 선택해야 하기 때문에 크레딧을 받은 달에 곧바로 크레딧을 사용하지 않을 때도 있다. 다행히 크레딧을 사용하지 않으면 다음 달로 이월된다.

명백한 보상이 전혀 없을 때는 매우 강력한 세 번째 내부 신호가 나타난다. 우리의 마음은 행동과 사고방식을 일치시키려고 노력할 것이다. 심리학 용어 없이 설명하자면 어떤 행동을 하면 그 행동에 우호적인 사고를 갖게 된다는 것이다. 이런 현상은 아마존의 도서 구매 습관에 어느 정도 효과가 있다. 누군가가 책을 사서 읽다가 마음에 들지 않으면 그들은 이제 스스로를 독자라고 여기기 때문에 또 다른 책을 구매할 것이라는 것이다. 그들은 독서를 동경하는 사람들이다. 그러나 이들은 찾기도 힘들고 정의하기도, 연구하기도 어려운 사용자 그룹이다.

오해하지는 말기 바란다. 나는 책 구매와 약물 중독을 평행하게 예시로 들었지만, 매일 중독된 습관에서 벗어나려는 약물 중독자들의 노력을 존중한다. 책 구매 및 독서를 약물 중독과 비교한 이유는 유사성을 강조하기 위함이다. 관련 문헌의 대부분은 심각하고 해로운 중독과 그 중독으로 고통 받는 사람들을 돕는 방법에 관한 것이다. 중독을 유도하고 싶지는 않겠지만 다음 세대의 아마존이나 구글을 만드는 데는 관심이 있을 것이다.

유리 그니지Uri Gneezy와 알도 러스티치니Aldo Rustichini는 2000년 〈Quarterly Journal of Economics〉에 흥미로운 연구를 발표했다. 실험 대상자는 기부금을 모으는 학생들이었다. 연구자들은 실험 대상자를 세 그룹으로 나눴다. 첫 번째 그룹의 멤버는 모은 돈의 10%를 받았고, 두 번째 그룹의 멤버는 1%를 받았으며, 세 번째 그룹의 멤버는 인센티브를 전혀 받지 못했다. 과학계에 충격을 준 것은 금전적 인센티브가 없는 학생들이 가장 많은 돈을 모았다는 점이었다. 두 번째로 돈을 많이 모은 그룹은 10%를 받기로 한 그룹이었고, 적은 인센티브를 받은 학생들은 가장 적은 돈을 모았다. 어떻게 이런 현상이 가능할까? 돈을 받지 않고 일한 학생들이 가장 사고와 행동이 일치된 태도를 보였다. 연구자들은 연구의 제목을 '충분히 지불하거나 아예 지불하지 마라$^{Pay Enough or Don't pay at all}$'라고 붙였다. 이는 사람들이 저임금 일자리보다 돈을 받지 않는 곳에서 더 열정적으로 일하고, 자선 단체에서 일을 더 잘 하는 이유기도 하다. 그 직업에 종사하는 업무 수행 능력이 높은 팀원들조차 낮은 급여를 주면 성과는 감소한다.

신호-행동-보상 프레임워크는 행동 변화에서 가장 중요한 요소다. 이번 절을 요약하면 다음과 같은 간단한 그림으로 표현할 수 있다. 이 그림은 대부분의 행동 변화 지도의 시작점이 될 것이다.

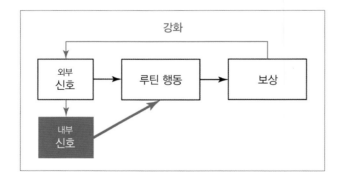

아마존스마일은 쇼핑 습관으로 인한 기부 결과를 지속적으로 상기시킨다. 이는 강화의 좋은 사례로 강화 프로세스를 통해 사고와 행동이 일치된 태도를 가지게 된다.

아마존스마일은 선택한 자선 단체에 기부할 확률을 높여준다. 아마존을 떠올릴 때 사랑하고 신뢰하는 자선 단체를 함께 떠올리게 될 것이다. 진정한 윈-윈 상황이다.

▌ 자동화된 반복 작업

사용자 경험을 향상시키는 행동 변화 기술 중 널리 알려진 방법은 반복 작업을 자동화하는 것이다. 기본적으로 이 솔루션은 반복 작업(예: 클라우드 동기화와 동시에 자동 저장, 소프트웨어 자동 업데이트)을 제거해 사용자의 삶을 편하게 만든다. 자동차에는 자동 변속기, 자동 주차, 심지어 빗물 감지 와이퍼가 점점 더 수용될 것으로 예상되고 있는 상황이다. 기본적으로 신호 또는 계기에 대한 니즈를 제거하고 자동화 솔루션으로 행동을 대체한다.

아마존은 구독 구매 모델^{subscription buying model}에 자동화 개념을 활용한다. 사용자가 자주 구매하는 항목인 경우 아마존은 **구매**^{buy} 버튼을 **구독**^{subscription} 버튼으로 대체한다. 일회성 구매로 전환할 수는 있지만 가격이 더 비싸다. 또한 배송 빈도는 가장 일반적인 값으로 기본 설정돼 있어서, 첫 구매 시 쉽게 결제할 수 있는 프로세스면서도 반복 설정은 자동으로 적용된다. 결과적으로 2개월 안에(또는 구매 항목의 배달 빈도가 어떻게 되든 해당 기간 안에) 동일한 물품이 다시 배송된다.

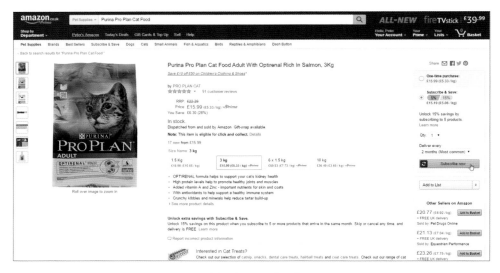

아마존의 구독 구매 모델

아마존 프라임 또한 매우 인기 있는 구독 서비스다. 저술 당시에는 프라임 회원이 6천만명 이상이었다. 이 서비스는 복잡한 혜택으로 구성된 패키지로 매년 지불하는 고정 수수료 시스템은 자동화돼 있다. 매달 잡지를 구매하는 것을 대체하는 잡지 구독과 마찬가지다. 차이점은 여러분이 실재하는 어떤 것도 얻지 못하고, 그저 번들로 묶은 혜택을 조금 제공받는다는 것이다. 아마존은 프라임 서비스의 취소율을 공개하지 않았지만 상당히 낮을 것이다. 흥미로운 점은 이 패키지가 아마존보다는 구매자에게 이득이라는 점이다. Recode.net에 따르면 프라임 회원이 아닌 사용자의 평균 월간 지출은 138달러였고 프라임 회원은 193달러였다. 이런 현상은 프라임 멤버가 더 자주 주문하기 때문에 발생한다.

프라임 멤버십의 주요 혜택 중 하나는 무료 익일 배송인데, 이 배송 서비스는 사람들의 온라인 쇼핑 습관을 성공적으로 변화시켰다. 그렇다. 아마존은 훌륭한 행동 변화 솔루션을 갖고 있다. 사용자들은 자신의 행동을 아마존의 기업 목표에 부합하는 방향으로 바꾸기 위해 기꺼이 99달러를 지불할 것이다. 이전 절에서 봤던 '충분히 지불하거나 아예 지불하지 마라^{Pay Enough or Don't pay at all}' 사례를 기억하는가? 아마존은 한 발 더 나아갔다. 유리 그니지와 알도 러스티치니는 네 번째 그룹을 포함했어야 한다. 네 번째 그룹이란 기부금을 모으기 위해 약간의 돈을 지불해야 하는 학생들의 그룹으로, 이 그룹이 있었다면 가장 많은 기부금을 모았을 것이라고 확신한다.

자선 단체를 운영하고 있거나 막 시작하려는 경우 반복 작업의 자동화는 유용하다. 아마존스마일뿐 아니라 여러분의 사이트에 직접 적용해보자. 후원자들에게 많은 금액의 기부를 요청하기보다는 매월 반복적으로 하는 기부 방식을 제안해보자. 그런 솔루션을 개발하는 일은 걱정할 필요조차 없다. Big cat rescue가 하듯 이미 만들어진 페이팔 서비스를 사용할 수 있다.

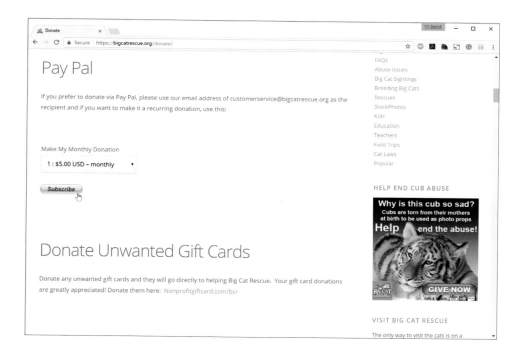

▌ 휴리스틱 정보 처리 & 체계적 정보 처리

행동 변화는 마인드 컨트롤이 아니다. 사용자의 마음을 노예화시키는 사악한 초능력을 발휘하려는 것도 아니다. 솔루션은 가이드와 지원을 제공해야 한다. 그러려면 뇌가 외부 세계의 정보를 처리하는 방법을 이해해야 한다.

정보를 처리하는 모드는 크게 두 가지로 나뉜다. 정보 처리 스펙트럼의 한쪽에는 휴리스틱 정보 처리heuristic processing가 위치하고 있고 그 반대편에는 체계적 정보 처리systematic processing가 존재한다. 대부분의 사람은 휴리스틱 정보 처리를 하고 있으며, 적어도 정보 처리 스펙트럼의 휴리스틱 정보 처리 끝쪽에 가깝다. 이는 우리가 노력을 들이지 않고 아무 생각 없이 선택한다는 것을 의미한다. 기분이 좋은 상태일 때 이렇게 될 가능성이 더 크다. 가격이 상대적으로 낮거나 쉽게 취소할 수 있으면 휴리스틱 정보 처리 모드가 된다. 또한 메시지가 너무 복잡해 보일 때도 휴리스틱 정보 처리 모드를 사용하는 경향이 있다. 예를 들어 PC 노트북을 구입하고 싶지만 기술을 잘 모른다면, 다른 사양에 쉽게 압도될 수 있다.

휴리스틱 정보 처리 모드에서 사용자는 매력이나 심미성에 쉽게 영향을 받는다. 이는 애플 제품이 인기 있는 이유 중 하나일 것이다. 내용이 아니더라도 제시된 정보의 양은 긍정적인 영향을 미친다. 하나의 노트북에 12가지 기능들을 보여주고 다른 노트북에는 6가지 기능들을 보여준다면 사람들은 12가지 기능을 보여준 노트북을 구입하는 경향이 있다. 기능이 무엇인지 모르는 경우에도 마찬가지다. 예를 들어 맥북 프로 15의 사양 정보를 보자면, 최대 3.6GHz 터보부스트를 지원한다고 나와 있다. 대부분의 고객은 터보부스트가 무엇인지 알지 못하지만 멋지게만 들린다. 터보부스터는 2008년에 처음 소개된 것으로 새롭지도 않고 맥북 프로에서 특별한 기능도 아니다. 일부 PC 노트북들도 높은 GHz대의 터보부스트(예를 들어 인텔 i7-7700HQ 또는 그 이상의 프로세서가 장착된 터보부스트)를 제공한다.

심지어 대부분의 사용자에게 터보부스트가 중요하게 작용하는 상황은 없을 수도 있다.

그러면 왜 앞 부분에 이러한 정보를 나열해서 귀찮게 하는 걸까?

휴리스틱 정보 처리 모드의 관점에서 사용자를 유인하는 또 다른 방법은 권한을 주는 것이다. 신뢰할만한 출처에 있는 많은 기능들을 열거해보자. 이전 그림에서 노트북 구매 가이드를 강조하고자 했다. 가이드는 여러분이 잘 선택할 수 있게 도움을 주겠다고 약속한다. 따라서 여러분은 최고의 노트북을 안내하는 전문가의 도움을 받을 수 있다. 더 나아가 여러분이 아마존 초이스Amazon's Choice에서 사용 목적만 선택하면 휴리스틱 정보 처리 모드에 완전히 부합한 방식으로 최상의 노트북을 제안해줄 것이다. 합리적인 가격으로 훌륭한 노트북을 살 수 있을 것이므로 모두가 행복하다.

아마존의 노트북 구매 가이드

스펙트럼의 반대쪽에는 체계적 정보 처리가 존재한다. 때로는 받은 정보를 평가하기 위해 의식적으로 노력한다. 이러한 정보 처리 방식은 높은 동기 부여를 받았을 때, 뭔가 관심을 끌었을 때, 우리와 관련이 있고 중요한 사안일 때 나타난다. 자동차, 부동산 등 고부가가치에 대한 구매는 일반적으로 정보 처리 스펙트럼의 체계적 정보 처리 끝쪽에 가깝다.

체계적 정보 처리 모드에서 사람들을 납득시키려면 가능한 한 많은 정보를 보여줘야 하고, 이때 긍정적 측면의 정보와 부정적 측면의 정보가 모두 필요하다. 이런 상황에서는 리뷰가 도움이 된다. 체계적 정보 처리 모드에 있는 사람들은 선택을 했을 때의 불리한 측면을 확인하고 싶어한다. 완벽한 선택은 없다. 사람들은 내용을 쉽게 믿지 않는 경향이 있기 때문에 웹사이트에 긍정적인 리뷰만 10건 있다면 신뢰를 얻지 못한다. 반면 부정적 의견 1건, 중립적 의견 2건, 긍정적 의견 7건 정도가 있다면 어떨까? 사람들은 후자의 정보에 더욱 수긍하는 모습을 보일 것이다.

여기에는 이유와 논거가 중요하다. 사람들은 메시지를 이해하기 위해 노력한다. 따라서 몇 가지 중요한 요소들을 타당성 및 가능성과 함께 강조해 심층적으로 살펴보게 한다.

▍LEVER 프레임워크

경력 초반에 나는 신호-행동-보상 프레임워크를 사용해 사용자 행동을 변화시켰다. 사용자에게 감지된 보상 가능성으로 인해 조작조건화operant conditioning는 항상 대부분의 사용자들이 보상 단계까지 경험하게 했다. 놀라운 능력을 지닌 마케팅 팀은 신호를 제공해 줬고, 보상은 많고 다양하며 선택할 수 있었다. 그리고 종종 약간의 임의성이 섞여서 제공됐다. 그러나 상당수 사용자들의 행동 변화를 이끌어 내는 데는 실패했다.

이를 개선하기 위해 LEVER 프레임워크를 생각해냈다. 이 프레임워크는 신호-행동-보상 프레임워크의 확장 버전이다. 나는 클라이언트에게 이 프레임워크를 행동 변화 솔루션으로 제공했다. LEVER 프레임워크 개념은 이 책에서 처음 공개하는 것으로, 사용자를 행복하게 만드는 데 도움이 되기를 바란다.

LEVER는 5단계 프레임워크로 외부 신호에서 시작해 LEVER 요소로 이어진 다음 인지된 잠재 보상으로 이어진다. 이러한 단계는 외부 신호의 효과를 강화한다. 한 번 또는 그 이상의 회전이 끝나면 이전 루틴이 LEVER 사용 루틴으로 대체돼 내부 신호로 연결되고 원하는 행동을 일으키는 외부 신호의 필요성을 제거한다. 이 부분에서는 신호-행동-보상 프레임워크와 유사하지만 LEVER 요소를 추가했다.

LEVER에는 사용자들을 지원하고, 반복 작업을 자동화하며, 사용자의 정보 처리 모드를 기반으로 그들을 도와주는 다섯 가지 영역이 존재한다. LEVER의 다섯 영역은 다음과 같다.

- 제한Limitation: 사용자에게 진귀하고 구하기 어려운, 가치 있는 아이템들을 보여 준다. 그래야 그 아이템을 얻을 때 가장 행복한 상황이 된다. 예를 들어 아이템

이 두 개만 남았다고 보여주거나 내일 받으려면 지금부터 x분 내에 주문해야 한다고 말하는 것이다. 이는 종종 손실에 더 민감하게 반응하는 손실 회피^{loss} ^{aversion} 현상으로 나타난다.

- **격상**^{Elevation}: 옵션을 제거하는 대신 많은 제품을 보여 준다. 일부 제품은 가시성을 높여서 격상시킨다. 예를 들어 제품을 해당 카테고리의 베스트셀러나 인기 제품으로 소개해 제품을 격상시킬 수 있다.

- **타당성 검증**^{Validation}: 사용자가 선호하는 선택 경향을 검증함으로써 사용자의 의식적 결정을 돕는다. 이 선택은 그들을 위한 최선의 선택이라고 짐작하는 것일 수 있다. 많은 검증 기술이 있는데, 좋은 예는 아마존의 '함께 자주 구매하는 아이템^{frequently bought together}'이다. PS4 콘솔만 구입하기보다는 훌륭한 게임이나 컨트롤러, 또는 긴 HDMI 케이블을 함께 구매하도록 제안한다. 이는 사용자와 아마존 모두에게 도움이 된다. 그러나 일부 검증 기술은 그렇게 간단하지 않다. 사용자가 특정 의식적 행동을 하도록 동기를 부여하는 대부분의 작업은 이 그룹에 속한다.

- **용이성**^{Ease}: 쉬운 일이 있다면 사용자가 스스로 할 가능성이 크다. 하지만 가장 쉬운 일은 아무것도 하지 않는 것이다. 반복 작업의 자동화, 그리고 똑똑한 기본값 제공이 유용한 상황이 있다. 아마존의 원클릭 결제 시스템은 완전히 자동화되진 않았지만 여전히 쉬운, 가장 좋은 사례일 것이다.

- **가역성**^{Reversibility}: 모든 것을 해주고 사용자가 이런 행동 변화 시도를 받아들이더라도 그들은 다시 생각할 것이다. 사람들은 약속, 파괴적 변화, 잘못된 결정의 잠재성을 싫어한다. 이는 가역성이 도움이 되는 영역이다. 예를 들어 아마존에서 사용자는 주문을 한 뒤 주문을 취소하거나 수정할 수 있다.

아마존 e커머스 사이트에 대한 LEVER 프레임워크를 기반으로 행동 변화 지도를 그려야 하겠지만, 먼저 LEVER의 다섯 가지 영역을 이해해보자. 대부분의 사용자는 어떤 순서로든 다섯 가지 영역을 만날 수 있으며 LEVER의 여러 요소에 노출된다. 한 가지 비밀을 알려준다면 LEVER의 각 요소가 이 순서로 있는 이유는 의미 있는 단어이기 때문이다. 나는 여러분에게 멘탈 모델의 중심축에 있는 지렛대^{Lever}를 제공한다. 이 지렛대를 사용해 사용자를 더 나은 행동으로 들어올릴 수 있다.

제한

사람들은 동등한 이익을 얻고자 손실을 피하려고 하는데, 이를 손실 회피라고 부른다. 아이템이 하나 또는 몇 개만 남은 경우 우리는 주어진 아이템을 구매하는 경향이 있다. 또한 해당 제품을 제한된 시간 동안에만 살 수 있거나 적어도 할인된 가격으로 구입할 수 있다고 하면, 다급해지면서 제품을 구매할 가능성이 높아진다. 예를 들어 파커와 리면$^{Parker \ and \ Lehman}$(2011)은 오프라인 매장에서의 와인 구매에 대한 연구를 발표했다. 그들은 사람들이 더 적은 수의 병이 남았을 때 와인을 고를 가능성이 높아진다는 것을 발견했다.

또한, '제한'으로 인해 보상에 대한 사용자의 만족도는 높아진다. 선반에 마지막 콜라가 남아 있을 때 훨씬 맛있게 즐기게 된다. 오래된 콜라일지라도 여러분은 오랫동안 맛있다고 느껴왔을 것이다.

어떤 제한은 사용자 스스로가 만들기도 한다. 제한에 영향을 가하거나 그 자체를 기회로 활용하기는 어려운 측면이 있지만, 성공하기만 하면 가장 강력하다. 나는 이를 '시의 적절한 계기$^{well-timed \ trigger}$'라고 칭한다. 예를 들어 방금 헤드폰을 잃어버렸다고 치자. 그런 다음 새 헤드폰 광고를 보거나 아마존 첫 페이지에서 헤드폰 제품을 본다면 꼭 마법처럼 보일 것이다. 아마존이 초자연적인 힘을 갖고 있었던 걸까? 그것보다는 마음 속에 있던 제한적 심리로 인해 헤드폰 관련 콘텐츠에 훨씬 더 빠르게 반응했을 것이다. 헤드폰을 잃어버리면 멘탈 모델은 이미 새로운 헤드폰을 얻을 준비를 하고 제한을 만들어 낸다.

격상

격상은 가장 판매가 잘 되는 제품을 선택하는 것처럼 보여줌으로써, 모든 사용자가 해당 제품을 구입하게 만들려는 것이다. 이는 진실과는 거리가 멀기 때문에 진위 여부가 중요하다. 여러분의 약속을 전하려는 목표로 임하자. 베스트셀러 제품을 위해서 진짜 베스트셀러를 선택하고, 에디터 초이스 제품을 위해서 객관적 평가를 기반으로 최상의 제품을 선택하자. 이렇게 하면 신뢰도가 높아져서, 해당 e커머스 사이트는 여러 제품 카테고리에서 높이 평가되며 자주 참조되는 정보 소스가 될 것이다.

격상은 사용자에 대해 알고 있는 정보를 기반으로 만들어질 수 있다. 사용자가 PS4 게임을 자주 구매할 경우 해당 게임을 제공하면 좋다. 사용자가 2개월 전에 고양이 사료를 구입했다면, 사용자가 자동화 기능을 켜놓지 않았더라도 재구매를 제안할 수 있다.

특정 아이템을 더 많이 팔고 싶다면, 정직하게 임하되 프로모션을 만들어보자. 또한 사용자들은 격상 형태의 가격 인하를 원할 것이다. 아마존 등 일부 기업의 경우 다른 기업보다 더 빨리 출시하는 제품을 보유한다. 이런 제품은 격상의 또 다른 형태다.

격상의 이점은 가시성을 높이는 것이다. 이는 사용자가 스스로 선택할 수 있도록 돕는 첫 번째 단계기도 하지만 더 중요한 것은 사용자가 선택할 수 있다고 확신하게 만드는 것이다. 많은 항목을 보여주지만 격상되는 제품은 일부여야 한다. 사용자가 격상된 상품을 즉시 선택하지 않더라도 그 상품을 준비하고 있어야 한다. 다음 번에 그 사용자는 상품 구매에 더 수용적으로 반응한다.

타당성 검증

선택권이 많아지면 선택 장애가 발생한다. 이런 상황에서 사용자는 구매를 미룰 수 있다. 이전 절에서 봤듯이 사용자는 휴리스틱 정보 처리 모드 또는 체계적 정보 처리 모드를 사용해 사고한다. 성공하려면 두 가지를 정보 처리 모드를 모두 지원해야 한다.

멋진 제품 이미지는 휴리스틱 정보 처리 모드에서도 필수적이지만, 멋지고 깔끔한 웹사이트 디자인을 위해서도 꼭 필요하다. 심미적 즐거움을 주는 시각적 디자인은 즐거움을 느끼는 생물학적 감각과 유사한 뇌 반응을 유도한다. 사람들은 디자인 퀄리티가 낮고 잘못 설계된 웹사이트를 신뢰하지 않으며 오래 머물지 않는다. 하지만 이런 사실을 깨닫기 위해 신경미학을 공부할 필요는 없다.

타당성 검증 차원에서 해야 할 일은 사람들의 의식적 결정을 지원하는 것이다. 좋은 인포메이션 아키텍처는 강력한 검색과 함께 가장 중요한 단계일 것이다.

사회적 관점에서의 타당성 검증은 틀림없이 도움이 된다. 우리는 사회적 동물로 다른 사람의 행동이나 영향에 영향을 받는다. 이것이 우리가 고객 리뷰나 자주 함께 구입한 아이템에 관심을 갖는 이유다. 고객이 이 아이템을 본 후 무엇을 구입하는지에 대한 검증은 아마존에서 실시하고 있는 사회적 타당성 검증의 강력한 사례다.

용이성

용이성은 웹에서 쉽게 실행할 수 있는 특성과 밀접한 관련이 있다. 알림은 이해하기 쉬워야 하며, 사용자에게 다음에 해야 할 일을 알려줘야 한다. 아마존은 이해하기 어려운 기술 관련 알림, 경고, 오류 메시지 대신 문제를 해결하는 방법과 잘못된 점을 알려주는 메시지를 보낸다.

반복 작업의 자동화에서 논의한 내용은 사용자가 좀 더 쉽게 작업을 수행할 수 있게 도와준다. 가장 쉬운 조치는 사람의 입력이 필요 없는 자동 실행이다. 자동화가 되면 사용자가 자동으로 실행하는 모든 사항들에 대해 알게 하고 싶어질 것이다. 사용자가 직접 제어하는 듯한 느낌을 받길 바라며, 자동화 관련 설정을 변경하거나 중지시킬 수 있는 권한을 가져야 한다.

가시적으로 강조된 커다란 버튼은 바라는 결과를 얻는 데 항상 도움이 된다. 구석기 시대의 인류에게 환경의 대비를 빠르게 감지하는 능력은 검치호랑이와 같은 육식 동물에게 잡아 먹히지 않도록 피하기 위해 꼭 필요한 것이었다. 색상도 차이를 만들어낼 수 있다. 노란색, 주황색, 빨간색은 다른 색상 대비 파장이 길고 주파수가 낮고 파란색이나 초록색에 비해 훨씬 빠르게 반응한다. 이는 아마존의 Add to basket^{장바구니 추가} 버튼이 노란색이고 Buy now with 1-Click^{원클릭 구매} 버튼이 주황색인 이유일 것이다.

Add to basket 버튼과 Buy now with 1-Click 버튼을 쉽게 찾을 수 있는 이유는 색상 외에도 배치, 진한 테두리선, 주위의 여백 크기, 아이콘 등 다양하다.

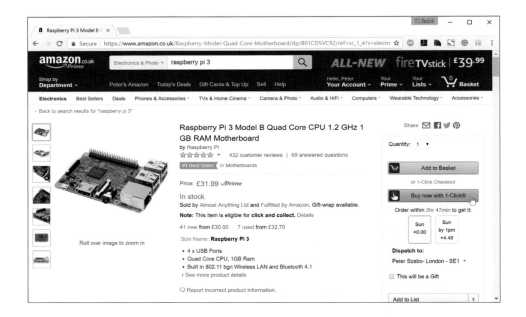

아마존은 지난 몇 년간 사이트의 사용 편의성을 높이기 위해 많은 묘책을 시도해왔다. 아마존을 베끼기보다는 그들로부터 배우도록 하자. 아마존으로부터 배워야 할 가장 중요한 내용은 고객 집착^{customer obsession}이며, 이는 사용하기 쉬운 웹사이트와 행복한 고객으로 이어질 것이다.

가역성

기업이 사용자에게 전하는 '약속'이 비즈니스 차원에는 도움이 되지만, 사용자는 오히려 감옥에 갇혔다고 느낄 수 있다. '이 물건을 사고 싶으신가요?'라고 묻지 말자. 이런 질문은 상황을 더욱 악화시킨다. 대신 사람들의 마음을 변화시킬 옵션이 필요하다.

사람들은 장기 계약을 정말 싫어한다. 그래서 기업은 사람들을 유인하기 위해 가치 있는 보상을 제시해야 한다. 모바일 네트워크 사업자가 고객에게 고가의 스마트폰을 제공해서 장기 약정을 유도하는 이유다.

아마존에서는 최근 주문을 취소하거나 수정할 수 있으며, 이미 물건이 도착했어도 반품할 수 있다. 주문하기 전에도 장바구니 목록을 검토할 수 있다. 프로모션 코드로 뭔가를 사고 싶다면, 프로모션 코드가 잘 적용돼 있는지 바로 확인할 수 있다.

아마존은 고객이 마음을 바꿀 수 있게 하고, 절대 해서는 안될 일이란 없다며 안심시키는 기법을 많이 사용한다. 예를 들어 배달 날짜를 지정할 수 있는 배송 옵션은 원하는 시점에 상품을 받을 수 있다고 안심시켜준다. 고객은 생일 선물이 제때 도착하도록 배송 시점에 맞춰 구매할 필요가 없다.

▌ 행동 변화 지도 그리기

행동 변화 지도는 사용자의 행동을 개선하기 위해 수행할 일을 시각적으로 표현한 것이다. LEVER 프레임워크를 바탕으로 행동 변화 프로젝트를 만들고 싶다면, 아마존의 기적을 보여주는 이 지도 유형을 참고하기 바란다.

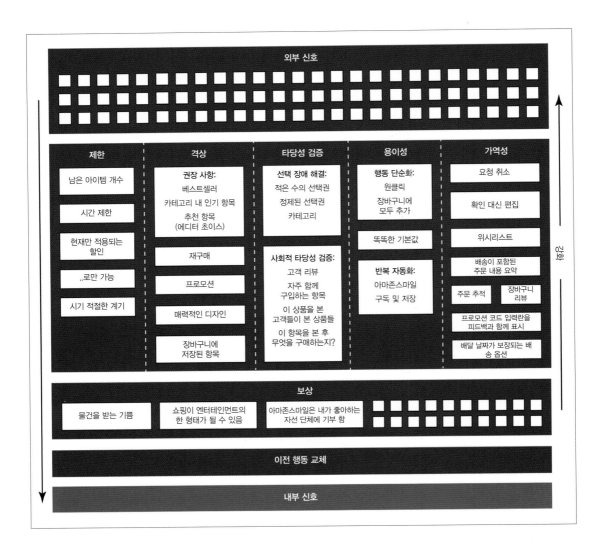

많은 외부 신호와 보상이 존재할 수 있다. 이들이 지도를 어수선하게 만들지 않도록 빈 사각형을 추가했다. 그리고 LEVER 요소들이 종종 겹쳐질 수도 있어 구분선으로 파선을 사용했다. '자주 함께 구입하는 항목'은 타당성 검증일 뿐 아니라 격상의 한 형태기도 하다. 모든 가역성 옵션은 사용하기 쉽다는 이점이 있다. 사실상 아마존처럼 쉬운 '취소' 방법은 가역성을 훨씬 향상시킬 것이다. 단순히 실수를 원래대로 되돌리기보다는 되돌리는 방법 자체가 쉬웠으면 한다.

7장에서 설명한 지도 제작 기술을 기반으로 행동 변화 지도 역시 쉽게 그릴 수 있어야 한다. 여기서 더 중요한 것은 LEVER의 작동 방식과 지도 사용법을 이해하는 것이다.

행동 변화 지도를 사용하는 방법

8장에서는 행동 변화를 가볍게 살펴 봤다. 나는 향후 행동 변화만을 주제로 책을 집필해서 LEVER 프레임워크를 확장시키고 사용자들의 행동 변화를 통한 삶의 개선을 가능케 하는 더 많은 도구를 소개할 계획이다. 지금은 8장의 학습에서 배운 내용들을 활용해주길 바란다.

여러분이 아마존에서 일한다면 LEVER에서 누락된 새로운 요소를 추가하고 실제 사용자와 함께 테스트할 수도 있다. 이는 지속적인 개선, 더 나은 솔루션, 사용자의 높은 만족으로 이어진다.

사용자에게 득이 되는 행동 변화를 꾀하고, 결코 그들의 효익에 반하는 일은 하지 않을 것이다.

아마존에서 일하지 않더라도 아마존이나 경쟁자의 행동 변화 지도를 만들면 이점이 있다. 예를 들어 테스트할만한 아이디어를 찾을 수 있다. 하지만 아이디어를 테스트하고 사용자에 적합하게 조율하는 작업 없이 절대 그대로 베끼면 안 된다.

▌ 요약

행동 변화 지도는 사용자 그룹의 행동을 변화시키는 경로를 시각적으로 표현한 것이다. 행동을 변화시키는 것은 가능하지만 이를 위해서는 솔루션의 신뢰도가 높은 수준이어야 한다.

고전적인 행동 변화 모델은 신호-행동-보상 프레임워크를 기반으로 한다. 계기가 행동을 일으키고(첫 신호, 외부 신호), 일관된 행동을 하게 되며(루틴 행동), 긍정적인 결과로 이어져서(보상) 프로세스를 강화한다. 이를 충분히 반복하면 내부 신호가 생성되고 훨씬 더 강력하게 변한다.

내가 제시한 행동 변화 모델은 신호-행동-보상 프레임워크의 확장 버전이다. LEVER는 5단계로 구분된 프레임워크로 제한Limitation, 격상Elevation, 타당성 검증Validation, 용이성Ease, 가역성Reversibility의 다섯 영역으로 구성된다. 이 프레임워크를 한 번 이상 거치면, 이전의 행동 루틴은 LEVER가 활성화된 루틴으로 바뀌고, 이는 내부 신호로 이어진다. 원하는 행동을 촉발시키기 위한 외부 신호에 대한 니즈가 제거되는 것이다. 사용자의 효익을 위해서만 행동 변화를 사용하기를 바란다.

이제 모든 지도 유형을 합쳐서 궁극의 사용자 경험 지도를 만들 준비가 됐다. 9장으로 이동해 4D UX 지도에 대해 알아보자.

09

4D UX 지도 –
모든 것을 한눈에

나는 가장 어려운 부분이 사용자 경험을 전하는 일이라고 생각해왔다. 사용자 리서치는 매혹적이며 그 결과는 솔루션을 개선하거나 변경이 필요한 경우 새로운 솔루션을 만들어내기도 한다. 사용자 리서치를 솔루션에 적용하기 위해서는 이해관계자를 설득해야 한다. 업계에서는 이런 단계를 일반적으로 바이–인[buy-in1]이라고 부른다.

이전 장들에서 다양한 지도 유형을 살펴 봤지만, 그것들은 모두 사용자 경험의 한 부분에 불과하다. 혁신을 위해 사람들을 바이–인하게 하려면, 사용자 경험을 하나의 큰 그림으로 보여주는 지도 유형이 필요했다.

---

1   설득의 가장 **중요한** 단계로 상대방의 말에 대해 조금씩 생각하기 시작하는 단계 – 옮긴이

나는 어느 이해관계자에게나 보여줄 수 있는 멋진 지도를 만들고 싶었다. 그리고 그 지도는 종이에 인쇄할 수 있어서 사무실 벽면에 테이프로 붙이거나 프레젠테이션에 포함시킬 수 있었으면 했다. 이게 4D UX 지도가 만들어진 배경이다. 2014년 6월, 4D UX 지도를 처음으로 내 블로그인 카이젠 UX^Kaizen-UX에 게시했다(http://kaizen-ux.com/4d-user-experience-map/).

9장에서의 4D UX 지도는 처음 블로그에 올렸을 때에 비해 좀 더 확장되고 풍부하며 업데이트된 버전이다. 지난 3년 동안 꽤 많은 4D UX 지도를 제작하고 결과물을 개선해 왔다.

 4D UX 지도는 사용자 경험을 하나의 구체적인 지도로 요약한다. 이 지도는 하나 또는 그 이상의 사용자 테스트 결과를 전달하는 도구로 이해관계자의 시간을 낭비하지 않는다. 사용자 경험이 사용자의 요구에 어떻게 부합되는지 시각화한 효과적인 전달물을 만들었다. 4D UX 지도는 궁극의 사용자 경험 커뮤니케이션 도구로 UX 컨설팅 프로젝트를 간편하면서도 시각적으로 잘 요약했다.

9장에서는 4D 지도를 사용해 UX 프로젝트를 요약하는 방법을 보여주며, 다음과 같은 내용을 배운다.

- 기회로 '테이블 없는 레스토랑'을 소개한다.
- 이전 장들에서 UX 지도와 관련해 발견한 특징을 요약하고, 이 지도들을 하나의 지도로 합치는 방법에 대해 알아본다.
- 병합된 지도가 어떻게 가장 선진적이면서도 수용적인지 살펴본다^Most advanced yet acceptable, MAYA.
- 4D UX 지도의 네 가지 차원(마일스톤, 이벤트, 중요도, 문제의 심각도)을 정의한다.
- 멘탈 모델 스니펫을 소개한다.
- 지도에 대해 토론 및 평가한다.
- 기회를 위한 4D UX 지도를 만든다.

- 사용자의 효익을 위해 4D UX 지도를 사용한다.
- 4D UX 지도 유형이 어떻게 진화하는지 살펴본다.

▌ 테이블이 없는 레스토랑

9장에서는 가상의 레스토랑을 위한 4D UX 지도를 만들어 본다. 예전에 다른 회사들과의 컨설팅 과정에서 만들었던 4D UX 지도들은 당연히 공개하지 않는다. 그리고 이전 장에서 다루지 않은 시장을 선정하고 싶었다. 이 레스토랑은 온라인 테이크아웃 주문만을 제공한다. 시설과 인력이 잘 갖춰진 주방에서 능력 있는 요리사가 일하고 있다고 상상해보자. 미슐랭 3스타 레스토랑은 아니지만, 패스트푸드점도 아니다. 식사를 하러 들어갈 수는 없지만, 30분 안에 도착하는 훌륭한 식사를 주문할 수 있다. 이 레스토랑은 버크셔의 The Fat Duck 레스토랑은 아니지만, 요리사는 모든 요리에 영혼을 담아 만들 것이다. 좋아하는 레스토랑을 상상해보자. 아마도 훌륭한 레스토랑일 것이며, 물론 온라인에서만 가능하다.

상상 속 요리사는 이미 맛있는 음식과 엄선한 음료를 제공하지만, 웹사이트 방문객에게 최고의 사용자 경험을 제공하기 위해 도움을 필요로 한다. 프로젝트를 시각적으로 요약하기 위해 4D UX 지도를 제작해보자. 사용자 경험의 모든 측면을 좌우하는 하나의 지도를 목표로 한다. 절대 반지와 달리 이 지도는 사람들을 어둠에 묶어 두지는 않겠지만, 4D UX 지도가 강력한 힘을 갖길 바란다.

▌ 모든 지도의 합

4D UX 지도는 전체 사용자 경험을 시각화한 것이다. 1장 'UX 지도 제작이 여러분의 삶을 어떻게 바꾸게 될까?'에서 만든 첫 지도처럼 이 지도는 커뮤니케이션 도구다. 우리는

인터넷을 사용하기 쉽고 아름다운 웹사이트로 채워 사용자의 삶을 개선할 것이다. 그리고 그 시작을 레스토랑 웹사이트에서 하려 한다.

4D UX 지도에는 2장 '사용자 스토리 지도 - 협업, 포스트잇으로 도출하는 요구사항'의 사용자 스토리 지도처럼 이벤트와 마일스톤으로 구성된 내러티브 플로우가 존재한다. 그리고 마일스톤으로 그룹화된 이벤트들은 4D UX 지도의 중심축이 된다. 사용자가 기회에 도달하는 과정에서 수행하는 성취물들을 지도에 표시해 지도의 가로 축을 만든다. 이러한 성취물들은 사용자 스토리 지도의 마일스톤으로 인식될 것이다. 고유한 이벤트들도 각 마일스톤 아래 위치하게 된다. 나는 대개 지도를 세로로 표시해, 지도가 복잡한 솔루션에 비해 너무 넓어지지 않도록 한다. 이는 묶여진 이벤트들을 표시하기에 적합한 구성 방식이다. 때로는 하나의 이벤트가 다른 이벤트로 이어질 수도 있다. 예를 들어 레스토랑에서 서로 다른 요리 그림이 표시된 메뉴판을 보면 그중 하나를 주문하게 되며, 주문한 요리와 어울리는 와인을 고르는 행동으로 이어질 수 있다. 이는 모두 같은 마일스톤 안에 존재하지만, 일련의 이벤트로 연결돼 있다.

모든 지도와 사업적 결정 사항은 2장 '사용자 스토리 지도 - 협업, 포스트잇으로 도출하는 요구사항'에서 소개한 4인조 회의의 도움을 받는다. 4D UX 지도의 첫 번째 버전이 완성되면 비즈니스 대표, 개발자, 테스터, UX 전문가를 초대하자.

4D UX 지도를 제작할 때는 항상 주요 페르소나의 솔루션을 염두에 둬야 하며, 필요 시 다른 페르소나도 언급한다. 이 지도는 페르소나 중심적 접근 외에도 3장 '여정 지도 - 여러분의 사용자를 이해하라'의 과업 모델, 사용자 여정 지도와 많은 측면이 겹친다. 중요한 과업, 특히 평가는 4D UX 지도의 이벤트가 된다. 4D UX 지도를 제작하기 위한 가장 쉬운 출발점은 화살표 레이어가 숨겨진 주요 페르소나의 여정 지도다.

4D UX 지도에서 주요 인터랙션은 4장 '와이어플로우 - 제품에 대한 계획을 세워라'의 와이어플로우와 유사하게 관련 뷰의 와이어프레임으로 표시된다. 반면 4D 지도에서는 와이어프레임들을 화살표로 연결하지 않는다. 때때로 이벤트들을 화살표로 연결할 수는 있다. 4D UX 지도는 그 자체로 복잡하기 때문에 화살표를 추가하면 어수선해 보일 수

있고 단순성 원칙에도 맞지 않다. 여러 번의 '와이어플로우 개선 워크샵'을 거쳐 정교해진 와이어플로우를 사용할 수 있지만, 충실도는 낮게 유지하자. 높은 충실도의 와이어플로우는 솔루션에 대한 명확한 이해와 계획을 수립한 후 제대로 만들 수 있다. 일반적으로 4D UX 지도를 발표하고 이해관계자와 의논한 후에 만들어진다.

충실도가 높은 와이어플로우를 사용하면 지도에 너무 많은 세부 정보를 추가해 주의를 끌게 되며, 4D UX 지도를 시끄러운 와이어플로우로 변질시킨다. 때로는 4D UX 지도에 와이어프레임을 추가하기 전에 충실도가 낮은 와이어프레임으로 단순화하기도 한다. 지도에 와이어프레임을 추가하는 이유는 사용자 경험 관점의 더 큰 맥락에서 와이어프레임을 보고 토론함으로써 커뮤니케이션적 이점을 얻기 위함이다. 우리는 충실도가 낮은 와이어프레임을 사용해 옵션을 열린 상태로 두고 솔루션을 유연하게 유지한다. 4D UX 지도를 제작할 때는 사용자에게 정말 중요한 것이 무엇인지 고민하고 뛰어난 사용자 경험을 만들어내는 데 집중하자.

실제 사용자를 이해하려면 그들이 솔루션을 사용하는 모습을 관찰해야 한다. 실험실 테스트와 원격 사용자 환경 테스트를 통해 사람들의 행동을 이해할 수 있다. 모든 훌륭한 사용자 경험 지도 뒤에는 잘 수행된 리서치가 존재한다. 원격 테스트 또는 실험실 UX 리서치를 수행하기 전에 5장 '지도 제작을 위한 원격 & 실험실 테스트'를 참고하자.

리서치 결과를 분석한 후 6장 '사용자 인사이트 기반 솔루션 지도 제작'에서처럼 솔루션 지도를 제작할 수 있다. 솔루션 지도를 참고해 4D UX 지도에서 선 두께와 색상이 다른 근본 이슈와 솔루션을 추가한다. 다음 절에서 4D UX 지도를 다시 다룰 예정이다. 하지만 여러분은 주의를 기울여야 할 부분에 시각적 단서를 제공하고, 문제가 해결되면 새로운 솔루션을 강조해 표시하길 원할 것이다.

 4D UX 지도에 장애물과 행동 조치를 직접 추가하는 것은 피하는 것이 좋다. 하지만 장애물과 행동 조치에 대해 논의한 후 수용되면 이슈와 함께 이벤트에 마커를 달아 행동 계획이 시행됨을 표시할 수 있다. 나는 대개 이벤트 박스의 코너 중 하나에 녹색 점을 달아둔다. 9장의 지도는 가상의 기회를 중심으로 작성됐기 때문에 이 기능은 사용하지 않는다.

4D UX 지도의 특징 중 하나는 7장 '멘탈 모델 지도 – 현실 지각 다이어그램'의 멘탈 모델 지도로부터 상속받은 것이다. 나는 항상 솔루션과 관련된 주요 페르소나의 사고 프로세스와 패턴을 시각적으로 표현한다. 그리고 가능하면 유효한 종단적 리서치를 기반으로 4D UX 지도를 작성하려 한다.

솔루션 디자인과 4D UX 지도 제작의 목표는 사용자의 사고 프로세스를 지원하는 것뿐만 아니라 8장 '행동 변화 지도 – 설득을 위한 실행 계획'에서처럼 사용자가 스스로의 효익을 위해 행동을 바꾸게 하는 것이다. 이러한 목표는 LEVER 프레임워크를 기반으로 솔루션을 만들어 달성할 수 있다. 8장에서처럼 LEVER 요소를 개별적으로 시각화하는 대신 지도에서 해당 요소를 표시할 수 있다. 지도 아래에 각 마일스톤에 대한 순위를 매겨뒀다. 이 순위는 사용자가 원하는 행동을 달성하는 데 얼마나 성공적이었는지를 나타낸다. 동기, 사용 편의성, 신뢰도 등 행동을 일으키는 여러 요인에 대한 평가다. 어떤 의미에서 4D UX 지도는 LEVER 기반 행동 변화 디자인의 또 다른 시각화라고 볼 수 있다.

모든 지도의 합보다 큰

4D UX 지도를 만들 때, 사용자 요구가 어떻게 부합되고 있는지를 시각화하는 영향력이 큰 UX 산출물을 만들고 싶었다. 결과물이 지도인지 여부는 확실치 않았지만 사용자가 목표에 도달하는 방법을 보여주기 때문에 지도라는 메타포가 이에 가깝다고 생각했다. 크리스 리스던Chris Risdon, 진 스미스Gene Smith, 제스몬드 알렌Jesmond Allen, 제임스 처들리James Chudley가 만든 경험 지도의 영향을 받았는데, 그들의 지도는 2차원으로 표시되며 광범위한 접근보다는 웹사이트나 앱을 위해 제작되는 등 제한적인 측면이 있었다.

최종 결과물은 내 예상을 뛰어 넘었다. 4D UX 지도는 이해관계자와 커뮤니케이션을 하고 UX 디자이너가 프로젝트를 이해하며, 궁극적으로 사용자의 효익을 위해 상을 받을 만한 경험을 도출 해내는 훌륭한 도구다. 더 좋았던 것은 행동 변화에 주목하지 않고 행동 변화 전략을 제시한다는 것이다. 일부 이해관계자는 행동 변화를 믿지 않거나 두려워

한다. 행동 변화는 새로운 영역이며 일부 고위 이해관계자에게는 행동 변화의 상업적 사용이 여전히 미지의 영역으로 간주됐다. 다행히 사용자 경험은 크게 향상됐고 새로운 계정 생성 횟수, 재방문자 비율, 평균 장바구니 액수, 평균 방문 횟수 등 많은 KPI로 측정됐다. 다시 말해 4D UX 지도는 사용자를 행복하게 만드는 동시에 사업적 측면에서도 더 많은 수입을 가져다 준다. 4D UX 지도는 LEVER 프레임워크 요소로 바이-인을 시작하는 가장 좋은 방법이다. 또한 한 번에 한 지도로 사용자의 삶을 향상시키는 데 많은 도움을 준다.

■ MAYA 지도

산업 디자인의 아버지인 레이먼드 로위Raymond Loewy는 소비자가 새로운 것에 대한 호기심과 새로운 것에 대한 두려움 사이에서 분열됐다고 믿었다. 그는 이 이론을 'Most Advanced Yet Acceptable가장 선진적이면서도 수용적인 – MAYA'라고 불렀다. '놀라운 것을 판매하려면 익숙하게 만들자. 그리고 익숙한 것을 판다면 놀라운 일이 일어날 것이다.' 사용자 경험 리서치 및 디자인을 내부적으로 또는 클라이언트에게 서비스로 판매하려면 이 원칙을 적용해야 한다. 4D UX 지도 또는 산출물을 만들 때는 항상 MAYA 원칙을 따르자.

나는 2012년에 MAYA 지도라는 4D UX 지도의 고급 버전을 실험했었다. 그 지도는 7개의 정보 레이어(차원)를 특징으로 했으며, 별도 소프트웨어로 구동해야 했다. 더 많은 정보로 풍부해졌고, 클릭 한 번으로 정보 레이어들을 전환할 수 있었다. 각 레이어는 복잡한 와이어플로우에서 단순화된 사용자 스토리 지도에 이르기까지 사용자 경험에 대해 구분된 관점을 나타냈다. 또한 연결성을 강조하고 손쉬운 편집 기능을 지원해 모든 요소들을 연결된 상태로 만들고 실시간으로 다시 배열할 수 있게 했다.

예전에 내가 작업했던 지도 제작 소프트웨어는 백그라운드에서 상용 3D 엔진이 돌아가야 했다. 당시 나는 새로운 시대를 위한 지도를 만들었다고 생각했고, 사람들이 마이크로소프트 홀로렌즈HoloLens 같은 HMD나 오큘러스 리프트Oculus Rift 같은 가상현실 고글을 사용하는 시대를 꿈꿨다. 프로젝트는 오큘러스리프트 킥스타터 캠페인이 끝나고 몇 일이 지난 후 시작됐는데, 너무 이른 시도였던 것 같다. 당시 MAYA 지도는 분명히 너무 앞선 것이었다. 클라이언트가 갖고 있던 대부분의 노트북에서 작동하지 않았고, 인쇄하거나 파워포인트 프레젠테이션에 포함시키는 게 불가능했다. 나는 MAYA 지도 프로젝트를 보류하기로 결정했고, 그 프로젝트는 이름처럼 되지 못했다. 너무 앞선 것이었기 때문이다. 5년이 지났지만 MAYA 지도는 여전히 너무 앞서 있다. MAYA 지도의 시대는 몇 년 후가 될 수도 있고, 내가 상상한 형태로는 결코 실현되지 않을 수도 있다. 지금은 4D UX 지도가 커뮤니케이션 도구로 받아들여질 수 있는 가장 진보된 사용자 경험 지도라고 믿는다. UX 지도를 사용자 환경을 쉽게 이해하고 토론하는 데 사용할 수 없다면, 지도를 만드는 의미가 없다.

이제 오늘날 가장 진보된 UX 지도의 여러 차원에 대해 살펴보자.

첫 번째 차원 – 마일스톤

우리는 마일스톤을 통해 사용자 스토리를 이야기할 것이다. 8장에서 봤듯 마일스톤은 공통된 목표로 이어지는 모든 이벤트를 그룹핑한 것이다. 사용자가 여정 중에 기회를 잡기 위해 만들어낸 각 성과가 바로 마일스톤이다. 마일스톤은 지도에 구조를 부여하고 좀 더 쉽게 조직하고 커뮤니케이션하도록 돕는다. 4D UX 지도는 같은 프로젝트에서 굳이 사용자 스토리 지도, 과업 모델, 여정 지도와 같은 마일스톤을 갖고 있을 필요는 없다. 하지만 그중 하나를 만들었다면 마일스톤이 훌륭한 출발점이 될 것이다.

우리는 행동에 초점을 두고 행동이 시작되는 곳에서 출발한다. 가치가 높은 상품을 구매하거나 삶을 변화시키는 결정을 내릴 때는 출발점이 '결정' 또는 '계획'과 관련된 마일스톤일 수 있다. 음식을 주문하는 것은 이 카테고리에 맞지 않으므로 '습득' 마일스톤에서 시작한다. 일반적으로 가장 왼쪽에 있는 마일스톤(출발점)은 뭔가로부터 영향을 받기 어려운 측면이 있다. 더욱이 이 부분은 UX 전문가의 영역 밖이다. 이번 사례의 경우에는 '습득' 마일스톤을 넘어 '이해' 마일스톤으로 도달하는 '습득' 관련 여정을 개선하는 데 SEO, SEM, PPC와 같은 다른 전문 솔루션이 포함돼야 한다. 사용자기 웹사이트를 방문한 후 곧바로 서비스를 이해할 수 있길 바란다. 수초 안에 테이블 없는 레스토랑에 대해 이해할 수 있어야 한다.

테이블이 없는 레스토랑의 경우 사용자는 맛있는 음식을 맛보기 전까지 몇 가지 단계를 거친다. 먼저 우리가 무엇을 제공하는지 이해해야 한다. 그런 다음 먹고 마실 것을 선택하고 주소와 신용카드 같은 세부 정보를 입력하고 평상시와 동일하게 결제한다. 결제가 완료되면 음식이 도착할 때까지 기다려야 한다. 우리는 이 단계를 사용자 경험을 향상시키는 데 활용할 수 있다. 예를 들어 공유나 댓글 달기 기능을 사용해 주방의 실시간 피드를 보여주는 것이다. 마지막으로 사용자는 여정의 마지막 단계인 '배달 후' 단계에 도달한다.

마일스톤	습득	이해	선택	결제	기다림	배달 후

사용자의 여정은 마지막 단계를 마친 후 언젠가 사이트로 되돌아와 여정을 시작하는 것이 이상적이다. 빈번한 재방문은 레스토랑의 행동 변화 계획에 포함돼야 한다.

원격 사용자 테스트를 준비할 때 각 마일스톤을 중심으로 디자인된 과업을 만든다. 또는 사용자가 스스로 정의한 마일스톤으로 이어질 수 있도록 실제 열린 테스트 디자인을 설계할 수도 있다. 예를 들어 사용자에게 테스트용 가짜 지불 정보를 제공하고 평소처럼 사이트를 사용해달라고 요청할 수 있다. 훌륭한 원격 UX 테스트를 설계하려면 5장 '지도 제작을 위한 원격 & 실험실 테스트'를 참조하자.

두 번째 차원 – 이벤트

각 마일스톤은 하나 이상의 이벤트를 포함한다. 모든 사용자는 마일스톤에서 하나 이상의 이벤트를 수행할 수 있지만, 아무 것도 수행하지 않을 수도 있다. 예를 들어 배달 후 아무 행동도 하지 않거나 사이트의 내용을 이해하지 못해서 '이해' 부분에서 전체 여정을 포기할 수도 있다.

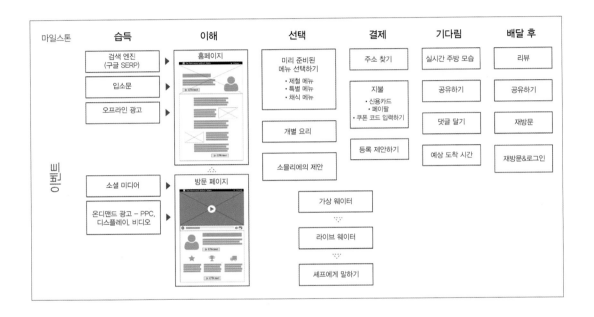

이벤트에는 **홈페이지** 또는 **방문 페이지** 이벤트와 같이 와이어프레임이 포함될 수 있다. 또한 **미리 준비된 메뉴 선택하기**나 **지불** 이벤트와 같이 옵션 목록을 포함할 수 있다.

가능한 한 화살표를 적게 사용하고 싶겠지만 때로는 화살표가 이해하는 데 도움이 된다. 예를 들어 **검색 엔진**(구글 SERP: search engine results pages)과 **오프라인 광고**를 통해 방문한 사람들은 **홈페이지**로 들어오게 되고, **소셜 미디어, 온디맨드 광고 – PPC, 디스플레이, 비디오**를 통해 방문한 사람들은 해당 **방문 페이지**로 들어오게 된다. **방문 페이지**로 진입한 일부 방문자는 의도한 작업을 수행하거나 **선택** 마일스톤에서 뭔가를 선택하기 전에 **홈페**

이지로 이동하기도 한다.

어떤 이벤트는 한 개 이상의 마일스톤에서 제공된다(AI 챗봇인 가상 웨이터 등). 나는 보통 두 마일스톤과 닿아 있는 이벤트들이라면 해당 마일스톤들의 중간에 배치한다. 다른 옵션은 이벤트가 두 칸을 차지하도록 넙적하게 만드는 것이다. 이는 디자인적 결정 사항이다.

 지도의 디자인은 이해와 커뮤니케이션을 용이하게 만드는 것을 목표로 한다. 디자인적 결정이 이러한 목표에 부합하지 않는다면 디자인을 바꿔야 한다. 여러분은 언제든 다시 시작할 수 있다.

세 번째 차원 – 중요도

각 이벤트는 비즈니스 관점에서 상대적 중요도를 갖는다. 이 중요도는 회의에서 결정돼야 하고, 중요도에 대한 논의는 비즈니스 대표 중 한 사람에 의해 주도된다. 중요도를 결정하기 위해 사용자 스토리 지도의 항목 순서가 좋은 출발점이 될 수 있다. 어떤 항목이 최소한의 실행 가능한 솔루션의 일부라면 초기에는 가장 중요도가 높을 수 있다. 다음 이터레이션 단계에서는 비즈니스 관심 영역이 바뀌어 다른 항목의 중요도가 상대적으로 높아질 수 있다.

나는 시네마 4D^{Cinema 4D}, 로버트 맥닐 앤드 어소시어츠^{Robert McNeel & Associates}의 라이노세로스^{Rhinoceros}, 구글 스케치업^{Google SketchUp}과 같은 3D 모델링 응용 프로그램으로 만든 4D 사용자 경험 지도를 실험해왔다. 지도를 훌륭한 3D 렌더링 이미지로 만들면 충격 요법을 쓸 수 있겠지만 3D 렌더링을 사용하면 지도가 이해하기 어려워지기 때문에 보는 사람들은 혼란스러워 한다. 또한 이런 지도는 생성과 수정이 어렵고 필요에 꼭 부합하는 것도 아니다.

중요도를 표시하기 위해 색조, 그림자 등 시각적 신호를 사용할 수 있고, 중요도를 한쪽 모서리에 숫자로 표현할 수도 있다. 다른 시각적 표현을 실험하고 결과를 공유하는 것도 좋다(나에게 공유하길 원하면, 트위터에 @wszp를 추가해 공유하면 된다).

상대적 중요도에 따라 박스의 선 두께를 키우면 이해하기도 쉽고 시각적으로 어수선하지도 않다. 기억해야 할 점은 중요하지 않은 항목이 있다면 단순화의 원칙에 따라 지도에 두지 말아야 한다는 것이다. 지도에 표시할 만큼 중요하긴 하지만 간신히 올리는 정도의 중요도를 지녔다면, 이벤트를 얇은(물론 보일 정도로) 테두리로 표시한다. 중요도가 높은 항목이라면 두꺼운 테두리로 표시하자.

중요도가 중간 수준이라면 중간 두께로 표시한다. 프로젝트에 3단계 이상의 중요도 구분이 필요한 경우 구별하기 쉬운 한도 내에서 박스의 두께를 4~5단계까지 구분해 사용할 수 있다.

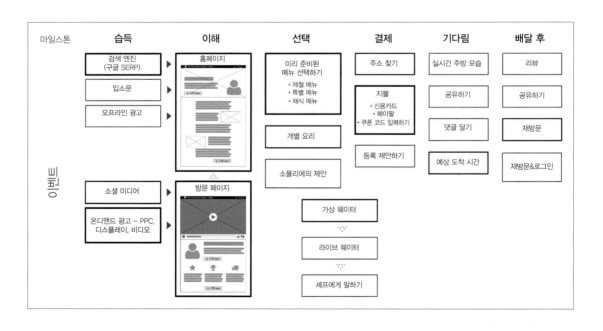

9장의 예제에서는 가장 중요한 이벤트를 3pt 두께로 지정하고, 가장 중요하지 않은 이

벤트는 1pt, 중간 중요도 이벤트에는 2pt를 지정했다. 어도비 일러스트레이터에서는 **획**
Stroke 패널에서 설정할 수 있다(윈도우^{Window} ➤ 획^{Stroke}, Ctrl+F10 또는 Command+F10 단축키
사용).

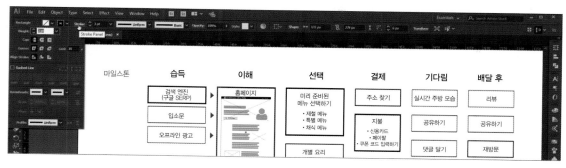

획 두께를 설정하기 위한 획 패널 사용

네 번째 차원 – 문제의 심각도

사용자 경험 테스트 결과를 분석하면 6장 '사용자 인사이트 기반 솔루션 지도 제작'에서
처럼 심각도가 높거나 중간인 이슈들이 발견된다. 심각도가 높거나 중간인 이슈들은 포
기하게 될 수도 있다. 나는 대개 심각도가 낮은 이슈들과 긍정적인 결과는 추가하지 않
는다. 하지만 전환율 문제가 있는 이벤트는 항상 표시하고, 이런 표시에는 색을 사용
한다.

대부분 두 가지 정도의 테두리 색상이면 심각도가 높거나 중간인 것들을 표시하기에 충
분하다. 일반적으로 빨간색은 오류, 주황색은 심각한 경고를 의미한다. 색상에 따른 의
미는 원격 UX 테스트 결과를 분석할 때 사용되는 색상 코딩과 다르다는 점을 유의해야
한다.

목표는 수정이 필요한 사용자 경험 이슈들에 대한 주의를 끌기 위함이다. 이렇게 하면
지도가 훨씬 더 실행 가능해지고 커뮤니케이션이 쉬워진다.

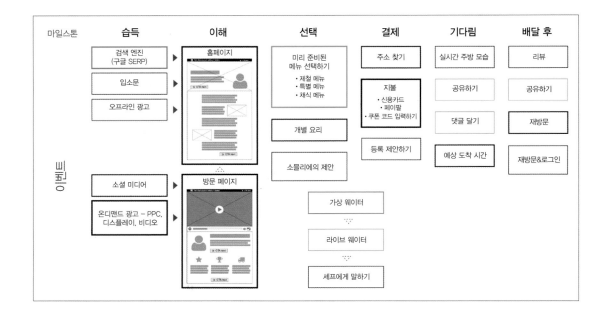

4D UX 지도에 4가지 차원을 모두 추가했다면 지도의 위쪽 절반을 완성한 것이다. 나는 이 단계에서 4인조 회의에 요청하고, 멘탈 모델 스니펫을 추가하기 전에 모든 친구들과 함께 4가지 주요 차원을 검토한다.

▌ 멘탈 모델 스니펫

멘탈 모델 스니펫은 사용자가 각 마일스톤에서 빈번하게 생각하는 내용을 일컫는다. 사용자의 가장 일반적인 생각들을 만화책 스타일의 생각 풍선에 담아 표현하고는 하는데, 이는 지도의 상단과 멘탈 모델 스니펫 사이를 명확하게 구분하는 효과가 있다. 만약 디지털 전용 지도를 만든다면, 사용자가 말하는 동영상 링크를 제공할 수도 있다. 멘탈 모델 스니펫의 목적은 멘탈 모델 지도를 만들거나 대체하고자 함이 아니다. 그보다는 멘탈 모델 지도의 내용을 엿볼 수 있게 한다. 멘탈 모델 스니펫은 행동에 대한 사람들의 관심을 끌고, 멘탈 모델 지도를 4D UX 지도에 연결시킨다.

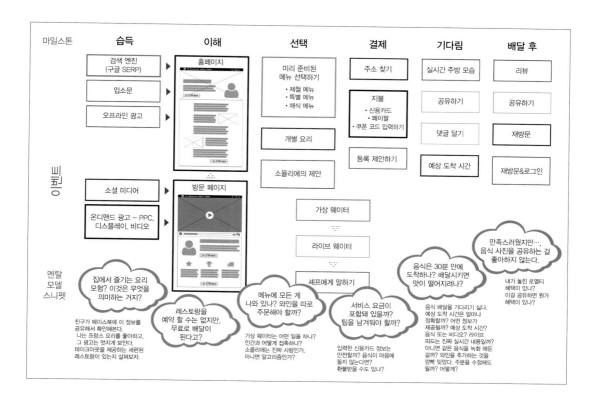

멘탈 모델 지도가 없더라도 어떤 사용자 경험 테스트에서든 인용해올 수 있다.

평가

4D UX 지도의 하단은 평가를 위한 공간이다. 8장에서 봤듯이 행동에는 많은 동인이 있다. 6장 '사용자 인사이트 기반 솔루션 지도 제작'에서 행동이 일어나게 하기 위해 동시에 수렴해야 하는 두 가지 기본 요소인 '동기'와 '능력'을 소개했다. BJ 포그 박사에 따르면 계기가 있다면 두 요소로 모든 행동 변화를 기술할 수 있다. 그러나 동기와 능력은 광범위한 범주며 직접 목표로 삼기는 어렵다. 나는 대부분의 4D UX 지도에 두 요소를 포함하지만, 행동 변화에 대한 좀 더 자세한 그림을 그리기 위해 종종 몇 가지 평가를 더 추가한다.

신뢰도^{trust}는 금융 거래를 필요로 하는 웹사이트에서 가장 중요한 요인 중 하나다. 우리는 테이블이 없는 레스토랑에서 고객에게 신용카드와 페이팔 지불 옵션을 제공할 것이다. 그러나 고객이 우리를 신뢰하지 않는다면 그들은 비용을 지불하지 않을 것이다. 사용자 경험 업무에서 눈에 띄지 않는 작업 중 하나는 신뢰 구축에 도움을 주는 일이다. 신뢰를 측정하기 위해 테스트 중 종종 각 마일스톤에서 간단하게 질문을 한다. '지금까지 여러분이 본 내용을 토대로 답변 부탁드립니다. 이 사이트에서 신용카드 정보를 요청한다면 알려주시겠습니까? 다음 답변 중 하나를 선택해주세요. ① 아니오. ② 아마 아닐걸요. ③ 아마 그럴걸요. ④네.'

나는 항상 중간 선택이 없는 평가 시스템을 사용한다. 사용자는 한 쪽을 선택해야 한다. 경험은 좋거나 나쁘다. 그러나 세계는 흑백으로 명확히 구분되지 않으므로 두 극단 사이에 두 단계를 더 추가했다. 예전에는 6점, 8점, 10점 척도도 실험해봤지만, 사용자가 신속하고 쉽게 답변을 선택할 수 없었다.

또 다른 솔루션은 순수 추천고객 지수^{Net Promoter Score, NPS}와 비슷한 등급을 나누는 것으로, 0~6점은 부정적인 영역, 7~8점은 중간 영역, 9~10점은 긍정적인 영역이다. 7~8점은 무시해 중간 영역을 제거하며, 0~6점은 '아니오'로, 9~10점은 '예'로 해석한다. 사람들이 지도를 보고 어떻게 작동하는지, 각 평가 결과가 사용자에게 어떤 의미인지를 명확하게 이야기할 수 있다면, 여러 방법을 사용해 평가 및 척도를 결정할 수 있다.

마일스톤 관점에서 평가 유형이 타당하지 않다면 평가를 생략해야 한다. 예를 들어 '기다림' 마일스톤에서 사용자가 음식에 비용은 지불했지만 아직 받지 않은 상태라면 신뢰도 평가는 오해의 소지가 있으며, 정확하게 측정하기가 거의 불가능할 것이다. 신뢰도는 지불 정보 제출 시점에 최고점에 이르며, 다양한 심리적 효과가 나타난다. 예를 들어 구매자의 후회는 구매 후 일반적으로 느끼는 감각이다. 음식을 사용자에게 순간 이동시킬 수 없기 때문에 어떤 사람들은(특히 처음 방문하는 사람들) 재차 고민하고 불안해할 수 있다.

평가가 어떤 내용에 관한 것인지 시각적 단서를 추가하기 위해 벡터 아이콘을 사용한다. 아이콘을 추가하면 지도를 더 쉽게 읽을 수 있다. 별이나 플러스 아이콘을 사용할 수도 있고, 자신만의 아이콘을 제작할 수도 있다. 나는 평소에 the Noun Project에서 아이콘을 검색한다(https://thenounproject.com). 이 사이트는 대부분의 영어 명사와 아이콘을 결합해 제공한다. 아이콘은 픽셀 (PNG) 또는 벡터(SVG) 포맷으로 다운로드할 수 있으며 로열티 무료와 크리에이티브 커먼즈 라이센스 중 하나를 선택할 수 있다.

9장에서 사용된 아이콘의 경우 전구는 쉘린 첸[Charlene Chen], 깃털은 요리스 호겐도른[Joris Hoogendoorn], 악수는 하르샤 라이[Harsha Rai]에 의해 제작됐다. 재미 요소는 바라쿠다[Barracuda]의 스마일 아이콘에서 가져왔다.

4D UX 지도 그리기

이전 절의 모든 요소를 합치면 4D UX 지도가 완성된다.

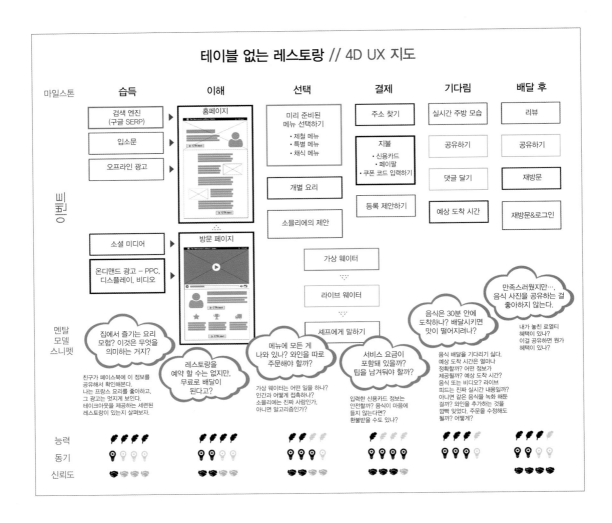

블로그에 게시한 첫 4D UX 지도에는 꽤 많은 고양이가 보인다. 이 지도 또한 참고 자료로 포함시켜도 좋을 것 같다고 생각해 추가한다. 2014년 4D UX 지도에 대한 지도 자료인 기사는 http://kaizen-ux.com/4d-user-experience-map에서 찾을 수 있다.

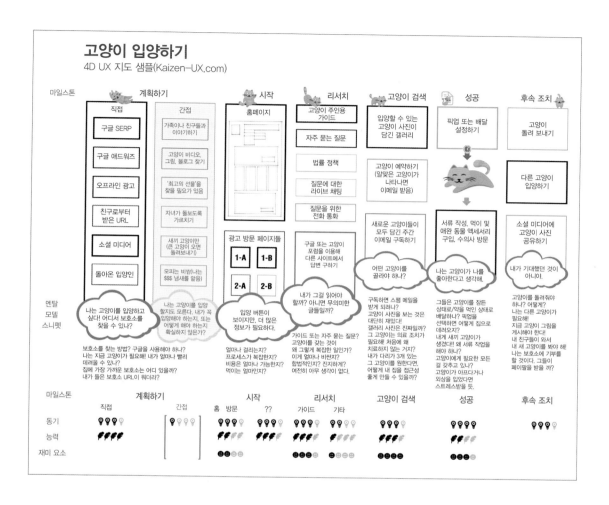

고양이 입양하기
4D UX 지도 샘플(Kaizen–UX.com)

2014년에는 요즘 같은 마일스톤 레벨의 평가가 아니라 좀 더 세련된 평가 시스템을 선택했었다. 다수의 성공적인 민간 프로젝트를 거치면서, 마일스톤의 서로 다른 화면을 분리하는 것보다는 마일스톤 기반 평가와 연관돼 있으면 LEVER 프레임워크를 기반으로 한 행동 변화가 더욱 이해하고 커뮤니케이션하기 쉽다는 것을 알게 됐다. 이러한 단순화로 인해 마일스톤에서 화면들 또는 이벤트들 간의 일부 차이점이 가려질 수 있지만, 궁극적으로 사용자가 다음 마일스톤 단계로 나아갈 수 있는지 확인할 수 있다. 더욱이 게임 UX에서 종종 나타나는 복잡한 비선형 시나리오에서는 화면 기반 평가가 불가능하다.

4D UX 지도 사용하기

4D UX 지도를 만드는 주된 이유는 사용자의 경험에 대한 외부 관점을 하나의 지도로 요약하기 위해서다. 시각화된 결과물은 사용자의 이익을 위해 솔루션을 개선할 수 있도록 도와준다. 4D UX 지도는 솔루션을 의미 있고 가치 있는 미래로 이끌어준다.

4D UX 지도는 이메일, 인쇄물, 또는 프레젠테이션의 일부로 공유할 수 있는 효과적인 커뮤니케이션 도구다. 그러나 지도의 정보 밀도가 높기 때문에 먼저 회의에서 지도를 소개하는 것이 좋다. 질문에 대해 답변하고 회의가 끝난 후 지도를 공유한다. 이 회의는 평소 갖는 4인조 회의보다 클 수 있다. 더 큰 그룹을 초대하면 즉각적인 피드백을 얻는 데 도움이 되며, 지도에 관심을 보이는 수십 개의 소규모 그룹 또는 개인에게 따로 설명할 필요가 없다.

대형 프린터를 사용할 수 있다면, 지도를 인쇄하는 것이 좋다. 벽에 붙이거나 테이블 위에 평평하게 펴놓자. 그렇게 두면 참석자들은 지도의 물리적 아름다움을 살펴보면서 세부 사항에 몰입할 수 있다. 크게 인쇄할 수 없다면, A3 또는 A4 크기의 일반 사무용 프린터로 참석자 배부용 지도를 인쇄해두자. 지도에 익숙해지면 사람들은 이야기를 하기 시작한다. 4D UX 지도에 대한 유의미한 담론을 인위적으로 조성할 필요는 없다. 지도 자체가 대화의 자연스런 촉매 역할을 한다.

대부분의 프로젝트에서 지도의 여러 요소에 대해 논쟁하거나, 적어도 의문을 가질 여지가 있다. 그 논쟁에서 새로운 기회를 발견할 수 있기 때문에 대단히 중요한 일이다. 참석자가 사용자의 최대 관심사를 염두에 두고 참여하면 회의는 성공적으로 끝난다. 4D UX 지도는 일상적인 비즈니스 회의보다 편안함을 느낄 수 있는 환경을 조성한다. 이러한 분위기는 곧잘 새로운 아이디어, 급진적인 사고, 심지어 놀라운 아이디어로 이어진다. 약간의 논쟁도 끌어안다 보면, 기적이 일어날 수 있다.

많은 4D UX 지도들이 업계 최고의 모범 사례, 가설, 고위 경영진의 의견에 도전장을 낸다. 그러나 평가와 자제는 항상 필요하다. 지도를 만들 때 사용한 데이터보다 정확한 지도는 없다. 업계의 대전제에 도전하는 솔루션에 대한 훌륭한 지도가 있다면, 평가하고 토론해야 한다. 재밌는 아이디어는 쉽게 승리자를 찾을 수 있을 것이다. 하지만 발견한 바를 매핑하는 일은 발견한 바를 입증하는 일과 쉽게 혼동될 수 있다. 특히 그 재밌는 아이디어를 믿고 싶은 경우에는 더욱 그렇다. 4D UX 지도에서 볼 수 있는 대부분의 아이디어에 대한 첫 검증으로는 신속한 프로토타이핑 후의 빠르고 간단한 원격 사용자 테스트로 충분하다.

예를 들어 사람들이 세 가지 메뉴 중 하나를 선택하는 데 어려움을 느낀다면, 간단한 퀴즈나 위저드를 만들어 좀 더 능동적인 가상 웨이터에 포함시킬 수 있다. 그것이 좋은 솔루션인지 아닌지를 고민할 가치가 있을까? 그런 프로젝트에 자원을 투자해야 할까? 원격 사용자 테스트를 몇 번은 실행해야 결정할 수 있을 것이다. 그런 다음 4D UX 지도를 개선하거나, 업데이트 사항을 포함시키거나, 아니면 다른 대안을 검색하거나 하는 결정을 할 수 있다.

진화하는 4D UX 지도

4D UX 지도에는 개선할만한 부분들이 있다. 예를 들어 지도 상단에 만화 스트립처럼 시각화된 스토리보드를 추가할 수 있다. 여기서 각 패널은 마일스톤에 맞게 정렬된다. 또한 다섯 번째 차원을 추가하는 방법을 찾을 수도 있겠다. 지도를 두 개 이상으로 분리해 인쇄물에서는 나란히 두고, 프레젠테이션에서는 한 슬라이드씩 표시할 수도 있다. 예를 들어 현재의 경험 대비 단기 계획, 중기 계획 같은 일시적인 변화를 나타낼 수 있다.

가능성은 무한하다. 하지만 다음 세 가지 규칙은 지키기 바란다.

- 사용자에 집중하자. 이것은 UX 지도다. 지도는 사용자에 관한 것이어야 하며 사용자에 대한 내용만 있어야 한다. 내부 시스템, 엔지니어링 문제, 금융 솔루션은 포함하지 말자. 사용자 경험과 밀접한 관련이 없다면 지도에 표시해서는 안 된다.

- 지도를 너무 복잡하거나 이해하기 어렵게 만들지 말자. 단순함은 모든 지도 유형의 핵심이며, 특히 다른 많은 지도 유형들을 개괄하는 4D UX 지도의 경우 더욱 그렇다.
- 항상 다른 사람들과 공유하고 토론할 목적으로 지도를 만들자. 이는 UX 지도를 위해 줄 수 있는 최선의 조언이다.

존경하는 독자 여러분이 이 지도 유형을 개선해주길 기대한다. 그리고 지도를 더 개선하면 나를 포함해 많은 사람들과 공유하길 바란다.

▌ 요약

4D UX 지도는 만드는 데 오랜 시간이 걸릴 수 있다. 특히 실험실 테스트와 원격 테스트가 모두 포함된 상세한 사용자 조사를 기반으로 한다면, 그럴 만한 가치가 있다. 다른 시각화 방법으로는 전체의 사용자 경험 솔루션을 하나의 상세 지도로 요약하기 어렵다.

4D UX 지도는 지금까지 논의한 모든 지도 유형을 기반으로 하지만, 단순히 모든 UX 지도를 합친 내용을 훨씬 능가한다. 지도의 윗부분에는 마일스톤, 이벤트, 중요도, 문제의 심각도 등의 사실상의 네 가지 차원이 포함된다. 지도의 가운데에는 멘탈 모델 스니펫이 담겨 있으며, 하단에는 평가를 위한 공간을 따로 마련한다.

4D UX 지도는 이해관계자와의 커뮤니케이션을 돕는 훌륭한 도구며, UX 디자이너가 프로젝트를 이해하는 데 도움이 된다. 9장을 읽은 후 4D UX 지도를 제작할 뿐 아니라 지도 유형을 개선해 더 좋은 지도 유형을 제안하길 바란다.

책의 완성을 위해 공유해야 할 사용자 경험 지도 유형이 하나 더 존재한다. 지금까지 우리는 솔루션과 사용자에 관한 지도들을 만들었다. 10장으로 이동해 솔루션이 살아 남아야 할 생태계에 대해 전체적인 관점으로 이해해보자. 우리의 솔루션과 다른 솔루션, 독립체들과의 관계를 지도로 그려보자.

10

생태계 지도 - 거시적 관점

생태계 지도는 커뮤니케이션을 용이하게 하고 의사결정 과정을 돕는 강력한 도구다. 이 책에서 봤던 다른 지도들과 달리, 생태계 지도는 솔루션의 내부 동작 방식을 탐색하기 보다는 우리의 솔루션과 전세계의 다른 솔루션, 독립체들과의 관계를 보여준다. 바로 이 점이 내가 생태계 지도에 매료된 이유다.

ⓘ 생태계 지도는 우리의 솔루션을 전체 사용자 경험의 큰 맥락 안에 배치한다. 이 지도는 사용자 경험 생태계의 복잡하고 다학제적 정보를 식별하고 통합하는 데 도움을 준다. 생태계 지도의 주요 이점은 서로 다른 독립체 간의 위협 요소, 지원 요소, 시너지 효과, 호환 가능 여부, 동기 부여 요소, 절충 사항을 찾아서 전달한다. 여기서 독립체(entity)란 사용자가 종종 사용하거나 사용을 고려하는 솔루션을 의미한다.

10장에서는 다음 작업을 수행한다.

- 기회를 소개한다.
- 생태계에 대해 정의한다.
- 생태계를 어떻게 지도로 제작할 수 있는지 알아본다.
- 잉크스케이프Inkscape 또는 어도비 일러스트레이터로 육각형 지도를 만든다.
- 육각형 지도를 토대로 생태계 지도를 구축한다.
- 생태계 지도를 사용한다.
- 비슷한 기법을 사용해 이해관계자 지도를 그려본다.

▌ 셔터 스와이프 - 사진 작가와 모델이 만나는 곳

10장에서 소개할 기회는 '셔터 스와이프Shutter Swipe'에 관한 것이다. 사실 셔터 스와이프는 사진 작가와 모델이 만나는 앱, 그 이상의 사진 소셜 네트워크다. 데이트 앱인 '틴더Tinder'에서 아이디어를 얻은 것으로, 모델이나 마음이 맞는 사진 작가를 쉽게 찾을 수 있는 앱이다. 함께 출사 일정을 세우고 지속적으로 우정을 맺고, 전문적인 관계를 이어갈수 있다. 이 앱은 커뮤니티가 원했던 것이다. 이 앱은 초반의 여물지 않은 스타트업 아이디어로 2017년 말 사라질 수도 있고, 아니면 다음 성공 스토리가 될 수도 있다.

중요한 것은 이 앱이 풍부하고 흥미로운 생태계 안에 자리 잡고 있으며, 생태계 지도에 이상적인 후보 솔루션으로 간단히 매핑될 수 있다는 점이다. 이 생태계 제작에 바로 뛰어들고 싶겠지만, 먼저 UX 생태계가 의미하는 바를 이해해야 한다.

생태계

우리의 솔루션은 사용자 경험 생태계 안에 존재한다. 솔루션과 상호작용하는 사용자의 관점에서 볼 때, 이 생태계는 각자 별개이면서도 상호의존적인, 함께 작동하는 요소들의 합이다. 이러한 요소는 소프트웨어, 하드웨어, 서비스, 정보, 채널, 심지어 사람도 될 수 있다.

생태계에 관해 이야기할 때, 생태계란 요소들을 매핑해 보여질 수 있게 만든 '부분'을 의미한다. 전체 생태계의 모든 복잡성을 지도로 제작하는 것은 불가능하다. 우리의 지도는 항상 현실의 단순화된 버전일 것이다.

생태계를 지도로 제작하는 방법

생태계 지도의 중심에는 솔루션이 위치하며, 지도의 각 요소는 독립체다. 생태계를 지도로 제작하기 위해, 먼저 독립체를 찾기 위한 질문을 시작해보자. 이 6가지 질문을 중심으로 지도의 카테고리를 만든다.

- 어떻게?
- 누가?
- 언제?
- 어디에?
- 무엇을?
- 왜?

독립체가 중심점으로부터 떨어져있는 정도는 독립체를 아우르는 범주의 크기를 나타낸다. 독립체가 중심점에 가깝다면 작은 범주라는 의미이고, 지도의 가장자리에 위치한다면 가장 넓은 범주를 의미한다. 예를 들어, '언제'에 해당하는 부분은 오늘에서 시작해 내일, 곧, 계획, 전략 등 넓은 범주로 확장된다. 이것들은 시간 관점에서 앱 사용 시나리오의 범주를 나타낸다.

가장 작은 범주로 보면, 앱에서 하는 모든 행동은 순간에 일어난다. 설문 조사가 원격 테스트, 실험실 사용자 테스트보다 덜 정확한 이유다. 사용자는 자신의 행동에 대한 직접적인 결과가 바로 그날 나타나길 기대한다. 예를 들어, 사진 작가는 모델 검색 시 최대한 빨리, 가능하면 오늘, 적합한 모델을 찾고 싶어한다. 결과가 즉각적으로 제공될 수는 없지만 동시에 가능한 모델에 존재한다면 몇 분 안에 둘을 연결해줄 수 있다.

사람들은 다른 사용자들이 매일 활발하게 앱을 사용할 것으로 기대한다. 그리고 적합한 상대방을 찾으면, 곧 미팅을 준비하길 원한다. 여기서 '곧'이란 사용자마다 다른 의미로 해석된다. 어떤 사람에게 '곧'은 '5분 후 스카이프 전화를 건다'는 의미일 수 있고, 어떤 사람들에게는 같은 도시에 있을 거라는 전제로 '주말이나 다음 달에 대면 회의를 하자'는 의미일 수 있다. 사용자들은 솔루션에 대한 숙련도가 높아지면, 사용 계획을 세우기 시작한다. 예를 들어, 내일 아침에 앱에서 모델을 찾겠다고 이야기하는 것이다. 그리고 머릿속에 대략적인 시간표를 그리며 기대를 품을 것이다. 이 정도의 범주에는 7장 '멘탈 모델 지도 – 현실 지각 다이어그램'에서 봤듯이, 사용자의 멘탈 모델을 이해하는 데 종단적 리서치가 사용될 수 있다. '전략'의 범주는 앱이 사용자의 장기 전략 중 일부분인 경우다. 이는 앱의 사용이 사용자의 전문 활동 중 필수적인 부분이 됐음을 의미한다. 앱의 사용은 사용자 삶의 한 부분으로 간주될 수 있다.

또한 같은 카테고리 안에 범주의 크기가 동일한 여러 독립체가 있을 수도 있다. 예를 들어, '어떻게How?' 카테고리 아래에는 '앱 스토어'와 '플레이 스토어' 둘 다 있다. 사람들은 이 스토어들 중 한 곳에서 앱을 다운 받는다. '누구Who?' 카테고리의 가장 큰 범주에는 국제 미디어, 이벤트, 커뮤니티, 소셜 미디어 등 네 가지 독립체가 포함된다. 대개 가장 작은 범주는 예외로 두고 카테고리마다 총 6개의 독립체를 포함시킨다. 그 아주 작은 독립체들은 해당 카테고리의 뿌리가 돼, 솔루션을 현실의 더 넓은 맥락과 잇는다.

다음과 같이 앱, 사용자, 지금, 여기, 검색, 니즈 등 6가지 독립체들이 존재한다고 생각해보자. 독립체를 조합하면 솔루션의 기본 컨텍스트basic context가 형성된다. 기본 컨텍스트는 공식화된 문장으로 만들 수 있다. "이 '앱'은 '검색'을 통해 '지금', '여기서' 다른 '사용자들'을 찾는 데 사용된다. 그 사용자들은 다른 사용자들과 '협업해야' 한다."

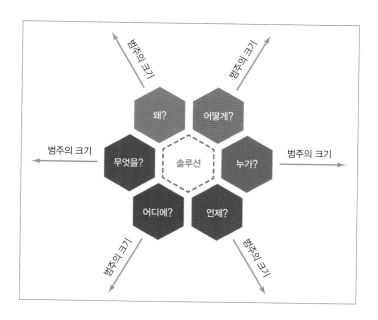

▌ 육각형 지도 만들기

생태계 지도의 가장 좋은 예는 『서비스 디자인Service Design: From Insight to Implementation 』(카오스북, 2016)에서 찾을 수 있을 것이다. 이 지도는 동심원에 배열된 육각형들로 구성된다. 나도 생태계 지도로는 육각형 지도 유형을 선호한다. 또한 그 지도들은 보드 게임과 고전적인 턴제 전략 게임turn-based strategy games, 특히 시드 마이어Sid Meier의 〈문명Civilization〉과 〈히어로즈 오브 마이트 앤 매직Heroes of Might and Magic〉 시리즈를 생각나게 한다.

10장에서는 육각형을 기반으로 지도를 만들지만 모든 생태계 지도가 육각형 모양의 지도는 아니다. 원은 두 번째로 가장 보편적인 형태지만, 생태계 지도에서 독립체를 나타내기 위해서는 원이 아니더라도 (거의) 아무 모양이나 사용할 수 있다.

잉크스케이프로 육각형 지도 만들기

가장 쉬운 육각형 지도 제작 방법은 무료이자 오픈 소스 벡터 그래픽 에디터인 잉크스케이프를 사용하는 것이다(https://inkscape.org). 펠레 닐슨Pelle Nilsson이 만든 잉크스케이프의 육각형 매핑 익스텐션이 있는데, 이 익스텐션 파일은 깃허브GitHub에서 다운로드할 수 있다(https://github.com/lifelike/hexmapextension).

펠레 닐슨의 육각형 매핑 익스텐션은 비교적 사용하기 쉽다. 먼저 익스텐션 파일을 다운로드해 설치한다. 여기서 '설치'란 깃허브에서 다운로드한 hexmap.inx와 hexmap.py를 extensions 폴더에 복사한 다음 잉크스케이프를 다시 시작하는 것을 의미한다.

이 익스텐션을 사용하려면 상위 메뉴에서 Extensions익스텐션, 확장 ❯ Boardgames보드 게임 ❯ Create Hexmap육각형 만들기를 선택하고, Create Hexmap육각형 만들기 대화창에서 설정값을 조정한다. 대화창 하단에 있는 Live preview실시간 미리보기의 체크 박스를 체크해두면 설정된 효과를 즉시 확인할 수 있다.

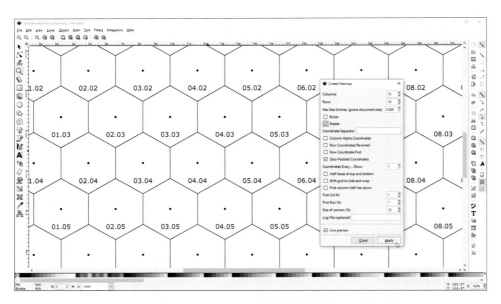

Live preview의 체크 박스를 체크해두면 변경 사항을 실시간으로 볼 수 있다.

육각형 지도를 제작할 때 잉크스케이프를 사용할 계획이라면, 다음 절을 건너 뛰고 육각형을 독립체로 변환하는 '육각형에서 생태계 지도로' 절로 이동할 수 있다. 그러나 어도비 일러스트레이터를 선호한다면 다음 절을 참고한다.

어도비 일러스트레이터로 육각형 지도 만들기

이제부터 어도비 일러스트레이터를 사용해 육각형 지도를 만드는 방법에 대해 자세히 소개하고자 한다. 육각형을 만드는 과정이 끝나면 잉크스케이프와 어도비 일러스트레이터는 비슷한 과정을 거친다. 까다로운 부분은 편집 가능한 육각형 패턴을 만드는 것이다. 잉크스케이프에선 육각형 매핑 익스텐션을 가져다 쓰지만 일러스트레이터에선 수동으로 제작한다.

다각형 도구^{Polygon tool}를 선택한 후, 캔버스를 클릭해 하나의 육각형을 그린다. 간격 계산을 간단히 하기 위해 100px 반경의 다각형을 그린다. 나중에 완성된 지도의 크기는 조정할 수 있다. 하지만 이 단계에서는 100px로 하는 게 좋다.

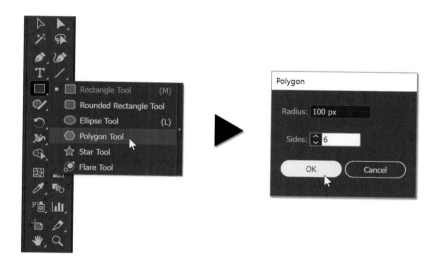

육각형의 테두리 선을 두껍게 하길 원하더라도(일러스트레이터에선 획^{Strokes} 라고 부름), 지금
은 테두리 선이 없는 상태로 만들자. 가장 쉬운 방법은 육각형이 선택된 상태에서 / 키를
누르는 것이다. 또한, **윈도우**^{Window} ❭ **색상**^{Color} 메뉴를 선택하거나 F6 키를 눌러 **색상**^{Color}
선택 패널을 연 후 **없음**^{None} 아이콘을 선택할 수도 있다.

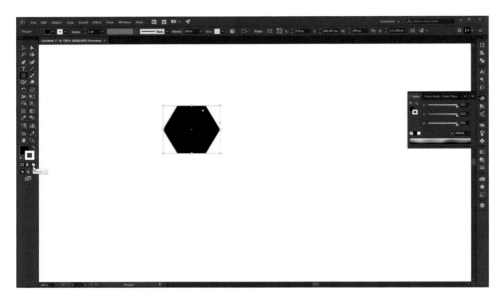

일러스트레이터의 색상 선택 패널

육각형들을 여러분에게 가장 잘 보이는 방향으로 회전시킬 수도 있다. 보통 30°를 회전
시킨다. 이 작업은 **오브젝트**^{Object} ❭ **변형**^{Transform} ❭ **회전**^{Rotate} 메뉴를 선택하거나 회전 도구
^{Rotate tool}(🔄)를 사용해 수행할 수 있다. 육각형 지도에 30° 회전은 일반적이고, 잉크스케
이프의 육각형 익스텐션에도 체크 박스가 있다.

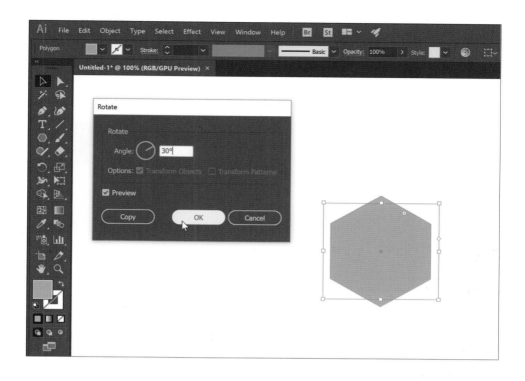

이제 패턴을 만들어야 한다. 육각형을 수동으로 필요한 만큼 여러 번 복제할 수도 있으나, 육각형을 손으로 하나하나 옮기면 상당히 번거롭기도 하고 완벽하게 정렬되지 않을 수도 있다. 그러나 무엇보다도 여기에서 보여주는 방법의 가장 큰 장점은 육각형 패턴을 생성하기 전에 어떻게 생겼는지 알 수 있다는 것이다. 그래서 다양하게 쉽게 변경해볼 수 있다. **오브젝트**Object ❯ **패턴**Pattern ❯ **만들기**Make 메뉴를 선택해 일러스트레이터의 강력한 패턴 메이커를 사용한다.

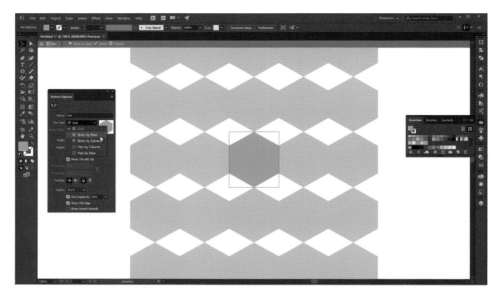

타일 유형(Tile type) ❯ 행으로 벽돌형(Brick by Row) 선택하기

기본 설정값은 그대로 유지하면 육각형 패턴이 이상하게 만들어지기 때문에 **패턴 옵션**
Pattern Options 대화창에서 패턴을 조정해야 한다. 패턴의 이름을 지정하는 것은 선택 사항
이지만 나중에 **견본**Swatch에서 패턴을 찾아야 할 때 유용하다. **타일 유형**Tile type을 **행으로 벽
돌형**Brick by Row로 설정하면 어느 정도 문제가 해결된다. **브릭 오프셋**Brick Offset의 기본 설정
값인 **1/2**은 적절하지만 **넓이**Width와 **높이**Height 값은 조정이 필요하다. 10장에선 200px 너
비와 170px 높이로 조정했다.

육각형들 사이에 작은 간격을 두고 싶다면, 175px, 151.55px로 조정하면 된다. 간격을 두
고 싶지 않으면, 173.2051px, 150px로 조정한다. 다양한 너비와 높이로 자유롭게 입력해
보자. 각이 진 부분의 간격과 수직적인 부분의 간격이 광학적으로 동일한 너비로 보이길 원
할 것이다. 뒤편의 수학적 계산에 대해선 걱정하지 말자. 그러나 'width = sqrt(3)/ 2 × 높
이' 같은 수학 공식에 관심이 있다면, 대략 너비를 '0.866 × 높이'로 만들자. 이는 작은 간격
을 만들기 위한 좋은 측정 방법이다. 그러나 내 눈에는 200px, 170px가 200px, 173.2px
보다 좀 더 낫다. 최상의 결과를 얻으려면 여러 가지 숫자로 실험해보자.

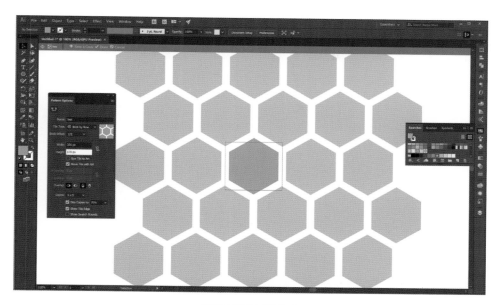

패턴의 크기를 설정하기

이제 **완료**^{Done} 버튼을 클릭해 새로운 패턴을 **견본**^{Swatches}에 추가한다. 여러분이 원하는 보드만큼 큰 사각형을 생성한 다음, 견본 패널에서 새로운 육각형 견본을 클릭한다. 견본이 보이지 않으면 상단 메뉴에서 **윈도우**^{Window} ❯ **견본**^{Swatches}을 선택한다.

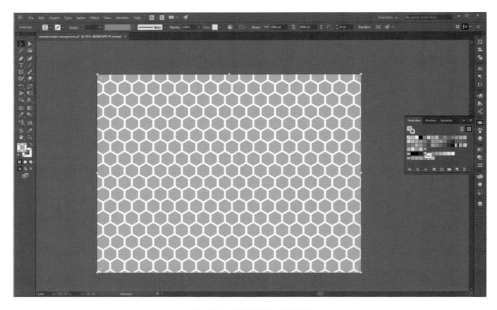

새로운 육각형 견본을 선택하기

이제 육각형 패턴을 편집할 수 있는 사각형 박스가 있어야 한다. 하지만 육각형은 편집을 할 수 없다. 먼저, 패턴을 확장해야 한다. 확장하려면 **오브젝트**^{Object} ❯ **확장**^{Expand}… 메뉴로 이동한 다음 **확인**^{OK} 버튼을 클릭한다. **칠**^{Fill} 체크 박스가 선택돼 있는지 확인한다. **확장**^{Expand}…이 회색으로 표시된다면, **오브젝트**^{Object} ❯ **모양 확장**^{Expand Appearance}를 눌러준다. 그러면 **오브젝트**^{Object} ❯ **확장**^{Expand}… 경로가 활성화돼 작동한다.

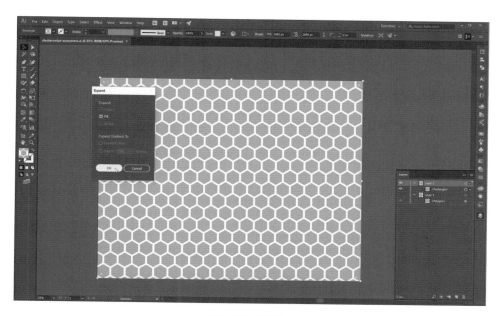

확장 옵션을 설정하기

이제 **레이어**^{Layer} 패널을 보면, 패턴이 직사각형 **클립 그룹**^{Clip Groups}으로 확장됐음을 알 수 있다. 클립 그룹은 5개의 육각형과 1개의 사각형 클리핑 패스로 구성돼 있다.

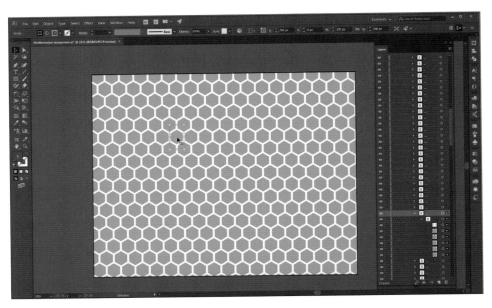

예기치 않은 직사각형 클리핑 패스와 다섯 개의 육각형들

모든 클립 그룹을 합쳐야 한다. **확장**^{Expand} 기능을 사용해 생성한 새로운 그룹을 선택한 다음, **병합**^{Merge} 기능을 적용한다. **패스파인더**^{Pathfinder}의 맨 아래 줄에서 **병합**^{Merge} 기능을 찾을 수 있다. 패스파인더 패널이 보이지 않으면, **윈도우**^{Window} ❯ **패스파인더**^{Pathfinder}에서 열 수 있다.

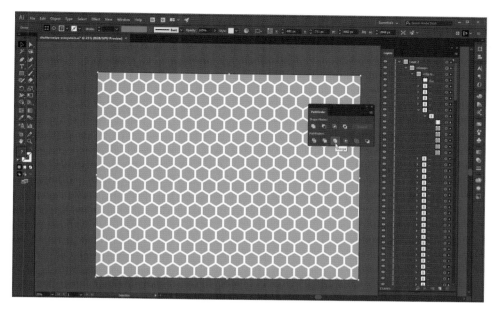

모든 클립 그룹들을 병합하기

이제 지도의 바탕으로 사용될 편집 가능한 육각형 모양의 패스들이 각각 분리돼 존재한다. 가장자리 행에 배치돼 불완전한 형태로 있던 육각형들은 삭제하는 것이 안전하다.

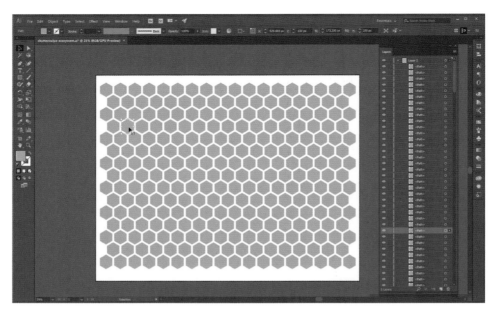

육각형 그리드는 지도의 바탕이 된다

이제, 육각형들로 유의미한 독립체들을 만들 준비가 됐다.

육각형에서 생태계 지도로

육각형 레이아웃에서 조각의 종류에 따라 색상을 다르게 지정할 수 있다. 고유한 디자인을 적용할 수 있는 솔루션을 시작으로 각 그룹마다 다른 색상을 적용할 수 있다. 같은 색상이더라도 다른 음영이나 색조를 사용해서 범주를 구분해 표시하는 것을 선호한다. 다른 저자들은 동일한 목적으로 레이블이 있는 동심원을 추가한다. 그 다음으로 6개의 모든 독립체 조각들에 개별 독립체의 이름을 추가할 수 있다.

채색 작업을 완료하면 지도의 모든 독립체에 이름이나 설명을 추가한다.

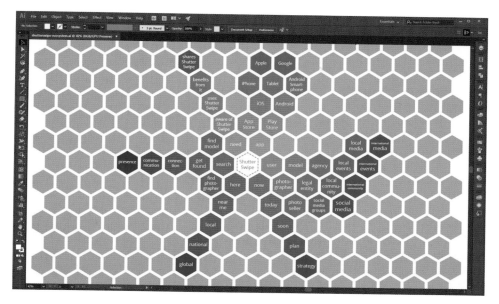

생태계 지도의 기본 레이아웃

이제 생태계 지도가 완성됐다. 회색 육각형은 삭제하기보다 숨기는 것을 권장한다. 나중에 지도의 다음 버전을 만들 때 필요할 수 있기 때문이다. **레이어**^{Layer} 패널에서 이 작업을 수행할 수 있다(윈도우^{Window} ﹥ 레이어^{Layer}를 선택하거나 F7 키를 누른다). 오브젝트 이름 앞에 있는 눈 모양의 아이콘(👁)을 클릭한다. 마우스 버튼을 누른 상태에서 여러 오브젝트를 드래그해 많은 오브젝트를 빠르게 숨기거나 표시할 수 있다.

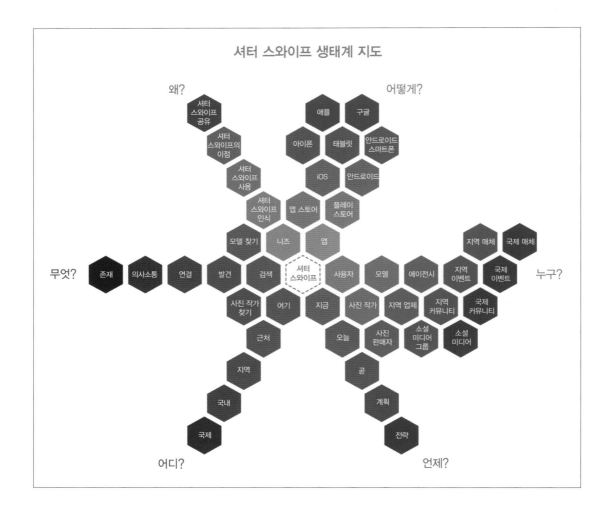

셔터 스와이프 생태계 지도

▌ 생태계 지도 사용하기

생태계 지도의 가장 명확한 이점은 사용자 경험에 대한 전반적인 개요를 이해하고, 생태계 안에서 상호 연결되는 부분이 어떻게 연관돼 있는지 이해하고 소통하는 데 있다. 이 지도는 총체적 전략을 수립하는 데 도움이 되며, 앞서 이야기한 것처럼 혁신을 주도하는 역할을 할 수 있다.

우리는 생태계 지도를 사용해 솔루션에 대한 지원 요소와 위협 요소를 사전에 파악할 수 있다. 예를 들어, 도박 앱을 만든다고 가정해보자. 구글 플레이 스토어에서는 도박 앱을 허가하지 않기 때문에 구글 플레이 스토어가 위협 요소로 표시된다. 그리고 애플의 앱 스토어에서는 도박 앱이 허용되기 때문에 지원 요소가 된다. 셔터 스와이프의 가장 큰 위협은 '왜' 방향에 위치한 두 번째 범주 수준에서 발견된 '인식'이다.

어떤 저자들(예: Polaine, A. et al., 2013)은 생태계 지도에서 특정 육각형들 주위에 빨간색 테두리를 쳐서 '동기 부여'를 표시한다. 하지만 그 동기들은 거의 '왜' 방향에서 발견되므로 나는 굳이 동기 부여를 표시할 필요가 없다고 생각한다. 동기 부여는 대부분 사소하기까지 하다. 이 예시에서 '동기 부여'는 앱의 이점이다.

이 책의 예시 지도에서는 아무것도 표시하지 않기로 했다. 회의를 진행하는 중에, 또는 회의를 마친 후에 표시를 해야 하기 때문이다. 아무것도 표시되지 않은 생태계 지도를 바탕으로 열린 마음으로 회의를 시작하는 것이 가장 좋은 접근 방법이다.

■ 이해관계자 지도

이해관계자는 솔루션을 변경할 수 있는 힘을 가진 사람이나 그런 사람들의 그룹이다. 이해관계자는 솔루션의 성공을 위해 필수적으로 존재한다. 이해관계자를 효율적으로 관리하려면 그들이 누구이며 어떤 수준의 보고를 필요로 하는지 알아야 한다. 여러분이 이해관리자와 그들의 기대 사항을 게을리 관리하면, 솔루션은 실패로 끝날 수 있다. 자칫 이해관계자들이 여러분의 솔루션에 반대하기 시작할 것이기 때문이다. 에이전시에서 근무하는 경우에도 마찬가지다.

나는 종종 육각형 형태의 지도에 이해관계자들을 매핑한다. 이해관계자들은 솔루션 생태계의 일부로 정의될 수 있다. 다만 이전에 작성한 생태계 지도와 다르게 이해관계자 지도에는 방향은 없고 범주의 수준만 존재한다. 범주의 수준은 필요한 보고의 세부 수준과 빈도를 의미한다. 예를 들어, 프로젝트 소유주는 자주 구체적인 보고서를 요구할 수 있다. 반면에 규제 기관이나 사용자는 스펙트럼의 반대편 끝에 배치되며, 4인조는 솔루션 바로 옆에 있는 안쪽 원에 나타난다.

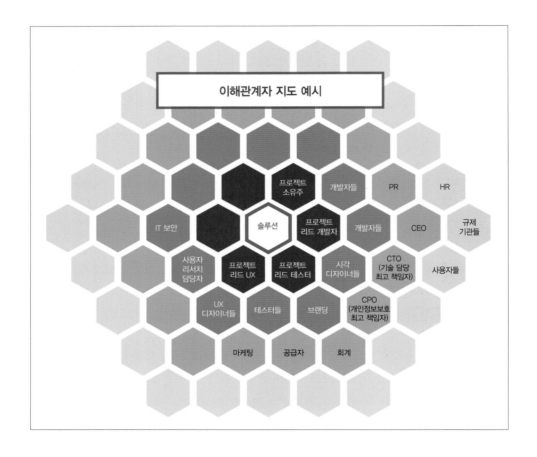

▌ 요약

생태계 지도는 솔루션을 전체 사용자 경험의 큰 맥락 안에 배치시킨다. 솔루션은 지도의 중심점이 되며, 생태계의 나머지 요소들은 주변에 매핑된다. 솔루션과 관련된 여섯 가지 질문을 시작으로 독립체들을 찾아 표시하게 되며, 독립체와 중심점과의 거리는 해당 독립체의 범주 크기를 의미한다. 우리는 생태계 지도를 통해 사용자 경험에 대한 전반적인 개요를 이해하고 전달할 것이다. 한편, 이해관계자 지도는 솔루션과 관련된 이해관계자들만 표시한 특별한 생태계 지도로 6가지 방향은 배제돼 있다.

다양한 사용자 경험 지도 제작 과정을 즐겁게 즐겼길 바란다. 처음 10장 분량의 글을 쓰는 일은 놀라운 여정이었다. 이 10개의 장에선 UX 컨설턴트로서 일상적으로 사용하는 모든 지도 유형을 다뤘다. 사실, 내가 보여줄 수 있는 지도는 더 이상 없고 지도 제작과 관련된 지식은 모두 공유했기 때문에 이 장이 마지막일 수도 있었다.

그러나 이것이 여정의 끝이 아니다. 마지막 11장에서는 애자일 제품 관리 관점에서 사용자 경험 지도의 역할에 대해 설명하며, 프로젝트의 개발 주기의 어느 부분에서 지도가 필요한지 살펴본다. 또한 11장은 애자일 UX 팀을 위한 관리 프레임워크, 카이젠-UX에 인도하는 역할을 한다. 이 책의 마지막 황홀감을 맛볼 준비를 시작하자!

11

카이젠 지도 제작 - 애자일 제품 관리

축하하자, 드디어 마지막 장에 도달했다. 도전으로 가득했던 멋진 여정이었다. 친애하는 독자 여러분께 사용자 경험 지도를 발견해 축하한다는 말씀을 전한다.

지금까지의 완주한 내용이 카이젠-UX 관리 프레임워크의 가장 중요한 원칙이기 때문에 여러분이 성취감을 느꼈기를 바란다. 큰 승리와 돌파구에만 초점을 맞추기보다는 그동안 해 온 모든 업적을 기념하자. 지도를 완성했거나 원격 리서치의 모든 동영상을 분석했는가? 정말 굉장하다! 여러분과 팀원들은 승리를 위한 작은 축하 자리를 마련해야 한다.

비밀을 하나 알려주자면, 나는 실패한 작업에 대해서도 팀원들과 축하 자리를 가진다. 프로젝트를 완료하고 기대했던 판매량을 달성하지 못해 클라이언트가 리디자인 프로젝트를 만족하지 않는다고 가정해보자. 우리는 그동안 수많은 시간을 투자했다. 이제는 예상대로 작동하지 않는 이유를 알아낸 다음 리디자인해야 한다. 다시 사용된 와이어프레임으로 인한 실수를 반복하지 않기 위해 처음부터 다시 살펴봐야 한다.

하지만 다시 조사하고 다시 지도를 그리기 전에, 우리는 축하할 것이다. 나는 실패를 통과의례로 여기지 않으며, 항상 실패하지 않기 위해 최선을 다한다. 그런 의미에서 우리의 노력, 노고, 고투, 그리고 솔루션을 위해 쏟아 부은 열정, 심지어 성공하지 못한 솔루션에 대해 스스로에게 보상해야 한다.

무엇보다도 함께한 팀원들과의 팀워크에 고마움을 표하는 것이 좋다. 다음과 같은 작업을 수행해보자.

- 기회를 찾는다.
- 자신과 (가능한 대로) 팀을 관리한다.
- 카이젠-UX 선언문을 발표한다.
- (화두에 그치지 않고) 애자일을 이해한다.
- UX의 세 가지 역할에 대해 탐색한다.
- 카이젠-UX 프레임워크를 살펴본다.
- UX 전략을 만들고, 이를 UX 전략 문서 형식으로 종이에 인쇄한다.
- 세상을 바꾼다.

▌기회

11장은 여러분과 여러분의 기회에 관해 이야기할 것이다. 이전 장에서는 내가 소개하는 (독특한) 기회를 소개했다면, 이 장에서는 지도 제작이 아닌, 이외의 도구를 제공한다. 바로 사용자의 삶을 변화시키는 프레임워크다.

애자일적 접근 방식과 열린 마음으로 실제 제품 디자인의 문제들을 해결해보자. 대부분의 경우에는 문제를 해결하겠다며 발동을 거는 게 가장 어려운 결정이다. 제품 디자인이나 UX 디자인 관점에서 발견된 대부분의 문제들은 해결하기 쉽지 않다. 프로젝트를 막 시작하거나 창업을 준비 중이라면, 수십 가지의 기회 중에서 본인이 기회를 선택할 수 있다. 사용자가 여러분의 솔루션이나 유사 솔루션을 사용하면서 어려움을 겪고 있는 동영상을 보고 나면, 이슈들이 급증할 수 있다. 하루가 지나기도 전에 1년 안에 해결할 수 있는 개수보다 많은 이슈에 직면할 것이다. 그러면 어떻게 발동을 걸어야 할까?

첫 번째 기회는 항상 빠르게 이겨야 한다. 너무 낮게 매달려 있는 과일은 땅 위에서 익는 법이다. 처음에 대부분의 조직은 여러분이 제안하는 기회에 대해 선뜻 신뢰하지 않을 것이다. 여러분은 여러분의 가치와 경험 지도의 존재 이유를 입증해 보여야 한다. 지도를 사용하는 전통이 없었다면, 지도를 사용하는 것이 시간 낭비로 보일 수 있다. 지도가 이상하고 궁금한 대상이 아니라 기업 문화의 일부분이 되고 의사 결정과 커뮤니케이션에 꼭 필요한 요소가 되기까지는 시간이 걸릴 것이다. 쉽게 수행할 수 있고, 사용자들의 삶에 눈에 띄는 변화를 일으킬 수 있는 프로젝트를 찾아내서 빠르게 속도를 내보자.

빠르게 성공할 만한 기회 영역을 찾았다면, 그 기회를 위한 지도 제작을 시작할 수 있다.

▌ 관리자와 지도

UX 지도를 작성하려면 관리자가 꼭 필요하다. 좋은 소식은 여러분이 한 명이라는 것이다. 여러분이 스스로를 관리해야 하더라도 이는 관리로 간주된다. 리차드 템플러^{Richard} Templar가 경영 규칙^{Rules of Management}을 팀에 대한 관리와 자신에 대한 관리로 나눈 이유이기도 하다.

경험 지도를 제작할 때, 일련의 규칙과 제약 조건을 따르라고 강요하지 않는다. 이 책이 엄격한 규칙과 독단적인 UX 교리를 모은 것처럼 느끼지 않길 바란다. 거장 화가가 견습생에게 어느 정도의 가이드라인을 주고 자신의 그림을 그리라고 하는 것처럼, 이 책에서도 몇 가지 규칙을 설정해야 했다. 지도 제작에서 가장 중요한 규칙에 대해 살펴보자.

> **ⓘ** 사용자 경험 지도를 제작할 때, 열린 마음으로 혁신을 이끌어 내야 한다. 경험을 이해하고 전달하기 위해 지도를 만드는 것이며, 이를 위해서는 지도 제작의 규칙을 지속적으로 다시 작성해야 한다.

이는 여러분이 여러분의 지도에 대해 열정적이어야 함을 의미한다. 과감하게 대담한 지도를 만들어보자. 그리고 지도에 몰두하는 것도 좋지만, 지도 없이 더 잘 의사 소통할 수 있다고 생각되면 지도를 배제하는 것도 좋다.

일관된 '네'라는 대답 대신 '아니요'라고 말하라는 수많은 책과 기사가 존재한다. '아니요'라고 말하면, 관리의 대상이 되기 시작한다. '아니요'라고 말하기 시작하면 으레 관리자들은 여러분이 '아니요'라고 대답할 것이라 생각한다. 훌륭한 매니저라면 모든 것에 정중하게 이의를 제기하는 것은 당연한 역할이자 행동이다. 여러분은 '아니요'라고 말하는 성향인가? 그렇다 할지라도, 지도 제작에 관해서는 '아니요'라고 말하지 말고 '예'라고 대답해보자. 팀원이나 여러분의 관리자가 지도에 아이디어를 추가하거나, 새로운 지도 제작 아이디어를 제시하면, 한번 진행해보라. 새로운 지도를 만드는 일은 두어 시간 가량이 걸리며, 페이스북에서 지도의 80% 정도를 소비한다면, 이틀 정도 걸릴 것이다. 그러나 새 지도를 만들 때 '예'라고 말한다면 마법이 일어난다. 마법은 흔히 혁신이라고도 불린다. 결과물이 전혀 쓸데없는 실패 더미라 할지라도, 여러분은 '예'라고 말함으로써 무언가를 얻게 될 것이다. 새로운 길에 대한 가능성을 발견했을 수도 있지만 다음 아이디어가 떠오르지 않을 수도 있다. 마법은 사람들에게 닿을 수도 있지만 다른 영혼에 미치지 못하고 머릿속에서 사라져버릴 수도 있다. 새로운 가능성을 추구하는 것은 지속적으로 혁신하는 문화를 구축하는 방법이다. 그리고 이러한 혁신적 문화에서 카이젠-UX^Kaizen-UX가 번성한다.

▌ 카이젠-UX 선언

카이젠-UX는 지도를 사용해 사용자를 이해하고 커뮤니케이션하는 애자일 관리 프레임워크다. 카이젠-UX의 핵심은 애자일 방식을 통한 지속적 혁신에 있다. 우리는 다음을 가치 있게 생각한다.

- 포괄적인 UX 문서보다는 지도와 커뮤니케이션을
- 프로세스와 도구보다는 사람과 상호작용을
- 계약 협상보다는 고객과의 협력을
- 엄격히 계획을 따르기보다는 변화에 대응하기를
- 비즈니스 목표보다는 사용자의 니즈를

이 선언이 팀에 맞도록 만든 애자일 선언이라고 생각된다면, 그 생각이 맞다. 나는 카이젠-UX 프레임워크를 만들 때 agilemanifesto.org와 스크럼^{SCRUM}에서 영감을 받았다.

애자일 선언에 익숙하다면, 우리의 선언에는 네 가지가 아니라, 다섯 가지 요소가 있음을 알아챘을 것이다. 원래 애자일 선언의 네 가지 요소는 다음과 같다.

- 프로세스와 도구보다는 개인과 상호작용을
- 포괄적인 문서보다는 작동하는 소프트웨어를
- 계약 협상보다는 고객과의 협력을
- 계획을 따르기보다는 변화에 대응하기를

우리의 선언 중 가운데 세 가지 요소는 애자일 선언과 유사하며, UX는 소프트웨어를 직접 만들어 내지 않기 때문에 첫 번째 요소는 지도와 커뮤니케이션을 강조한다. (그리고 다섯 번째 요소는 SF 영화처럼 독창적이다.) 카이젠-UX에서는 사용자를 우선시 하는 것이 전혀 특별할 게 없다고 확신한다. 하지만 모든 사용자 경험 전문가가 비즈니스 목표를 넘어 사용자 니즈의 챔피언이 되길 바란다. 모든 조직에는 최고 경영진부터 시작해 비즈니스 목표를 변호하는 사람들이 있다. 슬프게도 사용자 니즈는 좀처럼 충분한 지원을 받지 못한다. 선견지명이 있는 비즈니스 리더는 모든 프로젝트를 진행할 때 비즈니스 목표와 사용자 니즈 사이에서 균형을 잡는다. UXer들은 견제하는 역할로 모든 회의실에서 사용자의 목소리를 낸다. 그리고 상대방이 사용자에 관해 그저 듣는 데서 끝나지 않고 이해하도록 지도를 사용한다.

애자일, 유행을 뛰어넘어

애자일은 IT 개발 산업에서 가장 자주 사용되면서도 가장 자주 오해 받는 유행어 중 하나다.

몇 년 전, 제법 큰 규모의 소매점을 대상으로 사용자 경험 컨설팅을 하고 있었다. 그곳의 개발 팀이 "최근에 애자일 방식으로 전환했다"고 말했다. 당시, 내가 처음 발견했던 문제점 중 하나는 사이트의 속도였기 때문에 개발팀과 긴밀하게 협력해야 했다. 사이트는 너무 느렸고, 200개 이상의 HTTP Request가 왜 나쁜지를 설명하려고 하자 고위 관리자는 당황했다. 나는 왜 50개 이상의 CSS와 30개 이상의 JavaScript 파일을 갖고 있는지 물었다. 팀 책임자는 "우리는 애자일로 일을 하기 때문에, 이게 전부에요. 아시다시피 애자일 방식을 따르기 위해 더 이상 문서를 작성하지 않았어요. 뭔가 작업할 게 있으면 당장 그 일을 하고 더 이상 요구사항에 시간을 낭비하지 않았죠. 부작용으로 개발자는 다른 CSS, JS 파일에서 이 작업을 해야 하고요."라고 말했다. 이번엔 내가 당황했다. "적용하기 전에 단일 파일로 병합하지 않는 이유는 무엇인가요?" 그 사람은 이 질문을 예상하고 있었고, 곧 준비된 대답을 내놨다. "전에는 이런 일이 없었죠. 하지만 이 일은 다음 스프린트에 확실히 추가할 수 있어요. 당신은 간단한 템플릿을 작성하고 승인을 받아야 합니다. 이 일은 전체 사이트에 영향을 미치기 때문에 이 사회의 승인이 필요하다고 생각합니다." 내가 직면한 도전 과제는 사이트의 속도가 아니라 애자일에 대한 그들의 잘못된 이해 방식이었다.

내게 애자일의 본질은 '행동하고자 하는 성향'이다. 나는 항상 문제의 한가운데로 뛰어들고 싶다. (이는 열차 앞으로 뛰어드는 걸 의미하진 않는다.) 문제를 살피고, 운전석에 앉아 비상 정지 버튼을 누르는 것을 의미한다. 그런 다음 팀에서 함께 노력해, 장애물을 제거한다. 잔해가 치워진 후에는 다시 전속력으로 달릴 수 있다. 장해물들의 잔해가 어디에 있는지, 그리고 어떻게 잔해를 효율적으로 제거할지 알아보기 위해서는 지도가 필요하다는 사실은 말할 필요도 없을 것이다.

이미 5장 '지도 제작을 위한 원격 & 실험실 테스트'에서 신속한 반복 테스트와 평가^{RITE,} ^{Rapid Iterative Testing and Evaluation}에 대해 살펴봤다. 프로젝트를 진행할 때, 대부분의 경우 시간과 예산이 부족하다. 이것이 RITE를 선호하는 이유이며, RITE는 원격으로도 수행된다.

■ UX의 세 가지 역할

사람들은 UX 팀 안에서의 UX 역할을 분리하는 것에 대해 거의 이야기하지 않는다. 10년 전에 회사가 100명의 엔지니어를 위해 한 명의 UX/UI 담당 직원을 뽑았다는 것은 진보적이고 사용자에 대한 개념이 있다는 신호였다. 요즘에는 공공 기관과 민간 부문 모두 UX 디자이너로 붐비고 있다. 일반적으로 UX 책임자나 UX 관리자가 소수의 UX 디자이너들을 이끈다. 10년 전의 상황보다는 훨씬 나아졌지만 여전히 이상과는 거리가 있다.

내 경험상 높은 성과를 내는 UX 팀은 디자인^{UXD, User Experience Design}, 리서치^{UXR, User Experience Research}, 관리^{UXM, User Experience Management}로 구분된 세 역할이 잘 작동한다. 각 역할을 맡은 모든 사람은 다른 역할들을 이해해야 한다. 지도와 커뮤니케이션은 팀을 하나로 묶어 준다.

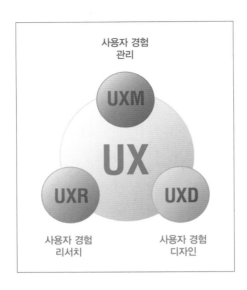

■ 카이젠-UX 프레임워크

세 가지 역할은 서로 다른 프로세스와 결과물을 책임진다. UXM은 단순히 사람을 관리하는 역할만을 의미하지는 않는다. 사실, UXM 대부분의 업무는 UX 팀 자체의 관리가 중심이 아니다. 가장 중요한 UXM의 기능은 UX 팀원과 UX 팀 외부 사이의 완충 지대역할을 하는 것이다. 이는 UX 전략에 관한 책임, UX 결과물의 전달과 관련된 책임을 뜻한다. 또한 이해관계자와 소통하고 전체 조직 안에서, 심지어는 조직 외부까지도 사용자중심성을 유지하도록 하는 업무를 한다. 이 책에서 살펴본 세 가지 지도 유형은 대부분 UX 관리와 관련된 산출물이다. 사용자 스토리 지도, 4D UX 지도, 생태계 지도는 UXM의 역할이 필요한 영역이며, 이 지도들은 팀 외부로부터의 입력도 필요하고 팀 내부의여러 팀원들의 도움도 필요하다. 따라서 기준을 세우고 작업에 적합한 사람들을 찾을 수있는 사람이 UXM 역할을 해야 한다. 에이전시에서 UXM 역할은 종종 UX 전략 담당자, UX 디렉터, UX 관리자, 책임 연구원, 때로는 계정 담당자로 불린다.

리서치 담당자와 디자인 담당자 간의 경계를 정의하는 것은 훨씬 쉽다. 대부분의 회사에서 리서치 담당자는 지도를 제작하지 않으며, 디자인 담당자는 테스트를 설계하지 않는다. 우리 팀에서는 리서치 담당자가 솔루션 지도와 멘탈 모델 지도를 제작하고, 디자인 담당자가 그래픽적으로 더욱 풍부하게 만들거나 사후 작업을 한다.

누가 지도를 만드는가? 언제, 왜 만들어지는가? 이 수수께끼를 자연스럽게 풀기 위해, 지도를 만들어 봤다. 아래 그림을 보면, 지금까지 살펴본 지도들을 포함해 많은 산출물이 요약 정리된 카이젠-UX 프레임워크의 기본 이터레이션 주기를 확인할 수 있다.

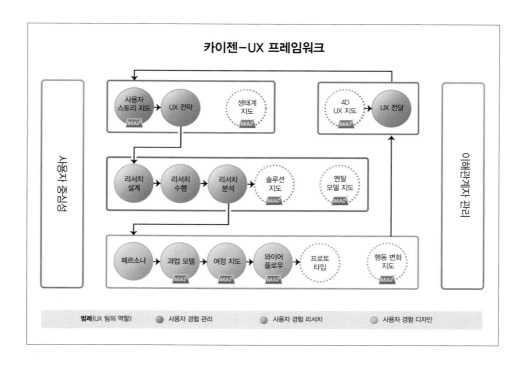

어떤 지도는 이터레이션 단계마다 매번 업데이트하지만, 어떤 지도는 거의 새로 만들거나 업데이트하지 않는다. 나중에 생성되는 범주의 지도들은 점선으로 된 원으로 표시한다.

세 가지 역할은 고정된 게 아니다. 나는 종종 하나의 UX 역할에서 다른 역할로 옮기게끔 한다. 각 역할을 해보면서 주니어 레벨 이상의 모든 팀원이 세 가지 역할을 모두 잘 이해하길 바라는 것이다. 카이젠-UX 팀의 역할은 끊임없는 학습 경험이다. 주니어 레벨을 넘어서는 역할은 멘토링, 코칭 경험이다. 배우고 가르치는 것을 중단하면 카이젠-UX 팀에 있기 어렵다.

이터레이션 주기 바깥에는 UX 팀의 두 가지 기능이 계속 수행되고 있다. 두 기능은 카이젠-UX 프레임워크의 필수적인 부분으로, UX 팀과 외부 세계와의 지속적인 커뮤니케이션을 의미한다.

사용자 중심성을 유지하려는 노력은 사용자의 니즈에 지속적으로 집중하고자 하는 노력이다. 애초에 사용자 중심적으로만 운영되는 조직은 없으며, 심지어 자선 단체도 마찬가지다. 전적으로 사용자 중심적인 상점이 있다면 모든 상품을 무료로 판매할 것이고, 수혜자에게만 초점을 두는 자선 단체는 돈을 모으려고 하지 않을 것이다. 마찬가지로 어떤 조직도 사용자를 완전히 무시할 수 없다. 모든 조직은 양 극단 사이에 자리 잡고 있다. UX 팀의 일은 사용자 입장의 의견을 끌어내, 근본적으로 이와 다른 방향들을 반박하는 힘을 갖는 것이다.

이해관계자 관리는 또 다른 측면으로 지속되고 있는 기능이다. 이해관계자 관리가 고양이를 모는 것과 같다고 하는 것은 고양이에게 오명을 남기는 것이다. 이해관계자 지도 (10장, '생태계 지도 – 거시적 관점' 참고)와 훌륭한 커뮤니케이션 기술이 있다면, 이해관계자를 관리하는 일이 덜 부담스러울 것이다. 이해관계자 관리의 초석 중 하나는 최적의 목표를 설정하는 것이다. 이는 (지나치게 비관적이지도 않지만) 쉽게 달성할 수 없는 목표를 의미한다. 여러분이 팀을 이끌고 있다면 여러분의 한계와 팀의 한계를 알아야 한다. 그리고 이해관계자 관리와 회사 정치는 혼동하기 쉬우며, 숨은 의도와 중상모략은 회사 생활의 일부가 될 수 있다. 그래서 나는 작지만 행동 중심적인 팀, 복잡한 정치망에 얽매이지 않고 일을 끝낼 수 있는 팀을 이끌고 싶다. 여러분이 독립적인 컨설턴트일지라도 정치에 갇힐 수 있다. 정직과 근면이 유일한 탈출 방법이다.

■ UX 전략 – 모든 지도의 시작

UX 전략은 지도 제작 작업의 이유다. 전략이 문서화되지 않았을지라도 지도 뒤에 전략적 사고가 있기 때문에 지도를 작성하는 것이다. 이 책에서 학습한 내용을 실습에 적용해보면서, UX 전략을 세우고 따라 할 수 있다. 자신의 스타트업을 위해 혼자서 일하는 경우일지라도, 여러분이 의식적으로 하지 않을지라도, 해볼 수 있다.

제이미 레비^{Jaime Levy}의 4가지 원리^{four tenets}는 가장 일반적으로 받아들여지는 UX 전략 프레임워크다. 그녀의 공식은 'UX 전략 = 사업 전략 + 가치 혁신 + 검증된 사용자 조사 + 킬러 UX 디자인'이다.

사업 전략^{business strategy}이란 회사가 경쟁 우위를 확보하는 방법으로 주로 비용 리더십^{cost leadership}과 차별화를 의미한다. 즉, 가장 저렴하면서도 더 낫게 일을 하려는 것이다. 예를 들어, 시장 점유율 확보를 위해 최고의 스마트폰을 만들거나 가장 저렴한 스마트폰을 만드는, 이상적으로는 둘 다 만족하는 스마트폰을 만드는 것이다.

솔루션은 사용자의 삶을 더 좋게 만드는 방법에 대한 아이디어라고 생각한다. 그래서 '사업 전략'이라는 단어 대신에 '비전'이라고 말하는 것을 더 선호한다. 우리가 맡는 일이 해당 제품을 값싸게 팔거나 개선된 버전을 만드는 일일 수 있지만, 중요한 것은 명확한 방향과 목표다.

가치 혁신^{value innovation}은 새로운 아이디어를 제시하는 그 이상의 것으로, 여러분이 참신함, 유용성, 가격적 요소에 어떻게 맞출지, 방법에 관한 것이다. 틴더^{Tinder} 앱이나 닌텐도 스위치 콘솔을 생각해보자. 시장을 뒤흔들만한 새롭고 독창적이며 중요한 것을 만들어야 한다.

검증된 사용자 조사^{validated user research}는 단순히 사용자 조사를 수행하는 것 이상이다. 여러분이 알고자 하는 내용이 측정 가능한지 확인해야 한다. 현실을 직시해보자. 직감이나 가정하는 것 대신 실제 사용자를 대상으로 솔루션을 테스트한다. 테스트를 해보면 부분적으로나 전체적으로 솔루션을 실패한 것으로 결론지을 수도 있다.

마지막으로 소개할 킬러 UX 디자인^{killer UX design}(끝내주는 UX 디자인)은 협업과 커뮤니케이션을 수반한다. 이는 커뮤니케이션을 돕는 지도를 그리는 것, 솔루션과 시장에 대해 학습하는 것을 의미한다. 나쁜 UX 디자이너는 직감에 따라 지도와 프로토타입을 제작하고, 좋은 디자이너는 타당한 리서치 결과에 기초해 지도와 프로토타입을 제작한다. 킬러 UX 디자이너는 중요한 기능을 식별하고 충돌을 제거하면서, 솔루션의 가치 혁신을 이끈다. 킬러 UX 디자이너는 모든 터치 포인트에 걸쳐서 매끄러운 경험을 만들어 낸다.

카이젠-UX에서 전략은 **비전, 혁신, 리서치, 디자인** 등 4개의 기둥으로 이뤄져 있다.

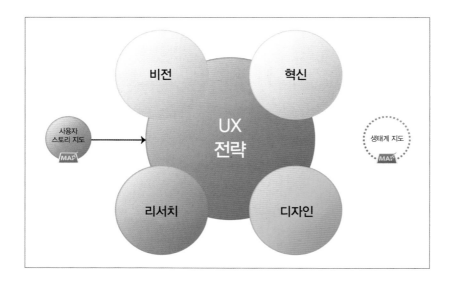

UX 전략 문서

UX 전략은 중학교 1학년 아이들을 위한 성교육과 같다. 누구나 그것에 대해 이야기하지만, 거의 아무도 그대로 따르지 않는다. 그리고 그것을 가르치기 위해 만들어진 자료들은 모두 그것으로 인한 결과만을 다룬다. 우리는 UX 전략이 무엇인지 살펴봤다. 이제 종이에 써 보도록 하자.

좋은 UX 전략 문서는 짧다. 한 장에 들어가야 한다. 본질적으로 이 문서는 고위 경영진을 대상으로 쓰인다. 이 문서는 커뮤니케이션의 한 형태로 성공적인 한 장짜리는 전략은 조직을 사용자에 더 집중시키려는 목표를 드러내며 논의하게끔 한다. 전략이 짧고 간결할수록 고위 관리자가 읽을 확률이 높아진다. 이 가능성을 더 높이려면 전략이 조직의 성공에 어떻게 도움이 되는지, 사용자의 삶을 어떻게 바꾸는지, 회사가 사업적 목표를 달성하는 데 어떻게 지원하는지에 대한 내용부터 시작하자.

좋은 UX 전략은 UX 디자인 솔루션을 물고 늘어지지 않는다. 나는 전략 문서에서 실제 UX 디자인 이슈를 거의 언급하지 않는다. UX 디자인은 문제에 대한 전술적 솔루션으로 구성되는 반면, 전략은 사업과 사용자의 목표, 특히 가용 자원의 한계 안에서 논의돼야 한다. 전략 문서의 두 번째 부분이 목표, 비용, 일정(리서치, 디자인, 관리)에 집중해 정리돼야 하는 이유다.

UX 전략은 네 가지 근본적인 질문에 대한 짧고 간단한 대답이어야 한다. 보통은 '왜, 무엇을, 얼마나 많이, 얼마나 오래' 이런 순서대로 이뤄진다.

전략 문서는 고위 경영진을 대상으로 작성되지만, 팀 내에서 배포해야 한다. 똑같은 일을 하는 세 명의 노동자에 대한 일화가 있다. 그들은 여름에 뙤약볕 아래서 무거운 바위를 분류한다. 한 명은 힘들어하며, 때로는 욕을 하면서 천천히 힘겨운 작업을 했다. 그에게 물었을 때, 그는 뜨거운 환경과 장비의 낮은 품질에 대해 불평했다. 두 번째 사람은 그저 그런 반응이었다. 그는 보수를 잘 받고 있으며, 가족을 부양하기 위해 일이 필요하다고 하면서 땀 흘려 일했다. 세 번째 사람은 열정을 갖고 앞의 두 사람들보다 열심히 일을 한다. 그는 똑같은 일이지만 행복해 보였다. 그에게 물었을 때, 그는 자랑스럽게 대답했다. "저는 사원을 짓고 있어요."

전략 문서의 첫 부분은 팀원들의 노력에 대한 이유를 적는다. 그들은 함께 협력해 사람들의 삶을 개선하기 위해 노력한다. 이는 사기를 증진하는 데는 물론, 최고의 직원들을 계속 유지하는 데도 도움이 된다. 이는 카이젠–UX 팀의 일원이 되는 게 기막히게 좋은 이유다.

▌요약

카이젠-UX 프레임워크를 사용해 제품 디자인 및 사용자 경험과 관련된 결과물들을 체계적으로 구성할 수 있다. 애자일 프레임워크는 경험 지도를 도출하는 프로세스 그 이상의 것이다. 이 프레임워크는 UX 팀의 세 가지 기본 역할을 리서치, 디자인, 관리로 정의한다. 프레임워크의 핵심에 UX 전략이 존재하며, 이 전략을 통해 더 나은 제품으로 이끌고, 팀 안에서의 커뮤니케이션과 이해관계자들과의 더 나은 커뮤니케이션을 가능하게 만든다.

카이젠-UX 또한 이 책의 골격 역할을 한다. 우리가 만든 모든 지도와 우리가 논의했던 모든 리서치는 카이젠-UX 프레임워크의 결과였다. 1장에서 카이젠-UX라고 직접 부르지 않고 기본 개념을 소개했다. 나는 여러분의 삶을 바꾸고자 대담한 약속을 하며 책을 시작했다. 이 책에서 보여줄 정보를 점차 인식하길 바라는 마음에서 그렇게 했다. 카이젠-UX 프레임워크의 씨앗으로 책을 시작한 것은 앞서 제시한 것을 먼저 기억하는 초두 효과 때문이었다. 이제 마지막 장의 마지막 부분에서, 함께 카이젠-UX 프레임워크를 요약해보자. 최신 효과recency effect로 불리는 또 다른 효과의 득을 보려고 세심히 조직해봤다. 연구 결과에 따르면, 여러분은 내가 가장 먼저 소개한primacy 아이디어와 가장 마지막에(가장 이자 가장 최근에recency) 소개한 아이디어를 가장 잘 기억할 것이다(Murdock, 1962).

이제 여러분은 경험 지도들을 어떻게, 왜, 언제 만드는지 알고 있으며, 카이젠-UX 프레임워크를 사용해 프로세스를 관리할 수 있다. 여러분은 준비가 됐다. 가서 세상을 바꾸자!

참고 문헌

Adzic, Gojko. Impact Mapping: Making a Big Impact with Software Products and Projects. London, UK: Provoking Thoughts, 2012.

Adzic, Gojko and Evans, David. Fifty Quick Ideas to Improve Your User Stories. London, UK: Neuri Consulting, 2014.

Allen, Jesmond and Chudley, James. Smashing UX Design: Foundations for Designing Online User Experiences. NJ: John Wiley & Sons, 2012.

Barrington, Barber. The Complete Book of Drawing: Essential skills for every artist. London, UK: Arcturus, 2004.

Bowles, Cennydd and Box, James. Undercover User Experience Design. San Francisco, CA: New Riders, 2010.

Card, Stuart K. et al. The Psychology of Human-Computer Interaction. NJ: Lawrence Erlbaum Associates, 1983.

Caddick, Richard and Cable, Steve. Communicating the User Experience: A practical guide for creating useful UX documentation. NJ: John Wiley & Sons, 2011.

Charan, Ram. What the Customer Wants You to Know. London, UK: Portfolio Hardcover, 2007.

Cockburn, Alistair. Crystal Clear: A Human-Powered Methodology for Small Teams. Boston, MA: Addison-Wesley Professional, 2004.

Cooper, Alan. The Inmates Are Running the Asylum: Why High-Tech Products Drive Us Crazy and How to Restore the Sanity. Carmel, IN: Sams – Pearson Education, 2004.

Evans, Vaughan. 25 need-to-know strategy tools. Harlow, UK: Pearson, 2014.

Fogg, B. J. Persuasive Technology: Using Computers to Change What We Think and Do. Burlington, MA: Morgan Kaufmann, 2003.

Fried, Jason et al. Getting Real: The Smarter, Faster, Easier Way to Build a Successful Web Application. Chicago, IL: 37signals, 2009.

Fried, Jason and Heinemeier Hansson, David. ReWork: Change the Way You Work Forever. Chicago, IL: 37signals, 2010.

Festinger, Leon et al. When Prophecy Fails: A Social and Psychological Study of a Modern Group That Predicted the Destruction of the World. NY: Harper—Torchbooks, 1964.

Gneezy, Uri and Rustichini, Aldo. Pay enough or don't pay at all. The Quarterly Journal of Economics, 115, no. 3 (2000): 791—810.

Hunt, Andrew and Thomas, David. The Pragmatic Programmer. Boston, MA: Addison—Wesley, 1999.

Johnson—Laird, Philip N. Mental Models. MA: Harvard University Press, 1983.

Jeffries, Ron et al. Extreme Programming Installed. Boston, MA: Addison—Wesley, 2000.

Kalbach, Jim. Mapping Experiences. Sebastopol, CA: O'Reilly Media, 2016.

Klein, Laura. UX for Lean Startups: Faster, Smarter User Experience Research and Design. Sebastopol, CA: O'Reilly Media, 2013.

Kolenda, Nick. Methods of Persuasion: How to use psychology to influence human behavior. London, UK: Kolenda Entertainment, 2013.

Krug, Steve. Don't Make Me Think: A Common Sense Approach to Web Usability. San Francisco, CA: New Riders, 2013.

Krug, Steve. Rocket Surgery Made Easy: The Do—it—yourself Guide to Finding and Fixing Usability Problems. San Francisco, CA: New Riders, 2009.

Levy, Jaime. UX Strategy. Sebastopol, CA: O'Reilly Media, 2015.

Levy, Neil. (ed.). Addiction and Self—Control: Perspectives from Philosophy, Psychology, and Neuroscience. NY: Oxford University Press USA, 2014.

Lichaw, Donna. The User's Journey. Brooklyn, NY: Rosenfeld Media, 2016.

Martin, Judy. Drawing with Colour. London, UK: Quarto Publishing, 1989.

Mckeown, Max. The Strategy Book. Harlow: UK: Pearson, 2012

Murdock Jr., B. B. "The serial position effect of free recall." Journal of Experimental Psychology, 64, no. 5 (1962): 482

Nickelsen, Alyona. Colored pencil painting bible: techniques for achieving luminous color and ultrarealistic effects. NY: Watson-Guptill Publications, 2009.

Patton, Jess. User Story Mapping. Sebastopol, CA: O'Reilly Media, 2014.

Polaine, Andy et al. Service Design: From Insight to Implementation. Brooklyn, NY: Rosenfeld Media, 2013

Parker, Jeffrey R. and Lehmann, Donald R. "When shelf-based scarcity impacts consumer preferences." Journal of Retailing 87, no. 2 (2011): 142-155

Ries, Eric. The Lean Startup: How Constant Innovation Creates Radically Successful Businesses. London, UK: Portfolio Penguin, 2011.

Schwaber, Ken. Agile Project Management with Scrum. Redmond, WA: Microsoft Press, 2004.

Templar, Richard. The rules of management. NJ: Pearson Education, 2005.

Unger, Russ and Chandler, Carolyn. A Project Guide to UX Design. San Francisco, CA: New Riders, 2012.

Vii, Paul. User Stories: How to capture, and manage requirements for Agile Product Management and Business Analysis with Scrum. North Charleston, SC: CreateSpace, 2016.

Wendel, Stephen. Designing for Behavior Change: Applying Psychology and Behavioral Economics. Sebastopol, CA: O'Reilly Media, 2013.

Young, Indi. Mental Models: Aligning Design Strategy with Human Behavior. Brooklyn, NY: Rosenfeld Media, 2008.

찾아보기

에이콘출판의 기틀을 마련하신 故 정완재 선생님 (1935-2004)

사용자 경험 지도

사용자 입장에서 더 나은 제품을 만드는

발 행 | 2019년 5월 14일

지은이 | 피터 사보
옮긴이 | 송 유 미

펴낸이 | 권 성 준
편집장 | 황 영 주
편 집 | 이 지 은
         조 유 나
디자인 | 박 주 란

에이콘출판주식회사
서울특별시 양천구 국회대로 287 (목동)
전화 02-2653-7600, 팩스 02-2653-0433
www.acornpub.co.kr / editor@acornpub.co.kr

이 도서의 국립중앙도서관 출판시도서목록(CIP)은 서지정보유통지원시스템 홈페이지(http://seoji.nl.go.kr)와
국가자료공동목록시스템(http://www.nl.go.kr/kolisnet)에서 이용하실 수 있습니다.(CIP제어번호: CIP2019017233)

책값은 뒤표지에 있습니다.